本书编委会

主　编：幸世强

编　委（排名不分先后）：

徐小玲　杨入境　董蜀章　黄　富　王天祥
刘子丽　张　翼　王亚菲　杨孝勇　李承学
刘　华　汪宝林　王　旭　雷耀华　张小艳
罗万萍　李雪梅　杨光虹　冯小辉　冯祖琼
李宗彦　王　东　兰正会　李　芝　张　煊
李隆全　谢发超　潘万伟　张玉华

武侯区中学数学名师工作室成员研究成果

基于融合技术的数学高品质课堂建构

幸世强 / 编著

四川大学出版社

项目策划：唐　飞
责任编辑：肖忠琴
责任校对：宋彦博
封面设计：墨创文化
责任印制：王　炜

图书在版编目（CIP）数据

基于融合技术的数学高品质课堂建构 / 幸世强编著
. 一 成都：四川大学出版社，2021.8
ISBN 978-7-5690-4818-6

Ⅰ．①基… Ⅱ．①幸… Ⅲ．①数学课－课堂教学－教学研究－中小学 Ⅳ．① G633.602

中国版本图书馆CIP数据核字（2021）第139633号

书　名	基于融合技术的数学高品质课堂建构
编　著	幸世强
出　版	四川大学出版社
地　址	成都市一环路南一段24号（610065）
发　行	四川大学出版社
书　号	ISBN 978-7-5690-4818-6
印前制作	四川胜翔数码印务设计有限公司
印　刷	成都金龙印务有限责任公司
成品尺寸	170mm×240mm
印　张	14.25
字　数	271千字
版　次	2021年8月第1版
印　次	2021年8月第1次印刷
定　价	50.00元

版权所有　◆　侵权必究

◆ 读者邮购本书，请与本社发行科联系。
　电话：(028)85408408/(028)85401670/
　(028)86408023　邮政编码：610065
◆ 本社图书如有印装质量问题，请寄回出版社调换。
◆ 网址：http://press.scu.edu.cn

四川大学出版社
微信公众号

前 言

　　为了发挥名师的示范、引领、带动、辐射作用，真正把成都市武侯区中学数学名师工作室建设成四川省成都市武侯区中学数学名优教师的集聚地、教育教学方法和思想的泽源地、教育教学策略和经验成果的共享地，最终成就一批正气足、教育教学研究水平高的名师，实现名师队伍的持续发展，我们围绕成都市武侯区教科院及成都市武侯区名师工作室管理办公室制定的工作目标，坚持以服务本区数学课程改革为先导的方针，坚持自主学习与名优教师的示范、指导和辐射作用相结合的原则，以计算机网络技术等为主要技术开展教育教学研究活动．通过阅读教育教学经典名著，撰写教育论文及随笔，进行校际、区际教学观摩，组织讲座、研讨、交流互动等方式，本工作室有力促进了全体工作室成员的快速成长，使其真正成为教师专业发展的平台，促进了成都市武侯区数学教师素质的提升．

　　成都市武侯区中学数学名师工作室的教育主张是"德高、博学、善教、求真"．围绕这个教育主张，工作室的教师展开了教育教学和课题研究，围绕"构建融合技术的数学核心素养的课堂教学"研究方向，形成了一定的成果．为了能够对成都市武侯区的数学学科持续进行业务指导，带动一批年轻教师稳步成长，促进区域教育教学质量和区域影响力稳步提升，我们将工作室成员的研究心得编辑成文字，以期更好地进行交流．

　　全书由工作室领衔人幸世强策划和设计，共分为六章，整体结构按照从宏观到微观、从理论到实践的逻辑布局．各章节具体内容及编写分工如下：第一章为中学数学教学基本要求，由徐小玲、张翼、李宗彦编写；第二章为核心素养背景下数学教师的知识结构，由王东、王亚菲编写；第三章为高品质课堂的内涵及特质，由王天祥、刘华、汪宝林、王旭编写；第四章为数学思维的内涵及特质，由杨入境、董蜀章、杨孝勇、杨光虹编写；第五章为深度学习促进学生思维的课堂，由冯祖琼、黄富、罗万萍编写；第六章为融合技术的现代高品质数学课堂建构，由刘子丽、李承学、兰正会、冯小辉编写．电子科技大学附属小学的李雪梅副校长为第三章的理论建构提供了大量素材．此外，雷耀华、张小艳（天府第四中学），张煊（峨眉山市教研室）、李芝（成都树德中学），潘万伟、李隆全（四川省大英中学），谢发超（成都玉林中学）负责书稿的审读，并提出了宝贵的意见．本书学习和借鉴了许多专家学者的成果，在此一并感谢．

由于作者水平有限，本书不足之处在所难免，恳请广大读者批评指正．

著 者

2021年5月

目 录

第一章 中学数学教学基本要求 ……………………………………（1）
  第一节 教学目标设定 ……………………………………………（1）
  第二节 教学内容确定 ……………………………………………（5）
  第三节 教学环节实施 ……………………………………………（9）
  第四节 教学方式选择 ……………………………………………（25）
  第五节 信息技术应用 ……………………………………………（30）
  第六节 课堂评价运用 ……………………………………………（37）

第二章 核心素养背景下数学教师的知识结构 ……………………（46）
  第一节 现代教师的知识结构 ……………………………………（46）
  第二节 发展学生核心素养与当前数学教师知识结构的矛盾 ……（51）
  第三节 核心素养视角下的数学教师知识特征 …………………（58）
  第四节 学科核心素养视角下数学教师知识培育的路径 ………（60）

第三章 高品质课堂的内涵及特质 …………………………………（64）
  第一节 培育以深度学习促进数学思维发展的高品质课堂教学的
        内涵及意义 ……………………………………………（64）
  第二节 培育以深度学习促进数学思维发展的高品质课堂教学的
        价值及原则 ……………………………………………（85）
  第三节 培育以深度学习促进数学思维发展的高品质课堂教学的
        创新策略 ………………………………………………（94）
  第四节 培育以深度学习促进数学思维发展的一种高品质智慧课
        堂模式 …………………………………………………（107）

1

第四章　数学思维的内涵及特质……………………………………(127)
- 第一节　思维与数学思维……………………………………(127)
- 第二节　数学思维方法的内涵特质…………………………(129)
- 第三节　四种重要的数学思维方法样态……………………(134)
- 第四节　数学思维品质样态…………………………………(144)

第五章　深度学习促进学生思维的课堂……………………………(153)
- 第一节　深度学习的内涵特质………………………………(153)
- 第二节　目前数学课堂困境的表现…………………………(153)
- 第三节　产生课堂困境的原因………………………………(157)
- 第四节　课堂变革的方向——促进学生深度学习…………(161)

第六章　融合技术的现代高品质数学课堂建构……………………(179)
- 第一节　以融合技术的现代高品质数学课堂促进学生深度学习………(180)
- 第二节　融合技术的现代高品质数学课堂的建构策略……(187)
- 第三节　融合技术的现代高品质数学主题教学……………(200)
- 第四节　融合技术下构建现代高品质数学精准教学的新生态……(208)

参考文献……………………………………………………………(218)

第一章 中学数学教学基本要求

第一节 教学目标设定

一、落实全面育人宗旨

数学在形成人的理性思维、科学精神和促进个人智力发展的过程中发挥着不可替代的作用. 数学素养是现代社会每个人都应该具备的基本素养. 数学承载着思想和文化,是人类文明的重要组成部分. 数学与人类生活和社会发展紧密关联. 数学教育承载着落实立德树人根本任务及发展素质教育的功能,包括:帮助学生掌握适应现代生活和进一步学习所必需的数学知识、技能、思想和方法;提升学生的数学素养,引导学生用数学眼光观察世界,用数学思维思考世界,用数学语言描述世界;促进学生思维能力、实践能力和创新意识的发展,帮助其探寻事物变化规律;增强学生的社会责任感,在学生形成正确的人生观、价值观、世界观等方面发挥独特作用.

应坚持把立德树人融入数学文化知识教育,充分发挥其德育功能,在教学中强化理想信念教育,引导学生树立正确的国家观、历史观、民族观、文化观. 中学数学的教学目标必须体现中学数学课程立德树人、全面育人的宗旨,体现数学教材等学习资源的综合教学价值,遵循教育规律,培育人才,深化数学课程育人的关键环节和重点,切实提高育人水平,致力于培养学生适应社会发展和终身发展需求的正确的价值观、必备品格和关键能力,并直接、具体地体现在教学目标的设定与表述中.

中学数学课程是义务教育阶段后普通高级中学的主要课程,具有基础性、选择性和发展性. 学生通过中学数学课程的学习,能获得进一步学习及未来发展所必需的数学基础知识、基本技能、基本思想、基本活动经验(简称"四基"），提高从数学角度发现和提出问题的能力、分析和解决问题的能力（简称"四能"）．

比如在"三角函数模型的简单应用"的教学中，以"两线"为引领，充分发挥数学课堂的德育作用，体现"立德树人，全面育人"的宗旨．一方面，课堂以数学文化为引线，引入四川成都实际生活背景，激发学生的学习兴趣和求知欲，培养学生的文化素养，以数学文化立德树人．另一方面，以问题探究为主线：用问题1（宜人的气候环境）帮助学生感受实际生活中呈周期变化的三角函数问题，运用三角函数模型求解实际问题；用问题2（充足清洁的水电能源）引导学生自主分析实际问题，建立三角函数模型并解决实际问题，加深学生对三角函数与实际生活的关联体验，掌握完整的数学建模方法与步骤，熟练运用信息技术辅助学习，体会数学思想，提高数学素养．学生通过独立探究活动、小组讨论修正、全班展示交流，展示探究方法和思维活动．教师通过交流追问、课堂评价，达成问题的解决，即回顾旧知（三角函数模型的求解），启迪方法（数学建模的完整步骤和辅助工具），突破难点（将实际问题抽象转化成三角函数模型），突出重点（建立、使用三角函数模型解决问题），从而充分夯实学生"四基"，提高学生"四能"．

二、体现系统育人功能

数学教学目标应正确体现基于数学核心素养要求的"课程目标—单元目标—课堂教学目标"的层次性，体现单位时间内的课堂教学在整个数学课程内容及单元教学中的特定地位．数学教师在进行目标设置及陈述时，既应指向具体的数学教学内容的内涵及要求，更应指向这一内容在整个课程及单元中基于系统价值取向的特定教学功能，充分体现学习过程及其整体性、联系性和系统性．

比如，对于课程"圆锥曲线与方程"，在《普通高中数学课程标准（2017年版2020年修订）》中确定的课程目标为：①了解圆锥曲线与二次方程的关系；②掌握圆锥曲线的基本几何性质；③感受圆锥曲线在刻画现实世界和解决实际问题中的作用；④结合已学过的曲线及其方程的实例，了解曲线与方程的对应关系，进一步体会数形结合的思想．进一步根据单元在课程中的定位，可提炼出以下5个单元目标：①了解圆锥曲线的实际背景，感受圆锥曲线在刻画现实世界和解决实际问题中的作用；②经历从具体情境中抽象出椭圆、抛物线模型的过程，掌握它们的定义、标准方程、几何图形及简单性质；③了解双曲线的定义、几何图形和标准方程，知道双曲线的有关性质；④能用坐标法解决一些与圆锥曲线有关的简单几何问题（直线与圆锥曲线的位置关系）和实际问题；⑤通过对圆锥曲线的学习，进一步体会数形结合的思想．

具体到章起始课中，遵循学生的年龄特征和认知规律，可将本节课的教学目标细化为：①通过对历史的回溯和实例的展示，了解圆锥曲线的背景（产生及发展）及其应用，体验文化育人的价值；②经历从具体情境中抽象出椭圆的几何特征及定义的过程，掌握椭圆的相关概念，体验椭圆的"生活情境""几何特征""定义""标准方程"间的关联；③根据椭圆的定义建立椭圆标准方程，体验"形"与"数"间的关联；④了解研究圆锥曲线的一般方法和步骤．具体的数学教学内容的内涵及要求为：①知道圆锥曲线的产生背景及发展，了解圆锥曲线在生活中的广泛应用，体验数学家在研究圆锥曲线的过程中的信念品质（探索真理、理性分析）和价值判断（追求普适性的方法）；②能从日常生活中抽象出圆锥曲线，能从不同角度猜想椭圆的几何特征，能通过直观感知验证关于椭圆几何性质的猜想，并通过实验操作得到椭圆的定义，能合理运用坐标系建立椭圆的标准方程，会利用椭圆的标准方程解决简单的几何问题；③初步掌握"坐标法"的数学方法，并能尝试依据双曲线、抛物线的几何特征，探究它们的定义，建立恰当的直角坐标系求解标准方程，体会转化与化归、数形结合的数学思想．

三、立足实际，恰当定位

教师应准确把握中学数学课程目标、单元目标的基础上进行数学课堂教学目标的设定，充分考虑学情：分析学生已具备的数学认知基础（包括日常生活数学基本经验或背景、已掌握的相关的数学知识技能和数学思想方法等）；分析达成数学课堂教学目标所需要具备的认知基础；确定"已有的数学基础"和"需要的数学基础"之间的差异，分析哪些差距可以由学生通过努力自己消除，哪些差距需要在教师帮助下消除．在分析学习当前数学内容所需要具备的内部条件（学生自身的条件）和外部条件的基础上，教师应进一步确定教学方法，组织教学材料，研究单位时间的教学能实现的可能性，合理确定教学的标高和容量，用清晰准确的语言表述学生在学习后的认知、行为、能力、品格、价值观等方面的目标达成度，在目标达成描述上充分体现弹性和差异性．

比如，在"圆锥曲线与方程章起始课"的学习中，学生在日常生活中对椭圆的大致形状已经有了一定的感性认识，但并不清楚椭圆所具有的几何特征．

在借助旦德林"双球模型"来研究椭圆上的点满足的几何特征的过程中，由于旦德林"双球模型"构造巧妙，位置关系、数量关系较多，所以学生不易从该模型中直接观察到椭圆上的点满足的几何特征．同时，学生虽然已经学习过直线与圆的方程，但对于求曲线方程的经验还不是太丰富，缺少主动通过方程研究问题的意识，数、形之间的转化还不熟练．此外，对于含两个根号的方程的化简，学生之前很少接触，完成有些困难．为了有效达成知识生长、技能培养的目标，可组织以下教学策略：①课前搭建"脚手架"，发现椭圆的几何特征．旦德林"双球模型"是关于椭圆几何特征——"椭圆上的任意一点到两个定点的距离之和为常数"最简洁的证明．但"双球模型"构造巧妙，位置关系众多，学生不易理解，所以通过课前任务搭建"脚手架"，从"生活情景""几何情景""数学模型"三个方面引领学生探究主线，以课堂的理性推导与网络画板直观展示相结合，帮助学生发现椭圆这一重要的几何特征．②类比圆的方程，推导椭圆的标准方程．本节课是章起始课，而不是椭圆及其标准方程的第一节课，故对椭圆标准方程的推导过程的要求相对弱化，仅定位为章节后续研究的开端．在这样的指导思想下，建立椭圆标准方程的意义在于：类比圆的方程学会求曲线方程的方法，为后续研究圆锥曲线指明方向和道路，体会"坐标法"的思想方法．基于以上考虑，本节课主要采用类比圆的方程来推导椭圆的标准方程．其大致路径为"发现圆的几何特征"——"圆的定义"——"合理建系，得到圆的方程"．

四、展现过程，精准表述

对于数学课程中的定义、定理、性质、公式、例题的教学，应让学生养成善于观察、大胆猜想的好习惯．教师应根据所教数学内容的特点和学生已经掌握的知识与技能之间的联系，设计一些具有创新性的教学情境，选择相应的模型、实物或日常生活中的事例，让学生通过观察、思考、分析、发现、实践等，抽象出事物的本质属性，形成定义、定理、性质或解决问题的方法，获得新的知识．

比如，在建立圆锥曲线的概念时，如果脱离图形角度的定义，直接给出数量关系形式的定义，或以其他方式抽象出该数量定义，这样的概念形成过程虽然易于教学，但不符合圆锥曲线概念的形成与发展的自然顺序，会令学生产生"为什么要这样定义圆锥曲线""这样定义的圆锥曲线和我们生活中熟悉的圆锥曲线一样吗"等疑问．所以，在"圆锥曲线与方程章起始课"一课中，可设计对应的课前任务,为课堂探究椭圆的几何特征做好铺垫:在水平桌面上放置一颗排球,用手电筒在排球正上方打光照射.学生将发现,排球在桌面的影子曲线是一个圆,而圆心恰好是排球与桌面的切点.因为光线可逆,从光源发出的光束也可以看作一束光聚焦到光源上.因此,影子曲线也可以看作桌面下方与桌面相切于同一点的另一个球的投影.接下来,请学生实验操作,用手电筒从排球的侧面照射,并思考以下问题:①观察你所得到的影子曲线的形状是什么?②你能将实验情景中涉及的图形抽象为一个数学模型吗?试着抽象并将它绘制出来.③影子曲线为圆时,曲线上所有的点到两个切点的距离是否相等?类比这个结论,猜想:影子曲线上的点与两个切点间有着怎样的距离关系?学生在完成课前任务的过程中,尝试从生活中抽象出"几何图形",构建"双球模型",探究椭圆上的点与两个切点间的关系.

第二节　教学内容确定

一、强化中学数学内外内容整合

中学数学课程的内容分为必修、选择性必修和选修三类.中学数学课程内容突出函数、几何与代数、概率与统计、数学建模活动与数学探究活动四条主线,它们贯穿必修、选择性必修和选修课程.同时,数学文化也与课程内容相融合,形成一个整体.

中学数学学习内容的主题设计充分体现了整体关联性:知识内容的整体性,教学安排的整体性,对学生认知把握的整体性.数学单元教学设计在关注整体的同时,更关注部分与部分之间的联系,凸显了关联性.动态发展性:在教学设计的实施过程中的动态调整,在教学设计实施之后的反思改进.团队合作性:教学设计的前期准备阶段的合作,教学设计的实施阶段的合作,教学设计的评价修改阶段的合作.

中学数学加强了数学课程和学科课程间横向和纵向的结构化整合,实现了数学内部和数学与其他学科的有机整合,克服了知识学习"碎片化"和学科本位倾向.高中数学按主题划分找到数学内部及数学与其他学科间多个教学内容的内在逻辑关联,强化"大单元"数学内容的设计,将数学及相关学科的教学内容结构化,尽可能为学生创设适切的生活情境、数学情境、科学情境.

比如，在"三角函数模型的简单应用"一课中，为进一步突出课堂教学中数学建模活动与数学探究活动这一主线，强调高中数学内外内容整合，提出如下课后作业：北京天安门广场的国旗每天是在日出时随太阳升起，在日落时降旗．请根据年鉴或其他参考资料，统计过去一年中不同时期的日出和日落时间．①在同一坐标系中，以日期为横轴，画出散点图，并用曲线去拟合这些数据，同时找到对应的函数模型．②某同学准备在五一小长假期间去看升旗，他应当几点到达广场？学生在课后运用本节课所学的方法收集整理数据，描绘散点图，根据图形特征选择三角函数作为拟合函数．同时，也期待学生在拟合函数的解析式时选择不同的数据或使用不同的拟合方法，尽管得到的结果可能不一样，但不影响函数模型的应用．这一作业能让学生完整地体会数学建模的过程，检验学生能否熟练灵活地运用所学知识求解问题．

二、融入中学数学基本思想方法

数学思想与方法是数学知识在更高层次上的抽象和概括．数学思想常常是在数学方法的学习中得以展现的，数学方法又在某种程度上反映了数学的深层次的思想．数学思想与方法必然要与数学知识相伴相生．融入中学数学的数学方法从逻辑层面可以分为归纳法、类比法、演绎法等，从操作层面可以分为配方法、待定系数法、消元法、公式法、换元法等．融入高中数学的数学思想主要包括函数与方程、数形结合、分类与整合、化归与转化、特殊与一般、有限与无限思想等．

数学教学的过程伴随着数学知识的发生过程，必定要渗透学习者的思想、观点，处理问题的方法、态度和习惯．思想、观点，处理问题的方法、态度和习惯就是数学的进行思维的方式．在确定数学教学内容时，必须理解数学知识在产生与发展过程中所蕴含的数学思想与方法，重视数学思想与方法的及时渗透和适时建构，正确反映数学教学内容的内涵及其蕴含的数学思维．在一堂数学课的教学后，使学生具有渗透数学基本思想的意识和能力．

比如，在圆锥曲线的教学中，"圆锥曲线的最值问题"以高频率的姿态出现在历届高考试题中，题型较多．其解法灵活多变，但总体上主要有两种方法：一是几何法，即利用圆锥曲线的定义、几何性质及平面几何中的定理、性质等进行求解；二是代数法，即把要求最值的几何量或代数表达式表示为某个（些）参数的函数（解析式），然后利用函数方法、不等式方法等进行求解．所以，教师可根据学生情况，设置求解椭圆特殊内接四边形面积最值的课堂教学．即以"椭圆特殊内接四边形面积最值问题"为切入点进行复习，围绕函数、不等式、平面几何等有关知识，数形结合、函数与方程、转化与化归等思想方法进行专题教学，以达到微专题复习的目标要求．

"椭圆特殊内接四边形面积最值问题"的求解策略蕴含了解析几何的核心思想——解析法，即几何问题代数化，用坐标、方程、函数表示问题中涉及的几何元素，利用函数与方程思想、基本不等式等求解．借助几何图形寻求"最值"的特殊位置，意在培养学生的直观想象素养；在建立目标函数的过程中，需要进行"动因"分析，意在培养学生的逻辑推理素养；在建立相应的目标函数时要合理选择运算方法，提高解题效率，立意培养学生的数学运算素养；通过对"椭圆特殊内接四边形面积最值问题"的求解策略的探究，在师生反思过程中让学生逐渐形成解此类题的模型化方法，立意培养学生的数学建模素养．整节课在动因分析（寻求变量）—建立目标函数—求解最值的过程中需要直观想象、逻辑推理、数学运算、数学建模等素养共同发挥作用，而逻辑推理贯穿整堂课的教学始末，并与其他核心素养相互融合，从而能更好地培养学生的综合能力．

三、联系社会生产生活实际

在数学知识、能力和素养的教育培养中，教师应关注与国家经济社会发展、科学技术进步、生产生活实际等紧密相关的数学内容，并能够通过实例理解和表达数学抽象与数学的一般性、逻辑推理与数学的严谨性、数学模型与数学应用的广泛性之间的必然联系，避免学生所学的数学知识、方法和思想与实践应用脱节．数学教师在教学中要强调数学来源于实际，应用于实际，问题来源广、应用领域多的特点，突出其综合性和应用性，注重学科内综合、学科间综合及与社会生活中的真实应用结合．

比如，三角函数作为高中数学的重要内容之一，既是高考考查的重点，也是进一步学习数学和其他自然学科的基础，更是现代科学技术研究必不可少的工具．"三角函数模型的简单应用"课程是在学习了"函数模型及其应用"及"三角函数的图象与性质"的基础上新增的一个内容，主要以举例的方式说明三角函数模型的应用方法，为学生以后学习回归分析做好方法上的铺垫．在问题选择上，要强调数学的人文价值，突出现代信息技术与数学课程的整合．要特别注重数学应用过程的完整性，加强学生对问题情境的理解．这样做可以保持数学应用中的数学思维水平，提高学生对数形结合、转化与化归、函数与方程等数学思想方法的认知层次，提升学生的直观想象、数学建模、数学运算等数学核心素养和培养学生良好的解题习惯．因此，基于对教材内容和课程目标的分析与理解，本节课教学设计重新整合教材并保持与教材设计的一致性，内容上选择教材第60页例1，将背景替换为大致呈周期变化的成都月平均气温，考查已知函数模型的求解和简单应用；改编教材第62页例4，将背景替换为绿色环保的四川水力能源，考查函数模型的建立、求解和简单应用．这样的处理既尊重教材，又尊重学生实际．选择贴近学生生活的成都城市发展作为文化背景，提升了学生的文化素养，发挥了数学学科的育人功能．

四、追求教学内容适切有序

数学教师要根据高中数学课程标准，围绕课时教学目标来组织数学教学材料，保证数学教学材料与教学目标的适切性；要善于把握高中数学的特点，将课时教学内容置于单元、学段甚至整个数学领域及数学与其他学科的交叉中考查，从而确定适合于学生的数学必备知识与关键能力．中学数学教师还需适度把握课时教学主题的要求，准确了解学情，找准高中教学内容的重难点、知识的生长点、培养的技能点、情趣的激发点、渗透的育人点、合作的讨论点等，使中学数学教学内容贴近学生的生活经验和符合学生有效学习的实际需求．

比如，三角函数是函数单元中的重要组成部分．所以"三角函数模型的简单应用"课程的教学，安排在学生已在《高中数学必修1》（人教A版）中学习了分段函数、指数函数、对数函数、幂函数等基本函数模型，经历过收集数据、观察散点图、选择函数模型、求解函数模型、运用函数模型解释检验实际问题的数学建模过程之后．所以，要达成本节课的教学目标，需要学生敏锐地发现实际问题中的三角函数模型背景，合理地分析理解数据，掌握完整的数学建模的步骤．但学生建立和应用函数模型的能力往往还停留在求解层面上，对实际问题中的数学背景、意义及其中蕴含的数学思想、方法、素养的理解并不深刻．当面对实际问题中的陌生背景和复杂数据时，学生会有畏难情绪和思维障碍，尤其是在理解问题的实际背景、分析问题的复杂条件、建立和求解数学模型、检验模型的实际意义、利用模型最终分析和解决问题等环节都可能遇到一定的困难，导致实际问题不能顺利完整地得到解决．因此，需要教师引导学生分析实际问题，回顾已有的处理实际问题的知识与方法，在课前熟悉互联网和Excel、Geogebra等数学软件；学生采用自主探究和小组合作交流的学习模式，完善解决方案，梳理解题思路．同时，在教学时，教师要引导学生分析实际问题，提取、整理和利用关键信息，抓住实际问题中的重要数据，通过提炼和处理数据发现数据的内在规律，寻找数量之间的关系；借助散点图，引导学生从"形"的特征发现各个量之间的关系及变化规律，进而建立实际问题的函数模型；注意指导学生根据问题的实际意义对问题的解进行分析，做出合理的解释，最终达成突破难点的目的．

第三节　教学环节实施

一、认真开展集体备课

新一轮高中数学课程改革背景下的数学课堂教学备课在很大程度上是资源、成果共享，团队合作，角色、任务分担的集体备课．数学教研组和年级备课组是数学教师专业能力不断提升的共同体．在此背景下的数学集体备课，应严格按照高中数学课程标准和国家确定的高中数学教科书的课时建议，确定数学学科的章节、单元或学习任务的课时数，根据所教班级学生的数学认知水平、年龄和心理特点合理确定难度、进度；应从数学课程、教材、课时、教法、作业、测评等方面综合考虑数学课堂教学内容和形式，努力实现教学结构性改革．教师应采用单元式备课、问题式备课、项目式备课等方式，对获得的数学备课资源进行符合学生实际和自身特长的再思考，在集体备课的基础上充分凸显数学教研组、年级备课组不同类型教师的个性特点．

比如，在讲授"两个变量的线性相关变量之间的关系"这一内容前，可以进行如下集体备课：

第一阶段：教材解读、初步讨论

老师们首先提出了本节课的落脚点到底是原理还是应用．如果只谈应用，并不能体现"高效数学课堂"的构建，而这节课想要把落脚点放在原理上，就要把原理讲透，体现出教师对教材的"深度解读"，进而促进学生的"深度学习"，最后一个环节再让学生使用最小二乘法的公式进行计算．在这个大前提下，备课组的老师再对"如何设计学生活动"进行了讨论．有老师提出学生活动可以尝试自己构建数学模型去解决回归直线的求解问题，从而加深对最小二乘法的理解，但在具体操作上还需要反复实践；有老师提到在讲完原理后，让学生直接使用公式进行计算时，计算量较大，就如何帮助学生记忆并快速地掌握公式，还需要多思考等．随即，其余老师分为四组进行教学设计、分析、总结．

第二阶段：教案、课件初步设计

首先，安排三位老师分别设计一份教案和配套的课件，提供给小组内研讨．三位老师达成初步共识，共构一份教案和配套的课件．其次，由老师代表在全备课组研讨会上进行说课．由此确立本节课的核心问题：结合下列三种图像，探讨并归纳求回归直线方程的方法．教学过程重在讲解如何通过数学方法刻画"从整体上看，各点与此直线的距离最小"，并在此过程中了解最小二乘法思想．

第三阶段：集中论证教案和课件可行性

在说课结束后，安排四位老师对教案及课件初稿提出可行性论证和建议，在小组内研讨；对教案及课件初稿进行修改，在全备课组针对第一次的说课存在的主要问题进行说明，并提出修改意见和建议．

第四阶段：对教学设计进行复审

安排三位老师依照新课程标准的理念——数学的活动性、数学的探究性、数学的问题性、数学的思维性，依照体现核心问题、核心知识、核心素养等要求对教案进行复审．

第五阶段：集体研讨

在各小组老师完成任务后，全备课组老师集中进行集体研讨．在讨论中，全体老师积极参与、提出宝贵意见，不断对教学设计进行改进．

第六阶段：归纳反思总结提升

集体研讨结束后，由三位老师对第一、二、三组研讨的过程资料进行收集、整理、阅读，归纳反思；对备课组研讨意见进行汇总，形成最后的共构电子教案和课件；对备课组老师在课堂上使用共构电子教案后的反馈意见进行收集，形成共构电子教案定稿，提供给数学教研组参考．最后，老师根据所授课班级的层次和学情进行二次备课，对教案做二次加工后再实施自己的具体教学．

1. 落实课标要求

数学课程标准就是数学教材建构的最为直接的依据．高中数学教师要深刻理解《普通高中数学课程标准（2017年版2020年修订）》对高中数学课程性质、教学理念、阶段目标内容、学科核心素养和学业质量标准的内涵的规定和阐释．要理解不同数学学科核心素养水平的具体要求，不仅关注每一节课的教学目标，更关注主题、单元的教学目标. 要把握好学生数学学科核心素养发展的各阶段目标之间的关系，深入理解情境教学和主题教学的内涵，合理设计教学目标，落实"四基"，培养"四能". 要培养学生的理性思维，促进学生数学学科核心素养的形成和发展，以此保障数学课堂教学能有效培养学生的正确价值观、必备品格和关键能力，突出学科基础、核心和重点.

比如，针对"圆锥曲线与方程"章起始课这一内容，落实课标要求进行如下处理：

"圆锥曲线与方程"是《高中数学选修2－1》（人教版新课标A版）第二章的内容.《普通高中数学课程标准（2017年版2020年修订）》将本部分内容放在选择性必修课程"几何与代数"这一主题中，这一主题凸显代数方法研究几何问题. 本节课整合《高中数学选修2－1》（人教版新课标A版）和人教版新教材《数学选择性必修1》的内容，将"了解圆锥曲线的实际背景，感受圆锥曲线在刻画现实世界和解决实际问题中的作用；经历从具体情境中抽象出椭圆的过程，掌握椭圆的定义、标准方程，了解研究这一类曲线的基本方法"作为主要教学内容. 本节课的上位知识是圆的方程相关概念及研究方法. 本节课是章起始课，介绍了圆锥曲线的名称由来、发展历史、实际用途、学习内容和研究方法，主要说明了圆锥曲线是什么、为什么学、学什么和怎样学的问题，以椭圆的几何特征、概念、标准方程的研究为载体，凸显研究圆锥曲线的基本范式.

因此，本节课可以确定如下两点目标：

(1) 通过对历史的回溯和实例的展示，了解圆锥曲线的背景（产生及发展）及其应用，体验文化育人的价值. 具体要求：知道圆锥曲线的产生背景及发展，了解圆锥曲线在生活中的广泛应用，体验数学家在研究圆锥曲线的过程中的信念品质（探索真理、理性分析）和价值判断（追求普适性的方法）.

(2) 经历从具体情境中抽象出椭圆的几何特征及定义的过程，掌握椭圆的相关概念，体验椭圆的"生活情境""几何特征""定义""标准方程"间的关联；根据椭圆的定义建立椭圆标准方程，体验"形"与"数"间的关联；了解研究圆锥曲线的一般方法和步骤. 具体要求：能从日常生活中抽象出圆锥曲线；能从不同角度（距离）猜想椭圆的几何特征，能通过直观感知验证关于椭圆几何性质的猜想，并通过实验操作得到椭圆的定义，能合理运用坐标系建立椭圆的标准方程，会利用椭圆的标准方程解决简单的几何问题；初步掌握"坐标法"的数学方法，并能尝试依据双曲线、抛物线的几何特征，探究它们的定义，建立恰当的直角坐标系求解标准方程，体会转化与化归、数形结合的数学思想.

2. 发挥教材价值

数学教材是数学课程的重要组成部分,直接反映数学课程标准规定的学习内容,体现数学课程改革中所倡导的新理念、新思想,影响和规定着师生的数学教学活动方式. 现代数学教育价值观是数学教材的基本价值观,育人目标是数学教材的核心目标. 数学教育要按照学生的发展走向,即心理发展状态、社会发展的需求,精心设计教材的每一个细节,不断地彰显数学教材的育人目标. 高中数学教师要按照全面落实立德树人要求,深入挖掘数学教材的育人价值,弘扬数学精神,领会数学教材的编写意图及编写特点,体悟数学教材的呈现方式及教学价值,根据数学学科特点和现实基础,科学地对数学教材内容进行加工、重构,准确找到数学学科核心素养培养的切入点和落脚点,创造性地使用教材. 数学教材所承载的学习内容需要经数学教师的再创造而进入学生的学习视域才会焕发出新的生命活力,它的每一个符号、每一个公式、每一个概念、每一个命题、每一个例题、每一个习题都会随着师生的解读、认知、理解而更有力地弘扬数学精神.

比如,对于"三角函数模型的简单应用"这一内容,可以进行如下教材使用:

按照教材设计顺序与内容,第一课时完成例1、例2和例3,从三个层次来介绍三角函数模型的应用:根据图象建立解析式,根据解析式作出图象,将实际问题抽象为与三角函数有关的简单函数模型. 第二课时完成例4:利用收集到的数据作出散点图,并根据散点图进行函数拟合,从而得到函数模型. 通过对教材内容和数学目标的分析与理解,重新整合教材并保持与教材设计的一致性,选择改变背景的例1和改编后的例4作为本节课的课堂教学主体内容,并选择教材第66页B组1题作为运用检测题目. 潮汐问题对于内陆城市的学生而言略显陌生,因此,适当改编例4为问题2(水电能源问题),与问题1(气候问题)统一于城市发展这一主题,贴近学生生活,容易引起学生的共鸣和激发学习兴趣.

3. 分析学习实际

数学教与学的活动必须建立在学生的认知发展水平和已有的知识经验基础之上. 高中数学教师教学不仅要关注学生的数学认知基础,还要重视学生的现实数学经验. 数学新知识在原有数学知识基础上的生长点,其包括数学知识起点和学生已有认知起点（学生的数学逻辑起点和现实数学起点），因此，高中数学教师需按照学生的学习进度，分析学生的数学知识基础，同时教师还需为学生学习新知识做好知识准备和经验积累．又由于学生所处的生活环境不同及个体学习的差异，他们的学习起点各不相同，因此教师的教学设计应该是有层次的、有弹性的．

比如，对于立体几何解答题的"建系求点"问题，可以进行如下的学生学习实际分析：

学生通过高二对立体几何新课的学习，已经掌握了向量法求空间角的一般步骤和方法．本节课是高二零诊前的复习课，学生已经复习了空间中的几何位置关系（点与平面的位置关系、直线与平面的位置关系、平面与平面的位置关系），空间向量及其运算，使用立体几何中的向量法证明平行和垂直，也已经复习了用传统几何方法求空间角．所任教班级为高二理科实验班，学生已较好掌握了向量法求空间角的一般步骤和方法，然而学生在备考零诊复习的过程中，立体几何的解答题的得分情况却并不理想．究其原因是：使用空间向量解决立体几何问题，与其说是向量运算，不如说是点的坐标运算，所以正确地"建系求点"就显得尤为重要．学生们真心希望面对这样的空间几何问题能做到有的放矢、化解自如．因此，本节课试图让学生再次深度体验，从根本上解决学生学习的这一难点，从而真正实现零诊复习"夯基释疑"的根本目的．鉴于学生的数学基础较为扎实，本节课试图大胆放手让学生充分体验和自主探索，在解决问题的过程中不断地完善自我的知识和方法结构．

4．确定教学方法

教师要善于根据不同的内容和学习任务采用不同的教学方式，针对学生学习行为和现状的差异，恰当选择数学教学方法，如自主探究式教学法、小组讨论教学法、发现式教学法、演示教学法、问题式教学法、反馈训练教学法等．教师要把教学活动的重心放在促进学生学会学习上，积极探索有利于促进学生学习的多样化教学方式，不仅限于讲授与练习，也包括创设适当的教学情境，设置有层次的问题串，引导学生阅读自学、独立思考、动手实践、自主探索、合作交流等优化教学，抓住关键的教学与学习环节，增强实效．

比如，对于"三角函数模型的简单应用"这一内容，可以采用如下教学方法：

教学中采用问题探究式教学模式：提出问题—解决问题—反思归纳—运用检测．学生通过独立探究活动、小组讨论修正、全班展示交流，展示探究方法和思维活动；教师通过交流追问、课堂评价，达成问题的解决．首先，回顾旧知识（三角函数模型的求解），启迪方法（数学建模的完整步骤和辅助工具），突破难点（将实际问题抽象转化成三角函数模型），突出重点（建立、使用三角函数模型解决问题）．其次，全班反思问题的解决过程，归纳本节课的数学知识、数学方法和数学思想等．最后，进行运用反馈，检测学习目标．

在这一过程中，学生通过自主探究、合作交流的方式掌握知识、体会思想．教师在分析问题时，要注意针对全体学生的主体认知水平，厘清关键词、句子的数学关系，帮助学生顺利地建立问题特征与数学模型的关联；在学生活动阶段，针对学生具体的完成情况进行指导、点评；根据课堂反馈，及时纠正、鼓励、总结，并对学生运用检测的完成情况进行收集、整理、分析，完成教学目标点检测表，在课后再进行指导．

5. 研究学习方法

高中数学教师要深入研究学生认知心理和行为，研究学生数学学习活动的特点，掌握学生学习数学的类型及特点，理解数学学习的认知过程及学生的数学思维方式，尊重认知规律，培养学生科学的学习习惯和方法：做好课前预习、做好课堂笔记、理性选择参考书、独立完成作业、不断地回顾总结、学会归类总结、建立纠错本等．数学教师要加强学习方法指导，帮助学生树立信心、敢于质疑、善于思考，理解概念、把握本质，数形结合、明晰算理，厘清知识的来龙去脉，建立知识之间的关联．

比如，对于"三角函数"这一内容的复习，可以给学生布置如下学习任务，引导学生进行有效的回顾总结．

学习任务：在学习过程中，我们可以将整个单元的知识绘制成结构图，以体现对知识自身、知识之间关系的个性化理解（包括对单元内、外部知识间的关系的理解），最终帮助我们学会知识．

评价知识结构的标准如下：

①意图集中：能够明确体现单元知识结构的核心（中心框明确）．
②要素齐备：主要知识齐全，概念表述准确（一级分类全而准）．
③关联正确：知识间的关系联结正确、丰富（连线丰富、恰当）．
④见解独特：除了知识本身，还有自己独特的认识．
⑤外部兼容：与本单元以外的知识的关联丰富、正确．

请你根据所给标准评价以下几种对三角函数单元知识结构的理解，并谈谈你自己的理解．

6. 设计教学过程

设计好数学教学过程是上好数学课的前提．数学教师要深入钻研数学课程标准和教材，分析教材的结构体系、内容和编写意图，确定教学目标和基本要求，在课前通过集体备课和个人的二次备课，科学系统地完成数学教学过程设计．数学教师的课时教学设计的具体项目一般包括：数学教学目标和教学重点、难点及其解决方法；数学教学程序和步骤；数学教学方法和手段；新课导入、新课讲解，问题的设计与师生双边活动安排；数学作业布置；板书设计；媒体的使用；教后反思等．教学设计的呈现可以是书面或电子的，其详略程度可因教材和教师的不同而有所区别，注重实效．

比如，对于"对圆锥曲线的再认识"这一高三微专题复习内容，可以进行如表1-1所示教学过程设计．

表1-1

教学过程	学生活动	教师活动	设计意图
提出问题	回顾已学圆锥曲线知识，基于教材上的"阅读与思考""探究与发现"提出新问题．	1. 引导学生梳理前面的知识内容和学习路径，使学生的知识结构更完整、知识体系更清晰，为本节课的课堂探究埋好伏笔并指明方向；引入最后的问题：平面和平面可否定义成角？ 2. 核心问题：阅读教材第42页"探究与发现"和第76页"阅读与思考"的两则圆锥曲线相关材料，厘清对圆锥曲线的统一性认识．	本节课回归教材，整合教材资源，通过阅读和学习教材上的"探究与发现""阅读与思考"中有关圆锥曲线的材料，试图加深学生对圆锥曲线的统一性认识．

续表1-1

教学过程	学生活动	教师活动	设计意图
解决问题	活动一: 阅读教材第42页"探究与发现",探究"为什么截口曲线是椭圆".	启发学生从圆锥曲线的定义理性分析图形,将学生对圆锥曲线的直观认知引向理性认知,鼓励学生自己探究,给予肯定,并规范图形表达和符号语言表达.	圆锥曲线的定义不难理解,但要做到合理、自然的生成并不简单,为此有了如下处理:借助多媒体课件展示直观图形到数学图形的抽象过程,激发学生的理性思维,协助学生循序渐进地构建"形"来思考探究,从而最终解决问题. 通过学生与学生之间的合作、讨论等互助学习过程,可使知识和方法的生成更合理,加深学生对"圆锥与圆柱中截口曲线为什么会是圆锥曲线"的统一性理解,同时更能提高学生思维的严谨性. 本节课教师大胆地将这个任务交给课堂的主人——学生,学生的探究热情高涨,直观想象能力、逻辑推理能力及其数学运算的核心素养都可得到训练和提升.
	活动二: 阅读教材第76页"阅读与思考",探究"圆锥曲线的离心率与统一方程". 已知点 F 是平面上的一个定点,l 是平面上不过点 F 的一条定直线,点 M 到点 F 的距离和它到直线 l 的距离之比是一个常数 k,求点 M 的轨迹方程.	巡视小组讨论情况,发现典型的方法,邀请2~3个小组代表进行汇报;启发学生分析,对此类问题中常出现的典型的错误做法给出其不合理性的原因说明,并用课件演示,统一做法,提醒进行数学运算的注意事项.	
反思提升	①知识. ②方法. ③思想.	引导学生回顾解决问题的过程,提出该环节的学习任务,师生共同反思总结,修正完善所涉及的知识、方法、思想. 总结、启发、补充.	协助学生在学完本节知识后,将其纳入已有知识网络,有利于学生正确科学地构建空间位置关系的知识体系. 在充分体验的基础上,生成逻辑连贯、前后一致的知识体系,使得研究过程中的知识、方法、思想显性化、具体化、规范化.
运用反馈	学生自主探究,从"数"与"形"的角度尝试推导证明,进一步加深对解决圆锥曲线问题的方法认识.	阅读教材第42页"探究与发现",探究"为什么 $y=\pm\dfrac{b}{a}x$ 是双曲线 $\dfrac{x^2}{a^2}-\dfrac{y^2}{b^2}=1$ 的渐近线".	继续回归教材,引领学生发现从"数"与"形"的角度解决圆锥曲线问题的重要性;通过对证明步骤的演示,学生将见到一个更加严谨、规范的证明过程示范.

7. 关注学习测评

数学教师要根据课堂教学的具体内容，精准设置有针对性、差异性的课堂测评．数学测评的设计要关注现实情境、数学情境、科学情境，将数学问题蕴含在情境中，知识与技能测评问题的设计要有利于优化学生的数学思维品质，帮助学生形成相应的数学学科核心素养．

比如，在完成椭圆的新课学习后，可以给学生设计如下学习测评：

（一）现实情境问题测评

在水平桌面上放置一颗排球，用手电筒在排球正上方打光照射，发现排球在桌面的影子曲线是一个圆，而圆心恰好是排球与桌面的切点．由于光线可逆，从光源发出的光束也可以看作一束光聚焦到光源上，因此，影子曲线也可以看作由桌面下方与桌面相切于同一点的另一个球的投影．

请你实验操作，用手电筒从排球的侧面照射，并思考以下问题：

（1）你所得到的影子曲线是什么形状？

（2）你能将实验情景中涉及的图形抽象为一个数学模型吗？试着抽象并将它绘制出来．

（3）影子曲线为圆时，曲线上的点到切点的距离均相等，类比这个结论，猜想：影子曲线上的点与两个切点间有着怎样的距离关系？

（二）数学情境问题测评

（1）如果动点 $M(x,y)$ 在运动过程中总满足关系式 $\sqrt{x^2+(y+3)^2}+\sqrt{x^2+(y-3)^2}=10$，点 M 的轨迹是什么曲线？为什么？写出它的方程．

（2）经过椭圆 $\dfrac{x^2}{25}+\dfrac{y^2}{16}=1$ 的右焦点 F_2 作垂直于 x 轴的直线 AB，交椭圆于 A，B 两点，F_1 是椭圆的左焦点．

①求 $\triangle AF_1B$ 的周长；

②如果 AB 不垂直于 x 轴，$\triangle AF_1B$ 的周长有变化吗？为什么？

（三）科学情境问题测评

在半径为 r 的圆 O 内取定一点 F，在圆周上任取一点 M，通过折叠使点 M 与点 F 重合，折痕为直线 l．连接 MO 交 l 于点 P，则 P 点的轨迹是什么？若将"在圆 O 内取定一点 F"改为"在圆 O 外取定一点 F"，你能按照今天研究椭圆的方法来研究这条曲线吗？

以上测评根据教学内容并结合学生实际情况，融合新课标学业质量水平评价理念，体现出对学生不同水平层次的检测评价．

二、有效指导学生预习

数学教师一定要让学生学会调动自己已有的数学知识储备，充分利用数学工具书、课外数学书籍、网络等各种学习途径，通过观察、识记、辨析、比较、想象、综合等一系列智力活动，感知数学文本，为课堂教学的高效实施奠定坚实的基础．提倡积极有效的前置学习，利用"前置学习任务单"指导学生做好预习，培养学生的数学阅读能力和自主学习的好习惯．数学预习任务单的设计要依据数学教学内容的核心知识和能力提出问题，创设真实的数学学习情境，引发学生接触数学学习内容、初步探究数学学习的关键问题，形成基于个性化前置学习的"数学问题串""数学任务群"，为教师提供了解学情、设计教学程序、选择教学方式的事实基础，为学生提供推动学习进程和行为的内驱力．

比如，在上圆锥曲线的章起始课之前，可以给学生设计如下"前置学习任务单"：

课前任务1：查阅古希腊人对圆锥曲线的研究历史，说一说人们是如何在日常生活中发现椭圆的？为什么"椭圆、双曲线、抛物线"被称为圆锥曲线？尝试搜集身边的圆锥曲线图形．

课前任务2：数学是研究现实世界的空间形式与数量关系的一门学科，数学研究的两个主要分支就是数与形．高中阶段，我们研究过哪些平面几何图形？研究的基本方法是什么？是沿着怎样的途径进行研究的呢？请你回顾并以思维导图的方式进行呈现．

学生通过完成课前任务1，了解椭圆的起源、历史成果与发展，感受几何图形抽象于生活的特征，体验圆锥曲线文化的发展历程，感受古希腊数学家的理性、信念与智慧；同时，通过寻找生活中的圆锥曲线，练习凭着直观感受和经验在实物、几何体中抽象图形．通过课前任务2，学生绘制关于直线的方程与圆的方程的学习内容、方法与途径的思维导图，将零散的知识结构化，初步厘清"坐标法"的脉络．

三、有序实施课堂教学

数学课堂教学的实施应体现预设的有序、生成的灵动．教师应能规范、准确地运用数学的文字语言、符号语言和图形语言．课堂教学应逻辑性强，通俗易懂，简练明快，富有感染力；应充满师生的双边互动和彼此促进．教师要深入理解数学学科特点、知识结构、思想方法，科学把握学生认知规律，重视优质的数学课堂教学逻辑的构建，上好每一堂课.

1. 科学设计教学程序

数学教师要以数学教材的知识逻辑为蓝本，从学与教的现实出发，选择和组织教学材料. 教师应深入梳理教学内容的内在逻辑，依照学生的学习心理特点和认知思维规律，科学设计教学流程，包括：引入课题，明确学习目标，调动学生已有相关知识和学习兴趣，呈现有组织的学习材料，引导学生开展主动理解、探索知识的数学思维活动，通过练习促进知识向技能的转化，提供应用型情境以促进知识技能的迁移等. 教师应合理安排教学内容、步骤，巧妙串联教学板块，形成流畅的教学过程.

比如，对于"函数单调性"第一节的教学，可做如下设计. 第一个环节：创设情境，提出问题. 可以先创设"股票走势""某一天的温度变化"等情境，激发学生探究的欲望，并提出核心问题——请任意画一个函数图象，用符号语言描述其函数值随自变量变化的增减规律. 第二个环节：小组合作，解决问题. 先通过自主探究画出图象，描述出图形语言、自然语言、符号语言；遇到困难后合作探究，寻求正确合理的解决办法. 第三个环节：归纳总结，反思提升. 让学生体验图形语言、自然语言、符号语言的转化，提出增（减）函数的定义，给出单调性与单调区间的概念. 第四个环节：知识迁移，应用反馈. 给出一个生活实例，目的是促进学生对函数单调性定义的理解及知识迁移.

2. 精心组织教学活动

教学活动要合理组织教学内容，准确反映教学目标和要求，突出重点，突破难点，把握关键点；要把主要精力放在核心内容及其反映的数学思想、方法上，注重建立新知识与已有相关知识的实质性联系，保持知识的连贯性及思想、方法的一致性；对于易错、易混淆的问题，要有计划地再现和纠正，使知识（特别是数学思想、方法）得到螺旋式的巩固和提高.

比如，在高三"不等式"微专题教学中，可以设置这样的问题：用总长 14.8 m 的钢条制作一个长方体容器的框架，如果所制作的容器的长比宽长 0.5 m，那么，高为多少时容器的容积最大？并求出它的最大体积.

有以下解法：

设底面宽为 x(m)，容积为 y(m³)，则有 $y=x(x+0.5)(3.2-2x)(0<x<1.6) \leqslant \left(\dfrac{x+x+0.5+3.3-2x}{3}\right)^3 = \left(\dfrac{37}{30}\right)^3$.

当且仅当 $x+0.5=3.2-2x$，即 $x=0.9$，高为 1.4 m 时有最大容积.

显然，此解法不满足基本不等式求最值时取等的条件（$x=x+0.5=3.2-2x$ 显然是不成立的）．本题从策略的角度考虑问题，可以引导学生从以下三个方面入手：

（1）特殊化构造的策略：

$$y=x(x+0.5)(3.2-2x)=\frac{1}{5}x(2x+1)(8-5x)$$

$$=\frac{1}{15}(3x)(2x+1)(8-5x)\leqslant 1.8$$

当且仅当 $3x=2x+1=8-5x$，即 $x=1$ 时，上式取等号．此时高为 $1.2\ \text{m}$，$y=1.8\ \text{m}^3$．

（2）方程思想的策略：

由于上述解法不容易想到，因此能否根据一般化的规律，利用待定系数法，用方程思想来解决呢？激发学生做如下思考：

$$y=x(x+0.5)(3.2-2x)=\frac{1}{ab}\cdot ax\cdot(bx+0.5)(3.2-2x)(a>0,b>0)$$

满足 $\begin{cases} a+b=2 \\ ax=bx+0.5b=3.2-2x \end{cases}$，不难得到 $a=1.2,b=0.8,x=1$．

此时，$y\leqslant \dfrac{1}{ab}\left(\dfrac{ax+bx+0.5b+3.2-2x}{3}\right)^3=\dfrac{1}{1.2\times 0.8}\times 1.2^3=1.8\ \text{m}^3$（高为 $1.2\ \text{m}$）．

（3）降次求导的策略：

$y'=-6x^2+4.4x+1.6$，令 $y'=0$，$x_1=1$ 或 $x_2=-\dfrac{4}{15}$（舍去）．

从而在 $x\in(0,1.6)$ 内只有 $x=1$ 处使 $y'=0$．若 x 接近 0 或 1.6，y 很小，$y_{\max}=1.2\ (x=1)$．

数学教师应从学习任务分配、目标确定、方法指引、过程监管、行为调控、活动设计等方面充分发挥学生学习的组织者、引导者和帮助者的作用，具体落实教和学双边活动．

3. 适时调节教学过程

数学教学过程是学生在教师指导下的数学学习活动，包括学生对数学知识的认知和实践．从操作层面看，教学过程就是由教师安排和指导的学生数学学习的活动步骤和方式．数学教师要能针对具体的数学教学主题，认真分析学情，从学生的原认知出发，在学生的最近发展区设置问题，合理设置有效的学生活动，适时适点进行指导，在教材与学生之间搭建"引桥"，为不同认知基础的学生提供相应的学习机会和适当帮助，启发全体学生开展独立思考，提高学生数学思维的参与度，帮助学生逐步学会思考，让数学课堂教学过程顺应学生的认知逻辑.

比如，在"方程的根与函数的零点"的教学中，可以以问题串的提问方式让学生深入理解"零点存在性定理".

师：观察二次函数 $f(x)=x^2-2x-3$ 的图象，我们发现 $f(x)=x^2-2x-3$ 在区间 $[-2,1]$ 上有零点，计算 $f(-2)$ 与 $f(1)$ 的乘积，你能发现这个乘积有什么特点？在区间 $[2,4]$ 上是否也具有这种特点呢？

生1：可以发现，$f(-2)f(1)<0$，函数 $f(x)=x^2-2x-3$ 在区间 $[-2,1]$ 内有零点 $x=-1$，它是方程 $x^2-2x-3=0$ 的一个根. 同样地，$f(2)f(4)<0$，函数 $f(x)=x^2-2x-3$ 在 $[2,4]$ 内有零点 $x=3$，它是方程 $x^2-2x-3=0$ 的另一个根.

师：同学们可以任意画几个函数图象，观察图象并寻找端点函数值的符号规律，看看是否能得出同样的结果.

生2：有这样的规律：如果 $f(a)f(b)<0$，则函数在区间 $[a,b]$ 内有零点.

师：这种描述准确吗？对所有的函数，只要 $f(a)f(b)<0$，就一定有零点吗？请同学们仔细思考.

生3：不准确，如果 $f(x)=\dfrac{1}{x}$，$a=-1$，$b=1$，满足 $f(-1)f(1)<0$，但 $y=f(x)$ 在 $[-1,1]$ 上无零点.

师：补充得好，函数必须是连续不断的一条曲线，那么若函数 $y=f(x)$ 在 $[a,b]$ 内有零点，$f(a)f(b)<0$ 就一定成立吗？

生4：没有必然联系，画一个图象即可说明.

师：原命题成立，逆命题未必成立，注意使用条件.

师：若 $f(a)f(b)>0$，$y=f(x)$ 在 $[a,b]$ 上是否无零点了呢？

生5：不一定，如果 $f(a)f(b)<0$，则函数在区间 $[a,b]$ 内有零点，不代表 $f(a)f(b)>0$，$y=f(x)$ 在 $[a,b]$ 上无零点，可以以二次函数图象来说明.

教师应根据课堂实际适时调整教学进程和节奏，处理好"预设"与"生成"的关系；利用观察、提问和练习等方式发现教学问题并准确归因，恰当运用反馈调节机制，根据课堂实际适时调整教学进程，及时采取具有针对性的措施排除学习障碍，提高教学效益.

4. 恰当使用教学手段

教师应根据数学教学内容的特点及学生学习的需要，恰当选择和运用包括教育技术在内的教学媒体，有效整合教学资源，以更好地揭示数学知识的发生、发展过程及其本质，帮助学生正确理解数学知识，发展数学思维，培育数学核心素养.

在教学过程中，教师还应运用基于数学情境、数学问题导向的互动式、启发式、探究式、体验式等数学课堂教学手段，提高课堂教学效率，培养学生学习能力，促进学生系统掌握基础知识、基本技能、基本方法；使用评价—反馈手段，恰当评价学生的学习过程和结果，激励学生的学习热情，使学生始终保持积极的精神状态.

比如，四川大学附属中学基于核心问题的"四环节"教学模式就能很好地体现多种教学手段的应用，在"随机事件的概率"的教学中，对该模式的应用如下：①提出问题环节. 在这个环节中通过游戏和实例展示，使学生体验随机事件发生的不确定性，同时让学生的思维畅游在生活中的随机事件中，为本节课核心问题的提出做好铺垫，体现问题导向. ②解决问题环节. 课堂实验是这个环节的核心部分，在实验过程中教师密切关注学生动作中的细节，对学生的操作过程进行评价、引导，特别是实验条件是否符合要求（抛掷时是否随机和抛掷高度是否一致）. 同时，让学生相互关注，及时找到不合理之处并及时纠正，从而让学生深刻体会到如何做到最大化地避免因不合理操作导致的实验误差. 在分析实验环节，注意引导学生关注统计图中数据的变化情况和波动情况——在随机中体现出的规律，从而抽象出概率的概念，使学生能深度体验到其形成过程，即实验—分析—归纳—概念. 在此环节，学生的自主探究、老师的启发引导、生生互动、师生互动无不体现得淋漓尽致. ③反思提升环节. 概率和频率是一对容易混淆的概念，要加深对它们的理解还需从实验的过程谈起，因此，教师需要引导学生从实验的过程中来找二者的区别. 在整个实验过程中，体现出了一些思想方法，如实验法、随机思想、无限逼近思想及一些辩证法的哲学观点. 对于学生的发言，对不足之处应及时修正；对合理部分应给予肯定和赞扬；对亮眼之处更应在班级树立示范性的榜样，以达到增强整体学习积极性的作用. 在此环节，教师的恰当评价能激发同学们的数学学习热情. ④应用反馈环节. 厘清了频率和概率的关系后，要考查学生对知识的综合运用及解决实际问题的能力. 在学生回答问题时，教师应及时运用更适合、更专业的术语引导. 在小结中，应积极肯定学生对知识的理解和综合运用，同时敦促学生注意知识的巩固和迁移，激发学生积极参与课堂、深度体验课堂、体会数学解决实际问题的作用及数学体现出来的哲学辩证思想. 在此环节，学生对随机事件有了更加深刻的体验.

四、精准运用课堂测评

数学课堂测评就是以一定的习题、练习或相关方式对教学目标是否达成进行评价或测试. 数学课堂测评包括巩固性练习（板演、口练、笔练）和检查性练习. 数学教师要运用课堂测评，对课堂教学效果进行即时性测评，精准了解课堂教学综合性目标的达成状况. 要针对内容特点和学生实际设计具有针对性、有效性和层次分明的课堂检测，既起到巩固知识、训练技能、查漏补缺的作用，又帮助学生领悟学科基本思想，积累丰富的活动经验. 课堂测评应尽量避免唯知识、唯分数倾向，摒弃低效重复的题海战术，而应关注学生对数学知识技能的掌握，关注学生的学习态度、方法和习惯的养成，更要关注学生数学学科核心素养水平的达成.

比如，在"导数的概念"第一节的教学中，设置如下课堂测评题：
1. $y=x^3-2x+1$，求 y'，$y'|x=2$.

2. 设函数 $f(x)$ 在 $x=x_0$ 处可导，则 $\lim\limits_{\Delta x \to 0}\dfrac{f(x_0+\Delta x)-f(x_0-\Delta x)}{\Delta x}=(\quad)$
A. $f'(x_0)$ B. 0   C. $2f'(x_0)$ D. $-2f'(x_0)$

3. 已知一个物体运动的位移 $S(m)$ 与时间 $t(s)$ 满足关系式 $S(t)=-2t^2+5t$：
（1）求物体第 5 秒和第 6 秒的瞬时速度；
（2）求物体在 t 时刻的瞬时速度；
（3）求物体 t 时刻运动的加速度，并判断物体做什么运动.

设计意图：设计练习 1，旨在巩固求导方法；设计练习 2，旨在通过适当的变式训练，揭示概念的内涵，提高学生的模式识别能力，提升学生思维的深刻性和灵活性；设计练习 3，旨在通过体验实际应用，展示概念的外延，让学生认识到数学来源于生活并应用于生活. 通过练习，学生对知识、技能的掌握情况得到及时反馈，有助于及时调节教学，更好地达成教学目标.

数学教师要基于对学生的评价，关注学生的个性发展需求，及时处理并科学运用测评结果，反思教学过程，总结经验、发现问题，提出改进思路，促进教学相长.

五、有效设计课后作业

教师应统筹调控不同年级的作业数量和作业时间，不断提高作业设计的质量及针对性，依据课程标准、教材与教学目标精心设计基础性作业，适当增加探究性、实践性、综合性作业，探索弹性作业和跨学科作业设计.

比如，在"导数的概念"第一节的教学中，设置如下的课后作业题：

必做题：

1. 教材第 124 页习题 3.1 第 1~5 题.

2. 已知 $f(3)=2$，$f'(3)=-2$，则 $\lim\limits_{x\to 3}\dfrac{2x-3f(x)}{x-3}$ 的值为_____.

3. 已知曲线 C 是函数 $f(x)=2x^2+1$ 的图象：
(1) 求点 $A(1,3)$ 处的切线的斜率；
(2) 求函数在 $x=1$ 处的导数.

选做题：

1. 有条件的同学上网查阅有关微积分产生的时代背景和历史意义的资料并交流讨论.

2. 函数 $f(x)=|x|$ 在 $x=0$ 处是否可导？

3. 函数 $y=f(x)$ 在 $x=x_0$ 处可导是它在 $x=x_0$ 处连续的（   ）

A. 充分不必要条件　　　　B. 必要不充分条件
C. 充要条件　　　　　　　D. 既不充分也不必要条件

设计意图：富有弹性的分层作业，照顾到各种层次的学生. 补充的必做题 3，为下节课研究导数的几何意义打下伏笔. 可导与连续的关系，设计成选做题，既不影响主体知识建构，又能使学有余力的学生得到进一步的发展. 利用网络，便于学生开展自主学习，拓展学习方式和平台.

教师应在课堂教学的延伸阶段进一步把握住核心知识、核心能力的积累和训练，从而以作业的优化保障学生关键能力的提升. 作业难易要适度，数量要适当. 要着眼学生发展，做到作业丰富多彩、形式多样. 不得使用现成的练习册或习题集不加选择地布置作业. 要按学生实际分层次提出要求，避免机械训练和重复训练.

六、及时开展教学反思

明确数学教学反思的内容，是进行教学反思的前提. 理论上，任何与教学实践相关的问题都可能成为反思的对象和内容．但一般而言，数学教师的反思对象主要有教学设计与实施的比较、教学中的成败得失、教学机智与灵感、课堂互动情况及课堂教学改革与创新等．

比如，在"任意角的三角函数（1）"的教学中笔者是这样写教学反思的：①情景设计的数学模型新颖，很好地融合初中对三角函数的定义，也能很好地引入直角坐标系中，将锐角三角函数的定义向任意角的三角函数过渡，同时能够揭示函数的本质．②通过问题引导学生自主探究任意角的三角函数的生成过程，让学生在情境中活动，在活动中体验数学与自然和社会的联系、新旧知识的内在联系，在体验中领悟数学的价值．它渗透了蕴含在知识中的思想方法和研究性学习的策略，使学生在理解数学的同时，在思维能力、情感态度与价值观等多方面得到进步和发展．③课堂上引导不足，导致学生对任意角的定义的理解还不够深刻，对用坐标表示三角函数的运用还有点模糊．④对学生的学习过程和结果评价不足，没有充分激发出学生的学习热情，应该更耐心地倾听同学们的每一次回答．

数学教师的教学反思是教师对自己参与的数学教学活动的回顾、检验与认识，本质上是对教学的一种反省认知活动．教师以自己的实践过程为思考对象，在"回放过程"的基础上，对其中的成败得失及其原因进行思考，得到一定的能用于指导自己教学的理性认识，并形成更为合理的实践方案．

第四节 教学方式选择

高中数学教师要有意识地在课堂教学中，根据实际情况分析各种数学教学方式方法及数学学习方式的利弊和适应性，根据学情、学段、内容、课型等现实需求，恰当选择教学方式方法，指导学生选取合适的数学学习方式．

一、依据学情精准施教

高中数学教师要适时使用不同教学方式，适应不同学习状况需求，精准分析学情，重视差异化教学和个别化指导．要坚持教学相长，注重启发式、互动式、探究式教学．教师课前要指导学生做好预习，课上要讲清重点难点、知识体系．教师应深入理解数学学科特点、数学知识结构及思想方法，科学把握学生认知规律，根据不同知识类型的学习过程安排教学步骤．数学教师要结合学

◆ 基于融合技术的数学高品质课堂建构

生学习数学的一般心理过程、思维习惯和思维规律，在学生原有认知结构的基础上，精心组织教学活动，发展学生的认知结构．学生的学习过程遵循一定的顺序，如从已知到未知、从简单到复杂、从具体到抽象、从感知到理解、从定性到定量、从模仿到创造、从实验到理论和从理论到实验、从特殊到一般和从一般到特殊等．

比如，在"平面向量基本定理"的教学中，老师可以这样设计教学过程：

问题1：今天我们来研究平面内任意一个向量如何表示的问题．之前，我们学习了平面向量的线性运算，如果一个非零向量a与向量b共线，我们可以如何表示向量b？

【师生活动设计】教师提出问题，学生思考后回答，师生共同得出结果：如果一个非零向量a与向量b共线，存在唯一的实数λ使得$b=\lambda a$．

问题2：在物理中，我们知道为求放置在斜坡上的木块受到的摩擦力，需要将重力分解．如图1-1所示，你能将受力分析的结果用向量表示出来吗？

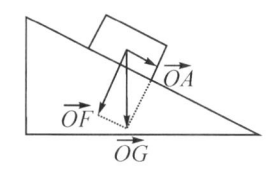

图1-1

力的分解是向量分解的物理模型，根据受力分析，我们可以通过作平行四边形将向量$\overrightarrow{OG}$分解为两个向量$\overrightarrow{OF}$与$\overrightarrow{OA}$，这里向量$\overrightarrow{OG}$是这两个向量的和，即$\overrightarrow{OG}=\overrightarrow{OF}+\overrightarrow{OA}$．这引发我们思考：平面内的任意一个向量，能否用某些给定向量的代数和的形式表示？如果可以，这样的向量需要几个？

【师生活动设计】教师提出问题，激发学生思考，并引导学生从力的分解过渡到向量的分解．如果学生能正确回答可以用两个向量表示平面内任意一个向量，就追问这两个向量需要满足什么条件，引向问题3；如果学生没有反应或回答错误，就采用追问1和追问2．

追问1：我们之前学过向量的加法、减法、数乘向量的运算，如果给定向量a，平面中任意一个向量b，能否用向量a来表示？

追问2：已知平面内的两个非零向量e_1，e_2，请你作出向量e_1+2e_2，$-e_1+3e_2$．这给你什么启发？

问题3：如图1-2所示，给定两个不共线的向量e_1，e_2及同一平面内的

向量 a. 将 a 沿着 e_1, e_2 的方向分解, 你有什么发现?

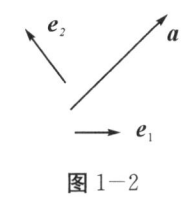

图 1-2

【师生活动设计】学生动手作图, 教师提问, 一名学生在黑板上作图展示. 在学生作图的基础上, 向学生强调先在同一起点 O 作 $\overrightarrow{OA}=e_1$, $\overrightarrow{OB}=e_2$, 之后再作出向量 $\overrightarrow{OC}=a$, 然后将向量 a 沿着 e_1, e_2 的方向分解. 如果学生能够顺利作图并用线性运算表示, 那么导向问题 4; 如果学生无法作图或作图后无法用线性运算表示出来, 则进入以下环节.

追问 3: 在物理中, 我们将力根据需要进行分解, 依据的是平行四边形法则, 现在你可以运用平行四边形法则进行分解吗?

追问 4: 当你将向量 a 沿着向量 e_1, e_2 方向分解, 分解后的向量和向量 e_1, e_2 是什么关系? 这种关系如何表示?

【设计意图】引导学生经历作图过程并进行体会, 将平面内的向量 a, 沿着 e_1, e_2 的方向分解, 并用 $a=\lambda_1 e_1+\lambda_2 e_2$ 的形式表示出来, 从而掌握向量平行四边形分解的方法, 初步认识平面向量基本定理的图形表示与代数表示, 实现从图形到代数表示的过渡, 发展学生数学抽象的核心素养.

问题 4: 如果再给出平面内的另一个向量 a, 还能用给定的两个不共线的非零向量 e_1, e_2 来表示吗?

【师生活动设计】教师改变向量 a 的方向和位置, 分别呈现出以下状态, 让学生作图、表示、展示. 其中几种状态如图 1-3 所示:

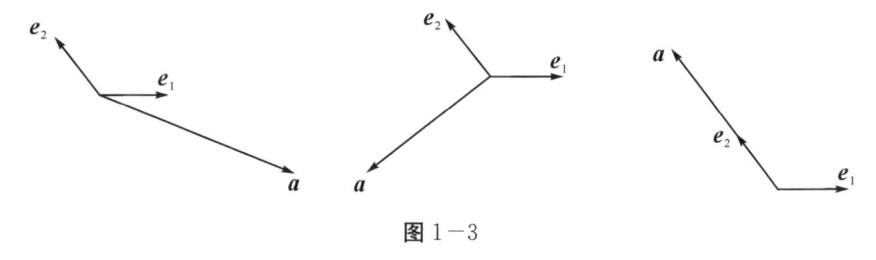

图 1-3

追问 5: 如果 a 是零向量, 可以用给定的两个不共线的非零向量 e_1, e_2 来表示吗? 从这个探究过程中, 你可以得到什么结论?

【设计意图】让学生体会平面内的任一非零向量都可以用两个不共线的非

零向量表示出来,突破"任意性"这个难点,发展学生逻辑推理的核心素养.

问题5:对于给定的向量a,可以用给定的两个不共线的向量e_1,e_2表示为$a=\lambda_1 e_1+\lambda_2 e_2$,那么这种表示中的$\lambda_1$,$\lambda_2$是唯一的吗?你可以给予证明吗?

【师生活动设计】引导学生从图形和代数两个角度解释原因,如果学生可以回答,则进入问题6,否则引导学生思考:表示的结果唯一,就意味着分解的唯一,从图形上看就是平行四边形的唯一,你能利用所学的几何知识来解释吗?

从代数上如何证明λ_1,λ_2是唯一的呢?代数中要证明唯一性我们一般采用的方法是什么?如何证明?

【设计意图】从几何和代数两个角度让学生认识结果的唯一性,发展学生直观想象和逻辑推理的核心素养.

问题6:你能把上述探究发现的结果,用数学的语言描述出来吗?

【师生活动设计】教师提问,学生回答,教师给予引导和纠正,共同得出平面向量基本定理:如果e_1,e_2是同一平面内的两个不共线的向量,那么对于这一平面内的任意向量a,有且只有一对实数λ_1、λ_2,使$a=\lambda_1 e_1+\lambda_2 e_2$.我们把不共线的向量$e_1$,$e_2$叫作表示这一平面内所用向量的一组基底.

【设计意图】让学生在探究、发现的基础上,将已有的图形语言用文字语言、符号语言表示出来,培养学生用数学语言表达所发现的结论的能力,发展数学抽象的核心素养.

教师应根据不同数学课型和学情,因势利导、因材施教,恰时恰点地给予指导:在学生思维最近发展区内提出问题,使学生面对适度的学习困难,主动思考、积极提问和实践探究,以此增长学生的知识见识,激发学生的学习兴趣,启发全体学生开展独立思考,提高学生思维的参与度,帮助学生逐步学会思考恰当处理"预设"与"生成"的关系,机智运用反馈调节机制,根据课堂实际适时调整教学进程,采取有效策略解决学生遇到的学习困难,为学生提供反思学习过程的机会,培养认知能力,引导学生对照学习目标检查学习效果,采取相应的数学教学方法和策略,促进思维发展,激发创新意识.

二、依据问题多样学习

中学数学教师要以问题为主线,设计"问题串",让学生运用多元的数学学习方式进行数学学习的能力培养.要培养学生发现问题、提出问题、分析问题、解决问题的能力. 教师应教会学生有意识地使用自主探究、小组合作的学习方式以培养其主动参与、合作共享的意识和行为；以数学学科内及跨学科整合学习改变其数学认知方式和认知结构；采用研究性学习、深度学习方式，培养学生对数学"四基"的深刻理解和运用，提升其整合、评价、探究、应用等高阶数学思维能力，形成数学批判性思维；尝试以数学专题学习、项目式学习、综合实践等方式，使数学知识结构化，化难为易，使学生学会运用跨学科知识解决实际生活问题，并形成丰富多彩的物化成果.

比如，在教授章起始课"圆锥曲线与方程"这一内容时，依据章起始课的主要任务，即解决"是什么、为什么学、学什么和怎样学"的问题，基于学情，采用自主探究、小组合作、专题学习等学习方式，培养学生的"四基"和"四能".

在课前，学生依据"课前学习任务单"的问题提示查阅资料，了解圆锥曲线的来历和最初的图形角度的定义，感受几何图形源于生活又服务于生活，了解圆锥曲线研究的历史成果，欣赏与感受古希腊数学家的理性与智慧. 随后，小组集体探究尝试建模，独立梳理"直线与圆的方程"思维导图，形成知识与方法的先行组织者.

在课中，依据问题探究定位. 活动1［圆锥曲线历史（古希腊）之旅］：感受古希腊数学史及生活中的圆锥曲线，初步了解圆锥曲线的产生. 活动2（抽象"双球模型"）：自主分析生活情境，抽象出几何图形，通过查阅资料初步了解旦德林"双球模型"在椭圆定义产生中的作用. 对比两种椭圆的定义（几何的圆锥切面与代数的"椭圆的第一定义"），引发思维冲突——这两种椭圆的定义是等价的吗？从而尝试初步建模，根据过去学习的轨迹问题猜想椭圆的几何特征，体会数学建模的过程，提高数学素养. 活动3（建立椭圆的标准方程）：通过类比圆的方程的建立和研究，自主建系完成椭圆标准方程的推导. 在学生经历完整的探究过程的同时，为避免以教师讲解为主的告知式学习，采用激发兴趣、主动参与、积极体验、自主探究的教学方式，形成师生互动的教学氛围，充分调动学生的积极性，引发学生对圆锥曲线进一步学习的强烈期待，为全章内容的后续学习起到较好的铺垫作用.

课后，根据教学内容并结合学生的实际情况，融合新课标学业质量水平评价理念，分三个层次布置作业：

一、复习巩固（1、2略）

二、综合应用（1略）

2. 在半径为 r 的圆 O 内取定一点 F，在圆周上任取一点 M，通过折叠使

点 M 与点 F 重合，折痕为直线 l．连接 MO 交 l 于点 P，则 P 点的轨迹是什么？若将"在圆 O 内取定一点 F"改为"在圆 O 外取定一点 F"，你能按照今天研究椭圆的方法来研究这条曲线吗？

三、拓广探索（1 略）

2．利用圆锥曲线的几何性质制作一件手工制品（综合实践性作业）．

分别达成评价、探究、应用的目的，体现对学生不同水平层次的检测评价．让学生尝试利用数学知识解决实际生活问题，并形成物化成果．

第五节　信息技术应用

数学教学要积极推进"教育＋互联网"在数学课堂教学中的落地，有效利用多种数字化教育资源及学校信息化终端设备和软件，积极探索基于互联网的智慧教育，促进数学教育教学与信息技术的深度融合，提升数学课堂教学的现代化水平．数学课堂教学中的信息技术应用要以化解难点、发展数学思维、促进数学教学效益的提升、保护好学生的身心健康为宗旨．

一、创设情境，推进学习

中学数学教学要融合运用传统与现代技术手段，重视数学情境教学，充分利用信息技术，促进数学教学内容与真实情境的有机融合．要借助信息技术为学生提供生动、直观、富有启发性的数学情境学习材料，为学生提供多样化的现代化数学学习与求知环境，创设形象直观的数学学习情境．要积极探索信息技术服务于数学教学和学生数学学习的有效途径与方式，引导学生形成自己的主观体验经历，积累数学学习的基本活动经验，让学生多维度深入理解数学情境，提取情境中的数学信息，增强学生分析和解决问题的能力，发展学生的数学推理、数学抽象等素养．

比如，在讲授微专题"常见棱锥的外接球、内切球问题"这一内容时，可以进行如下情境创设．

某航天公司需要设计一个小型空间探测器，要求以三棱锥结构为主体，在其内部设计一个最大的球体操作空间和能包裹住三棱锥的最小球体保护罩，该如何设计？若这样的三棱锥是底面三角形边长为 3 m，锥高为 3 m 的正三棱锥，这样的两个球有多大？

第一章　中学数学教学基本要求

问题思考：三棱锥结构内构造一个最大的球体空间和能包裹住三棱锥的最小球体空间是怎样的两个球？

设计意图：从空间位置及结构去探究三棱锥与内切球、外接球的相切、相接关系．借助高科技手段，观察立体模型．

师生活动：

活动一：借助 MR（Mixed Reality）增强现实技术整体感受（如图 1-4 所示）．

(a)　　　　　　　　　(b)

图 1-4

活动二：借助网络画板 3D 立体图形动态展示，观察立体图形的空间结构，建立立体几何点线面体之间的关联（如图 1-5 所示）．

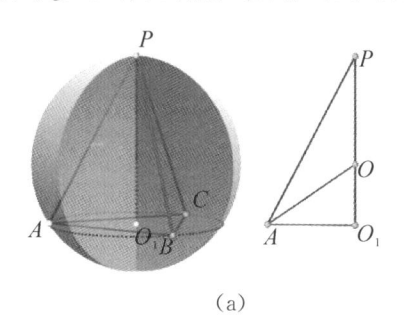

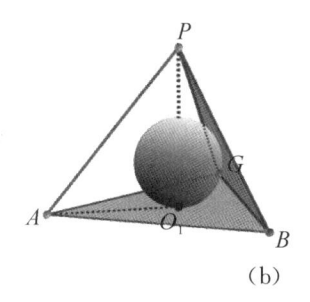

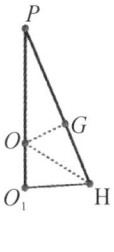

(a)　　　　　　　　　(b)

图 1-5

教师：这个正三棱锥的外接球的球心在哪？怎么计算外接球半径？正三棱锥的内切球的球心在哪？怎么计算其半径？

学生 1（上讲台用电子白板演示讲解）：由于正三棱锥的特殊性和对称性，我认为外接球的球心在它的高上，在侧棱的中垂面与高的交点处．可以建立高与底面正三角形的外接圆半径、外接球半径构造的直角三角形，用勾股定理计算．

学生 2：类比正三棱锥的外接球，其内切球的球心也在其高上，应该可以

31

◆ 基于融合技术的数学高品质课堂建构

判断侧面与底面的二面角的角平分面与高的交点就是球心，球心到底面或侧面的距离就是半径．

二、重构环境变革方式

信息技术的运用打破了以课堂、教师、书本为中心的传统教学方式的局限．在高中数学教学过程中，教师要充分利用现代教育媒体的操作性强、适用性广、灵活有趣、便于理解、信息容量大、效益高、省时间等优点，揭示数学知识的发生、发展过程及其本质，帮助学生正确理解数学知识，发展数学思维，促进学生主动探索和发现数学规律；利用信息技术能够带来的对多重感官的综合刺激，激发学生更多更好地获取关于数学规律与其内在联系的数学知识，发展学生的数学类比、联想、拓展的思维能力，培养学生的数学直觉思维能力，拓宽学生的数学学习视野．同时，积极引导学生利用网络资源的高度共享性，通过网络查阅，获取网络上相关的数学知识，弥补数学课堂教学的不足，拓宽学生的学习渠道．

比如，教师在讲授"三角函数的简单应用"这一内容时，可以利用信息技术进行数据拟合，帮助学生直观形象地理解数学建模的内涵．

例：据国家统计局统计资料显示，2016年四川省每月水力发电量见表1-2．

表1-2

月份	发电量（亿千瓦时）	月份	发电量（亿千瓦时）
1	104.737	7	297.263
2	90.003	8	310.011
3	106.569	9	295.262
4	144.779	10	254.883
5	199.992	11	200.009
6	254.857	12	144.688

（1）选用一个函数来近似描述水力发电量与时间的函数关系．

（2）2016年4—12月四川省全社会用电量 y（亿千瓦时）与月份 x 近似满足如下函数：

$y=15\sin(1.17x-0.78)+180$．

①四川省在丰水期（6—10月）共需要外输水电1000亿千瓦时，则为了

满足省内用电需求,共需要补充其他类型的电力(如火电、风电、光电)约多少亿千瓦时?(精确到个位)

②4—12月期间,是否存在水力发电量不能满足省内用电需求的时候?若是,请求出相应月份;否则,请说明理由.

设计意图:让学生感受到三角函数模型与实际生活的关联,并在更充分体验的基础上,掌握函数模型应用的步骤,提升直观想象、数学建模、数学运算等核心素养.

师生活动:

活动一:部分学生通过 Excel 软件描绘散点图,选择多项式函数进行拟合.

学生1:使用 Excel 软件描了散点之后,对数据进行拟合时(图1-6),发现指对幂等函数差得有点远,所以选择多项式函数.而二次函数效果不好,故把次数升高,发现六次函数效果就很好了.再点击计算,就马上得出了函数解析式.

图 1-6

活动二:部分学生采用 Geogebra 软件绘制散点图,选择三角函数进行拟合.

学生2:使用 Geogebra 软件描绘散点图(如图1-7所示),发现它近似满足正弦型函数,故用正弦拟合得到解析式.

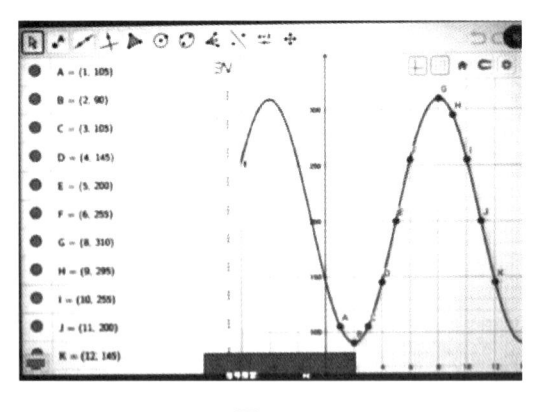

◆ 基于融合技术的数学高品质课堂建构

图 1-7

教师：为什么使用同样的数据会求得不同的结果？我们应该如何认识这种差异和选择函数模型？

两类方法所得的函数解析式虽然类型不一样，且同一类函数模型可能有不同的函数解析式，但它们的本质是一样的（因为多项式函数本质上就是三角函数的一种展开式）．在检查计算后，发现与实际数据可能不一致，但并不影响解决实际问题．有兴趣的同学可在课后查询学习有关知识．

三、精准测评，改善行为

中学数学教师要充分利用信息技术，运用成熟的和根据自身需求研制开发的、有自身特色的数学测评工具，如组卷系统、作业批改系统、数据分析系统、反馈系统等进行精准的数学课堂、数学单元等定向测评，努力推动高中数学教与学行为的数字化精准记录和分析，构建线上线下交互式的数学学习新生态，为数学课堂教学行为分析和数学质量评测提供即时性信息和大数据实证分析支持，形成有利于数学课堂教学中教和学双边行为改善的数据分析或质性意见建议，并借此改善和提升高中数学课堂教学质量和智能化水平．

比如，在讲授微专题"常见棱锥的外接球、内切球问题"这一内容时，可以进行如下的精准测评：本节课采用"智慧化核心问题教学模式"，分为课前学习、课中学习、课后任务三个部分．

课前学习中，学生利用预设的网络资源进行自主学习，运用教师投放任务检测单进行反馈检测；教师运用智慧课堂收集反馈的数据分析数据，形成检测报告，发现学生共性和个性的问题，分析成因，确定教学重、难点及教学策略，进而提出课中学习的核心问题或核心任务．

课前检测单：

(1) 棱长为 a 的正方体，其外接球的直径为（　　）

A. a　　　　B. $\sqrt{2}a$　　　　C. $\sqrt{3}a$　　　　D. $2a$

(2) 将长为 a、宽为 b 的矩形纸片沿对角线翻折，所形成的空间四边形的外接球半径为（　　）

A. $\dfrac{\sqrt{a^2+b^2}}{4}$　　B. $\dfrac{\sqrt{a^2+b^2}}{3}$　　C. $\dfrac{\sqrt{a^2+b^2}}{2}$　　D. $\sqrt{a^2+b^2}$

(3) "鳖臑模型"（四个面都是直角三角形）：三棱锥 $P-ABC$ 中，$PA \perp$ 面 ABC，且 $\angle ABC = 90°$，$PA = 3$，$AB = 4$，$BC = 5$，则三棱锥的外接球半径为（　　）

A. $2\sqrt{2}$　　　B. $\dfrac{5\sqrt{2}}{2}$　　　C. $3\sqrt{2}$　　　D. $5\sqrt{2}$

(4) "墙角模型"（三条侧棱两两互相垂直）：三条侧棱两两互相垂直的三棱锥中，三条侧棱长分别为 1，2，2，其内切球半径为（　　）

A. $\dfrac{4-\sqrt{6}}{5}$　　B. $\dfrac{4-\sqrt{6}}{4}$　　C. $\dfrac{3-\sqrt{3}}{6}$　　D. $\dfrac{3+\sqrt{3}}{6}$

课中学习主要运用核心问题教学模式：提出问题—解决问题—反思提升—运用反馈．首先，通过师生共同提出核心问题，对核心问题进行任务理解或分解；其次，进行问题解决，运用网络资源进行个人自主探究或小组合作探究，探究任务检测，数据分析报告，有针对性地进行师生交流展示，反馈评价；再次，反思提升，学生对问题解决过程的知识、方法、思想进行反思交流，教师进行指导、拓展和提升等；最后，运用反馈，学生独立或者小组合作进行问题运用，完成检测任务，即时上传数据，进行大数据汇总分析．师生针对分析报告进行交流分享与评价，对教学目标达成的效果进行精准的反馈和评价．

问题探究检测：

(1) 下面对正三棱锥的外接球、内切球球心说法正确的是（　　）

A. 外接球的球心在正三棱锥的底面三角形的中心处

B. 内切球的球心在正三棱锥的高线的中点处

C. 外接球与内切球球心在同一个位置

D. 外接球的球心在正三棱锥的高线与过侧面三角形外心垂直于该侧面的垂线的交点处

(2) 三条侧棱互相垂直且长度为 1 的正三棱锥的外接球半径是（　　）

A. $\dfrac{1}{2}$　　　B. $\dfrac{\sqrt{2}}{2}$　　　C. $\dfrac{\sqrt{3}}{2}$　　　D. $\dfrac{\sqrt{3}}{3}$

(3) 侧棱与底面棱长都为1的正三棱锥的内切球半径是(　　)

A. $\dfrac{\sqrt{3}}{3}$　　　B. $\dfrac{\sqrt{3}}{12}$　　　C. $\dfrac{\sqrt{6}}{4}$　　　D. $\dfrac{\sqrt{6}}{6}$

运用反馈检测：

(1) 母线长等于底面圆直径$2R$的圆柱的外接球半径为(　　)

A. R　　　B. $\sqrt{2}R$　　　C. $\sqrt{3}R$　　　D. $2R$

(2) 将长为a、宽为b的矩形纸片沿对角线翻折，所形成的空间四边形的外接球半径为(　　)

A. $\dfrac{\sqrt{a^2+b^2}}{4}$　　　B. $\dfrac{\sqrt{a^2+b^2}}{3}$　　　C. $\dfrac{\sqrt{a^2+b^2}}{2}$　　　D. $\sqrt{a^2+b^2}$

(3)《九章算术》中对一些特殊的几何体有特定的称谓，例如：将底面为直角三角形的直三棱柱称为堑堵. 将一堑堵沿其一顶点与相对的棱切开，得到一个阳马（底面是长方形，且有一条侧棱与底面垂直的四棱锥）和一个鳖臑（四个面均是直角三角形的四面体）. 在如图 1-8 所示的堑堵 $ABC-A_1B_1C_1$ 中，$A_1B_1=BB_1=4$，$B_1C_1=3$，则阳马 $C_1-ABB_1A_1$ 的内切球体积为(　　)

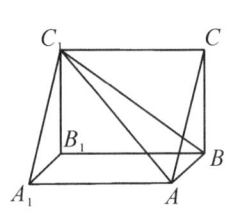

图 1-8

A. $\dfrac{4\pi}{3}$　　　B. $\dfrac{8\pi}{3}$　　　C. $\dfrac{2\pi}{3}$　　　D. π

(4)【选作题】【2019 年高考全国Ⅰ卷理数】已知三棱锥 $P-ABC$ 的四个顶点在球 O 的球面上，$PA=PB=PC$，且 $\triangle ABC$ 是边长为 2 的正三角形，E，F 分别是 PA，AB 的中点，$\angle CEF=90°$，则球 O 的体积为(　　)

A. $8\sqrt{6}\pi$　　　B. $4\sqrt{6}\pi$　　　C. $2\sqrt{6}\pi$　　　D. $\sqrt{6}\pi$

课后任务包括课后学习、拓展性学习、研究性学习等，学生独立或小组合作完成任务，进行检测，形成研究性学习报告，对学生整体和个体进行学习画像，形成指导性学习评价.

课后检测：

(1) 母线长等于底面圆直径$2R$的圆锥的内切球的表面积为（　　）

A. πR^2 B. $\dfrac{2\pi R^2}{3}$ C. $\dfrac{4\pi R^2}{3}$ D. $2\pi R^2$

(2)【2018年高考全国Ⅲ卷理数】设 A，B，C，D 是半径为 4 的球的球面上四点，$\triangle ABC$ 为等边三角形且其面积为 $9\sqrt{3}$，则三棱锥 $D-ABC$ 体积的最大值为（ ）

A. $12\sqrt{3}$ B. $18\sqrt{3}$ C. $24\sqrt{3}$ D. $54\sqrt{3}$

第六节　课堂评价运用

一、多元确立评价主体

数学课堂评价是数学教学活动的重要组成部分．数学课堂评价应以数学课程目标、数学课程内容和数学学业质量标准为基本依据．数学课堂评价要以数学教学目标的达成为依据，要关注学生对数学知识技能的掌握，关注学生的学习态度、方法和习惯，关注学生的数学学科核心素养水平的达成．数学课堂评价既包括对学生学习的评价，也包括对教师教学的评价．基于此，数学课堂评价主体不仅是数学教师，还应包括每一个有主体意识的学生．数学课堂评价必须是师生、生生、生师间的多元互动过程和行为．

比如，教师在讲授"立体几何中的向量法求空间角（一）"这一内容时，在讲授空间直线的夹角公式时，有如下教学片段：

教师：同学们已经完成了课前活动——用向量法求空间角，请一位同学上台来展示自己的解题过程．

学生：我根据已知条件建立如下的空间直角坐标系，从而各点的坐标为……最终向量 $\overrightarrow{AN}$ 与 $\overrightarrow{BM}$ 所成夹角的余弦值为……

教师：这位同学的求解过程思路清晰、计算准确、书写工整，体现了很好的数学素养，但如果再关注到一个细节就更完美了．你能发现自己解答过程的一个瑕疵吗？

学生：没有书写各小题的结论．

教师：对，缺了这一步能否称为标准答案？

学生：不能，缺了这一步不仅答非所问，而且由于向量夹角与空间角范围的不同，可能导致错误．

教师：你的分析直指问题的关键．解答数学题目一定要精确、严密、精练，否则差之毫厘，谬以千里．现在请你完善自己的答案．相信不仅是你，还有其他同学以后都能注意到所有类似的问题．

教师对其解题过程的评价在多个方面都具有很强的针对性：

（1）"求解过程思路清晰、计算准确、书写工整，体现了很好的数学素养．"给予学生充分的肯定，适当建立学生的自信心．评价对象指向学生的学习习惯，具体而不空泛，因为学生在某一点上得到了肯定评价，有利于他由某一点的肯定评价循序渐进走向全面的肯定评价，使学生的学习能力在肯定评价中得到全方位的发展．

（2）"但是如果再关注到一个细节就更完美了．"这句平淡的语言在这里显得生动而巧妙，评价对象指向学生的学习态度，不但避免了学生的尴尬，还维护了学生敏感的自尊心，在纠正学习错误的同时，还会使其更有信心地投入学习．

（3）"缺了这一步能否称为标准答案？"这句问句既让学生思索答案中出现的问题，又以一种严厉的质问语气让学生体会到所犯错误的重要性：缺了一步就会前功尽弃．这较好地体现了评价的改进作用，也有利于全体学生鉴定学的过程是否有效，使课堂学习活动不断完善、改进和提高，更好地实现了课堂教学目标，从而达到教学的整体优化．

（4）"你的分析直指问题的关键，解决数学题目一定要精确、严密、精练，否则差之毫厘，谬以千里．"再次充分肯定学生能力，树立其自信心，强调数学学习的特点，灌输基本且重要的数学思想，这既是一种善意的引导和期许，同时针对学生回答的"可能导致错误"给予直接的反驳——"差之毫厘，谬以千里"，打消学生的侥幸心理，严格要求这种认知水平比较高的学生，不仅关注了学生数学学习的水平，更关注了他们在数学活动中表现出来的情感与态度，帮助他们认识自我，精益求精．

（5）"相信不仅是你，还有其他同学以后都能注意到所有类似的问题．"再一次引起全班同学对问题的注意，表达了老师对于全体学生殷切的要求和期盼．

短短几句话，体现了教师崇高的师德、高超的教学水平与评价艺术．

二、全面确定评价内容

数学学科核心素养的达成是循序渐进的，基于内容主线对数学的理解与把握也是日积月累的. 数学课堂评价既要评价学生对数学知识技能的把握程度，更要评价相关的数学学科核心素养的发展，还应依据必修、选择性必修和选修课程内容的主线和主题，整体评价学业质量与数学学科核心素养水平的关联. 要重视学生学习中"生成"的评价，基于数学学科核心素养的教学情境和数学问题评价. 评价内容包括：情境设计是否体现数学学科核心素养，数学问题的产生是否自然，解决问题的方法是否通性通法，情境与问题是否有助于学生数学学科核心素养的达成. 数学课堂评价以促使学生发展为目的，不仅关注学生的数学学习结果，而且要有对学生数学学习兴趣、态度、过程、行为、能力等的精准量化分析和质性评价.

比如，教师在讲授"等差数列的前 n 项和"这一内容时，在探究等差数列的前 n 项和公式时，有如下教学片段：

"数学王子"高斯是德国数学家. 在高斯 10 岁时，老师出了一道数学题：1～100 的所有整数的和为多少？很快高斯便得出答案. 同学们知道高斯是怎么算的吗？

从高斯的算法中启发学生思考：对于一般的等差数列，如何探究出它的前 n 项和公式？

学生 1：因为 $1+100=2+99=3+98=\cdots=101$，则 $1+2+\cdots+100=50\times 101=5050$.

教师：你的阅读面很广，说明你对数学故事、数学史感兴趣. 希望你能继续加强对这方面知识的了解. 这是高斯所采用的求和方法，其特点是首末对应等距项的和相等，两两配对正好能配 50 对. 那么，采用高斯的算法如何求解 $3+4+\cdots+97$，或者 $2+4+\cdots+98$？这需要我们求解什么量？

教师的点评充分肯定了学生阅读课外书籍的价值，激发他们更为持久和更为广泛的求知欲；同时，通过追问指出学生在运用这种方法求和时，没有深入探究方法的特征与本质，只是流于表面. 这既能引发学生对于一般等差数列求和公式的思考，也隐隐点出"好读书求甚解"的殷切希望，让学生在反思中提升.

学生 2：因为这是一个等差数列求和问题，可以使用求和公式 $S_n=\dfrac{100(1+100)}{2}=5050$ 直接求解.

教师：你的等差数列相关知识显得更为丰富，运用了一个一般化普适性的公式解决了问题，这种公式无疑优于高斯算法. 但是，你能运用这个公式解决刚才的两个补充问题吗？你能给出你的答案中每一个数字代表的一般意义吗？

你能给出这个公式的推导过程吗？

教师的点评充分肯定了学生在数学专业知识上的储备，有利于鼓励学生在数学学科上继续深入钻研；同时，通过追问直指本节课的核心问题，指出学生应该知其然也要知其所以然．并且，在与学生的交流中，通过比较性的语句提醒采用高斯算法的学生不应满足于现状，应该有更高的追求．

学生3：我还是使用高斯算法，观察到 $a_1+a_n=a_2+a_{n-1}=\cdots$，接下来对项数分奇数偶数进行分类讨论．

教师：这种首尾配对的做法灵活利用了上节课学习的等差数列通项公式的重要性质，说明你掌握得很好，学以致用．但这种方法需要分奇偶项数讨论，你完成了讨论没有？（学生表示没有）那么，有没有同学采用这种分类讨论方法成功解决了问题？请上台来展示你的解答过程．

教师的点评在肯定中又有鞭策，既保护了学生3的自尊心，又能激励他不畏困难，刻苦钻研难点，向其他同学学习．更为重要的是，师生共同完成完善分类讨论的高斯算法，从一个自然的角度解决问题，符合大部分学生的思维特点，同时也为采用倒序相加法求和的同学开拓了思路，让学生对知识的理解和运用有了很大的提升，使得学生的感悟反思在思想上、方法上都有实质性的提高．

学生4：记 $S_n=a_1+a_2+\cdots+a_n$，同时将这个和式倒序再写一次，即 $S_n=a_n+a_{n-1}+\cdots+a_1$，两式相加，同时注意到刚才同学所讲到的 $a_1+a_n=a_2+a_{n-1}=\cdots$，所以 $2S_n=n(a_1+a_n)$，即 $S_n=\dfrac{n(a_1+a_n)}{2}$．如果使用等差数列的通项公式代换 a_n，则会得到 $S_n=\dfrac{n(a_1+a_n)}{2}=na_1+\dfrac{n(n-1)}{2}d$．

教师：你采用倒序相加的方法推导出等差数列的求和公式，并且运用转化与化归思想将这个公式变形为只要知道等差数列四个基本量，即首项 a_1、项数 n、公差 d、末项 a_n 中的三个，就能求解等差数列前 n 项和的两个公式．你敏锐的观察能力让老师非常欣赏，只要你能继续发扬，我相信你在数学学科上一定能有更大的成绩．但是，你是如何想到这个巧妙的方法的呢？你认为这种方法与分类讨论方法孰优孰劣，为什么？（学生叙述这种求和方法的特征：首末项的和相等，回避对于项数为奇偶数的讨论）让我们为这位同学深厚的数学素养而鼓掌！

教师的点评给予学生4极高的评价，相信这会陪伴这个学生一生，并始终激励他不断前进．通过追问，教师帮助学生厘清了思维过程，在知识上达成了特征与方法的关联,在思想上强化了化归与转化思想.并且,师生在一个更高的高度,运用转化与化归思想、方程思想,在学生巧妙解法中提炼出一般等差数列的求和公式,结合高斯算法建构出完整的知识体系,这对学生数学素养的提升有极大的积极意义.

在教学的片段中,老师的点评从知识、方法、思想的角度对学生的回答进行了学术性评价,使学生明确推导方法的知识生长点,体验推导过程中蕴含的数学思想;并再次有目的地进行引导性与激励性评价,让学生看到这几种方法的本质.尤其是学生在活动中自觉反思体验,反思活动的开展有实质性,体验的交流多角度、多层次.通过交流,改善重构知识体系,学生对知识的理解和运用水平有了很大的提升,对数学思想的体验也会更深刻,学生情感产生了共鸣,从而课堂的高潮和亮点必会时时应运而生.

三、正向选择评价方式

数学课堂教学评价更多是激励性的,教师应恰当运用有针对性的、具体的语言、动作、行为,或其他适当的可感的外显方式,对学生的数学学习态度、行为、方法、过程和结果进行恰如其分的夸赞、表扬.从积极的态度、优化的行为、有效的方法、科学的过程和可感的成效等角度,多元展示学生的努力和进步,可以提高学生的学习兴趣,帮助学生认识自我、增强自信.评价学生的方式是多样化的,如课堂教学中可以评价学生对数学课的热情程度、学生投入学习的程度、学生创新意识和探索精神展示空间、基础知识和基本技能掌握程度、学生运用数学知识解决身边疑难问题的能力等.

比如,教师在讲授"等比数列的前 n 项和"这一内容时,在探究等比数列的前 n 项和公式时,有如下教学片段:

教师:庄子曰,"一尺之捶,日取其半,万世不竭."这描述的是一种极限思想.意思是:长度为1的木棒,第一天截取它的一半,第二天截取剩余部分的一半,第三天再截取剩余部分的一半,依此类推,永远都截取不完.今天,我们先来研究所取次数为有限次时的情况,假设取6次,问:六天一共截取了多少?请列出数学式子并计算.

学生:$S_6 = \frac{1}{2} + \frac{1}{4} + \frac{1}{8} + \frac{1}{16} + \frac{1}{32} + \frac{1}{64} = 1 - \frac{1}{64} = \frac{63}{64}$,还可以通分进行计算.

教师:如果计算 $S_6 = \frac{1}{3} + \frac{1}{3^2} + \frac{1}{3^3} + \frac{1}{3^4} + \frac{1}{3^5} + \frac{1}{3^6}$,使用刚才的数形结合或

通分的方法还容易计算吗？（学生表示不能）

教师：请同学们回想一下，数列求和都用过一些什么方法呢？

生众：倒序相加法和裂项相消法.

教师：请同学们尝试使用这两种已经学习过的方法探究并解决 $S_6 = \frac{1}{3} + \frac{1}{3^2} + \frac{1}{3^3} + \frac{1}{3^4} + \frac{1}{3^5} + \frac{1}{3^6}$ 的结果.

在经历自主探究和小组谈论之后，由两位学生代表发言.

学生1：$S_6 = \frac{1}{2}\left[\left(1-\frac{1}{3}\right)+\left(\frac{1}{3}-\frac{1}{3^2}\right)+\left(\frac{1}{3^2}-\frac{1}{3^3}\right)+\left(\frac{1}{3^3}-\frac{1}{3^4}\right)+\left(\frac{1}{3^4}-\frac{1}{3^5}\right)+\left(\frac{1}{3^5}-\frac{1}{3^6}\right)\right] = \frac{1}{2}\left(1-\frac{1}{3^6}\right).$

教师：非常好，同学们的掌声就是对她最好的评价！这种方法需要同学们逆向思考进行构造，初学时确实非常困难，不易掌握.

学生1准确的描述语言让大家赞叹不已，但让人更为印象深刻的却是她开始回答问题时颤抖的声音及形体. 展示完后，全班自发地发出热烈的掌声. 这是对该生的肯定，第一个吃螃蟹的人总是值得鼓励的. 而学生也在教师的鼓励下，心情慢慢地平复下来，停止了颤抖；当自发的掌声响起时，老师给予的评价肯定更会让学生收获自信、愉悦和兴趣. "同学们的掌声给了她最好的评价！"这句话相当精彩，这就是评价的正能量，而老师给回答的同学鼓励、倾听、微笑，其实就是给予她最大的尊重.

学生2：其实从裂项相消法中可以发现，由 $S_6 = \frac{1}{3}+\frac{1}{3^2}+\frac{1}{3^3}+\frac{1}{3^4}+\frac{1}{3^5}+\frac{1}{3^6}$，每一项都乘以 $\frac{1}{3}$，就会得到 $\frac{1}{3}S_6 = \frac{1}{3^2}+\frac{1}{3^3}+\frac{1}{3^4}+\frac{1}{3^5}+\frac{1}{3^6}+\frac{1}{3^7}$，然后两式相减，就会得到：$\frac{2}{3}S_6 = \frac{1}{3}-\frac{1}{3^7}$，也就是 $S_6 = \frac{1}{2}\left(1-\frac{1}{3^6}\right).$

这位学生的答案更为优化，让其他学生信服，甚至全班发出"哦"的一声感叹，随即大家爆发了热烈的掌声以示鼓励.

教师：我们从裂项求和中发现了错位相减法求和，哪个更好呢？用裂项相消法我们需要将通项裂成两项之差且能够前后抵消，不容易进行，如刚刚也只有几位同学做对. 用错位相减法求解时（PPT展示），同学们根据步骤都能快速而直接地求出结果，它的每一步都是正向运算，简便而直接，整个求和过程自然流畅，水到渠成. 教师的评价从知识上鼓励了学生，让学生更加乐于参与活动、提出观点，也感受到教师对自己的尊重与肯定.

在整节课中，教师始终都保持微笑，且讲课时常配合有力的肢体动作．这样的方式不仅让学生不易走神，同时通过微笑和肢体语言让学生觉得老师仿佛很享受和自己交流，而不是为了完成教学任务．这样，学生会更加主动参与教学．评价不仅是口头语言，表情、肢体动作也应该是评价的一部分．这种缄默的评价向学生传达的是无形的关爱和享受教学、参与教学的乐趣．它的效果虽然没有口头语言评价立竿见影，但它的影响却是更加深远的，甚至能够影响学生的一生．因为成长中的个体总是潜意识地去模仿、学习周围的人．在课堂上给予他们的情感，他们也会传递给将来遇到的人．所以，在平时的课堂教学中，能将口头语言和肢体语言有机结合，根据学生的反馈，生动丰富、机智巧妙的应对，这样的评价肯定更能促进教学，也更能让学生感受到教师的关爱与尊重．

四、鲜明表达评价态度

数学课堂教学的评价应显现出数学教师鲜明的态度和立场．评价有破有立，给予学生在个性化学习和差异化发展中的正确影响和导引．对学生提出的数学问题或是回答的数学问题，要清晰明了的回答，不要含糊其词，要尽量避免无立场的完全肯定或否定．教师中肯的解答或评价有利于学生良好习惯和态度的养成，而良好的学习态度是学生形成和发展数学学科核心素养的必要条件，也是最终形成数学精神的必要条件．

比如，教师在讲授"直线与圆的位置关系"这一内容时，教师以"解决轮船安全返港问题"为核心展开教学，在课堂中有如下教学片段：

教师："有没有同学没有通过大量的代数运算，而直接得到这个题的答案？"

这时，学生1说道："根据题中的条件，可以精确作图，直接看出 AC 航线不会触礁，是安全的．"

教师："非常好，掌声！"下面响起了很不一致的掌声，不算热烈，也算响应老师的号召．

教师："首先，非常值得肯定的是，××同学将生活中的实际问题转化成直线与圆的位置关系的问题，这点处理得非常好．其次，他通过图形表示题目中的暗礁和航线，借助一个简单的画图操作直观感知，判断出 AC 航线是安全的．我想问一下，他的这种方法有缺陷吗？"

这时，学生2回答道："我觉得这种方法不适合这个问题的求解，因为画

◆ 基于融合技术的数学高品质课堂建构

图不够准确,有些细节不够严谨,会出现模棱两可,无法判断."这时,全班自觉地鼓起了掌,这次的掌声一致而热烈.

教师:"这种方法虽然简单快捷,但缺乏准确性,仅仅只是通过一个简单的画图操作,会导致误差,结果可能产生巨大差异,所以这种方法不是很可取."

学生1在老师评价的暗示语"直接得到这个题的答案",另辟蹊径地说出了自己独特的想法. 同学们都不能肯定其是否正确,老师提议大家用掌声以示鼓励,这次掌声起到了活跃课堂气氛的作用,是对学生一独特想法的肯定. 当老师从数学学科的角度继续指出其"好在哪里?"时,将实际问题中的暗礁转化为圆,将航线理解成直线,运用数学中的"形",简单直接地找到了答案,这种简单、快捷的方式是非常值得赞扬的,学生1在心里是认同老师的评价和鼓励的.

在老师问这种解法的缺陷时,学生2的回答也指出了其可能存在的问题,直指要害,并获得了同学们的认可,于是同学们有了发自内心的掌声,起到了激励学生、鼓舞士气的作用,老师课堂上采用这种肢体性和语言性评价能起到很好的激励作用. 老师说道"非常好",同时也从数学学科角度说明,只运用数学中的"形"是不足以说明问题的,无论多么精确的作图,都可能产生误差,需要有数学的逻辑推理,正确的演算验证,才能强有力地支持解决数学问题乃至实际问题,这为后面展示交流数学中的"数"的重要性,特别是"数形结合思想"埋下了很好的伏笔. 老师的这些学科性的准确评价,对学生活动、学生思维有很好的引导作用,评价的引导功能发挥得不错.

纵观同学们的展示交流环节,在有很好的课堂观察和评价预设的情况下,对学生活动的结果进行恰当的评价,发挥了评价的激励、判断和引导功能,也还有值得商榷的地方.

例如,当老师问"解法的缺陷"时,学生1的心里可能会有些失落;当老师最后做出"这种方法不是很可取"这一结论性评价时,这位同学可能非常有挫败感. 比如,还可以这样评价:"这种利用精确作图进行主观判断,即运用直觉思维,结果往往是正确的,这使得我们从'形'的角度认清了直线与圆的位置关系,为接下来我们对航线是否触礁进行'数'的验证、计算提供了目标,甚至为"数形结合的思想'整体把握的问题提供了思路,感谢你的独特想法,为我们打开了思维,明确了方向,大家接下来看看黑板上两位同学的解法,你有什么看法?"这样评价既肯定了学生1的贡献,顾及和保护了他的心理,又为接下来的交流展示作了导向,这样的评价也许才能发挥出更大的激励、引导功能. 所以，我们在课堂上评价学生的解法、做法或思维时，既要顾及评价对大多数同学的勘误、激励、引导作用，也要注意评价对当事人心理的引导、呵护.

总的来看，课堂教师评价具有很大的生成性，即使有课前充分的预设，教师学会了一些评价的方法和技巧，仍不可避免地会出现不够恰当甚至负面的评价. 课堂教师评价同样也是"有遗憾的艺术"，随着我们不断地研究和努力，提高评价素养和评价水平，把握好"有破有立"的尺度，必定会更好地发挥评价的激励和引导功能.

第二章　核心素养背景下数学教师的知识结构

第一节　现代教师的知识结构

舒尔曼指出，教师知识结构包括学科内容知识、学科教学法知识、课程知识、一般教学法知识、有关学习者的知识、有关教育情境的知识、其他课程的知识．格罗斯曼认为，教师知识结构包括学科内容知识、学习者和学习的知识、一般教学法知识、课程知识、情境知识、有关自我的知识．考尔德黑德将学科知识、教学机智性知识、个人实践知识、个案知识、理论知识、隐喻和映象作为教师知识结构的要素．斯滕伯格则提出了教师知识结构由学科内容知识、教学法的知识、实践的知识三者构成．泰默则认为，课程知识、关于学生的知识、关于教学的知识和关于评价的知识，才是教师知识结构的关键要素．玛科斯提出，教师知识结构内含学科教学目的知识、学生理解学科的知识、学科教学媒体的知识和学科教学过程的知识．我国学者申继亮、辛涛认为，教师知识结构主要包括本体性知识、实践性知识和条件性知识．林崇德认为，本体性知识、条件性知识、实践性知识和文化知识是教师知识结构的关键要素．谢维和提出，教师知识结构内含关于学生的知识、关于课程的知识、关于教学实践的知识和技术．刘婕认为，教师知识结构包括广博的科学文化知识、系统的学科专业知识和坚定的教育专业知识．由此，我们认为，完整、合理的知识结构是教师专业发展的前提，两者相互促进、相互完善．

本章关于教师知识结构的阐述采用林崇德教授的分类方式．

一、教师的**本体性知识**

教师的本体性知识是指教师所具有的特定的学科知识（如语文知识、数学知识等)，这是人们普遍熟知的一种教师知识．从教师是知识的传授者这个角度来看，教师所传授的内容必须是教师所掌握和了解的知识．教师的本体性知识是教学活动的基础，在教学活动中，一切是以本体性知识的传授为基础的，教学的最终绩效是用学生掌握的本体性知识的质量来衡量的，因此，教师的本体性知识必须达到一定的水准．但是，已有研究表明，教师的本体性知识水平与其教学效果之间并非线性相关的，具有丰富的学科知识仅仅是个体成为一个好教师的必要条件．

教师的本体性知识应包括以下四个方面：教师应对学科的基础知识有广泛而准确的理解，应熟练掌握相关的技能、技巧；教师要基本了解与所教学科相关的知识点、相关性质及逻辑关系；教师需要了解该学科的发展历史和趋势，对于社会、人类发展的价值及其在人类生活实践中的多种表现形态；教师需要掌握每一门学科所提供的独特的认识世界的视角、域界、层次及思维的工具与方法等．

"与圆有关的最值问题"教学设计

（一）教材分析

本节课所要讲授的是《高中数学必修2》（人教A版）的第四章"圆与方程"中的重要知识．"圆"是高考必考知识点，要求学生不仅要熟练掌握，而且要灵活应用．由于圆的对称性和完美性，在许多与圆有关的运动变化问题中，常常需要研究最值．它上承平面几何性质的应用，凸显了将最值问题转化为距离问题、斜率问题、截距问题等的转化思维，综合了数形结合、函数与方程、化归等数学思想；下启圆锥曲线几何特征的研究，为圆锥曲线问题的研究打下了坚实的基础．本节课旨在"以小见大"，通过探究具体的圆的最值问题，并通过不断变式来解开学生的疑惑，提升学生的思维能力，培养学生由解决一个问题到解决一类问题的能力．

（二）学情分析

1．从学生的发展阶段来看，在之前的学习过程中，他们已基本掌握了点与圆、直线与圆的位置关系判断，已具备了一定的运算能力和逻辑推理能力，已初步掌握了数形结合、等价转换等思想方法的应用．

2．从学习方法来看，学生的探究学习意识不强，对多个知识的综合运用能力比较薄弱，总结反思的能力不强．所以，仍需加强一题多变和一题多解的思维训练，以灵活运用来克服思维定式．

（三）教学目标

1．通过对圆上动点到圆外定点、定直线距离最值问题的探究，感受用圆心来转化问题，体会圆的几何性质在解题中的重要性和"化动为定"的思想．

2. 对不同最值问题探究多种解法（几何法、代数法、三角代换法等），感受代数法和几何法的相辅相成，体会三角代换法的解题思路，掌握迅速有效地解决问题的技能.

（四）教学重难点

1. 重点：求与圆有关的最值问题的基本方法有几何法、代数法、三角代换法.

2. 难点：如何根据题目特点选取相应模型和合理的方法.

（五）教学方法

根据教师主导地位和学生主体地位相统一的规律，采用探究式学习、讲授式学习的课堂教学模式；使用 PPT、几何画板辅助教学等方式；以学生独立自主和合作交流为前提，以问题为导向，引发学生进行头脑风暴；本着思路让学生想，结论让学生得，小结让学生讲的原则，逐步深化公式的应用.

（六）教学过程

1. 导入新课：讲解习题（习题是上一节课的作业）.

设计意图：通过讲解习题帮助学生静下心来研究习题，反思自己的做题情况，查漏补缺，进而锻炼学生的探究能力、表达能力，巩固旧知，引入新知.

2. 推进新课.

例 1 已知实数 x，y 满足方程 $x^2+y^2-4x+1=0$.

(1) 求 $\dfrac{x}{y}$ 的最大值和最小值.

令 $z=\dfrac{x}{y}$，引导学生思考 z 具有怎样的几何意义，从而尝试从斜率的角度用数形结合的方法去解决问题.

(2) 求 $y-x$ 的最大值和最小值.

方法一：数形结合

思考令 $b=y-x$ 具有怎样的几何意义，从而尝试从截距的角度去解决问题.

方法二：三角代换（利用三角函数的有界性）

(3) 求 x^2+y^2 的最大值和最小值.

方法一：数形结合

思考令 $d^2=x^2+y^2$ 具有怎样的几何意义，从而尝试从距离的平方的角度去解决问题.

方法二：三角代换（利用三角函数的有界性）

小结：

(1) 与圆有关的最值问题，常见的有以下三种类型：

① 形如 $\dfrac{x+a}{y+b}$ 形式的最值问题，可转化为动直线斜率的最值问题；

② 形如 $mx+ny$ 形式的最值问题，可转化为动直线的截距的最值问题；

③ 形如 $(x-a)^2+(y-b)^2$ 形式的最值问题，可转化为动点到定点的距离的平方的最值问题.

(2) 也可利用三角代换（三角函数的有界性）来求解.

解题思路：①截距模型，可用参数法；②距离模型，可用几何法；③斜率模型，可用几何法.

设计意图：通过对例1的探究，使学生对这一类问题有明确的解题方向，能从代数法、几何法、参数法三个方面进行考虑. 在判断最值的边界时，运用数学画板使学生直观地感受三个式子的几何意义，从而形成明确的解题思路，掌握迅速有效地解决问题的技能.

引导学生用不同的方法解出该题，通过比较不同方法之间的联系和区别，找准解决这类问题的关键. 在上述三种方法中，学生对参数法最为陌生. 虽然新高考对参数方程的知识已不做要求，但其核心是从单位圆中推出三角函数的进一步应用，并且在计算上比代数法便捷不少，因此，引导学生从这个方面进行思考，有助于拓展学生思维和培养学生对所学知识进行整合运用的能力.

例 2 动点 M 在函数 $y=\sqrt{1-x^2}$ （$0 \leqslant x \leqslant 1$）图象上，求点 M 到直线 $\dfrac{x}{4}+\dfrac{y}{3}=1$ 的最短距离.

变式 动点 M 在函数 $x^2+y^2=4$ （$-2 \leqslant x \leqslant 0$）图象上，求点 M 到直线 $x+y=1$ 的距离的范围.

3. 课堂练习.

例 3 已知实数 x，y 满足方程 $(x-2)^2+y^2=1$.

(1) 求 $\dfrac{x}{y}$ 的最大值和最小值. (2) 求 $x-2y$ 的最大值和最小值.

解题思路：①数形结合，从圆的几何性质展开分析；②从"数"的角度理解求函数的最值.

设计意图：将题目中的整圆改为半圆，以达到增强思维灵活性的目的，同时通过对同一个问题的不同解决方法的探究，提高了课堂研究的深度.

4. 课堂小结.

引导学生根据本堂课所做例题、所用方法、所体现的数学思想，绘制思维导图.

设计意图：本节课的讲授不应是单纯的"知识点罗列""题海式训练"模式，而是从问题入手，通过一题多解与一题多变的方式去剖析数学问题的本质——相互依存，相互联系.

二、教师的条件性知识

条件性知识是指个体在什么时候、为什么及在何种条件下才能更好地运用陈述性知识和程序性知识的一种知识类型. 在教学中，条件性知识是指教师知道在什么时候、为什么及在何种条件下才能更好地运用原有知识、经验开展教学的一种知识类型，即在教学中如何将本体性知识（学科知识）以学生易理解的方式表达、传授给学生. 条件性知识也就是具体的教育科学知识. 教育学和心理学知识被称为教师成功地进行教育教学的条件性知识. 条件性知识是广大教师顺利进行教学的重要保障. 如在"参数方程的应用"教学中，在研究巧妙应用参数出奇制胜地解决问题时，我们常常要经历这么一个过程：引入——召之即来；消参——挥之即去. 再如在"导数的概念"一课中，由于学生没有学过极限这一概念，而在导数概念中又要将瞬时变化率定义为平均变化率的极限，那么我们如何让学生理解极限呢？我们可以举一个包子和馒头的关系式：$\lim\limits_{馅 \to 0}$包子=馒头. 用生活中人尽皆知的事实比喻极限，将枯燥的概念形象化，更易于被学生接受.

三、教师的实践性知识

实践性知识是教师积累的教学经验，是指教师在实现教学目的的行为中所具有的课堂情境知识及与之相关的知识. 教师的教学具有明显的情境性. 实践性知识受个体经历的影响，其表达包含丰富的细节，并以个体化的语言而存在. 如果把教师的教学看作程式化的过程，忽略教师的实践性知识，不利于取得富有成效的教学效果. 在教育工作中，很多情况需要教师机智地对待，这就要求其教育教学的方式是灵活多变的，因为在一种情况下显得适宜和必要的方式，在另一种情况下可能不恰当. 只有针对学生的特点和具体情况应用恰当的工作方式，才能表现出教师的教学素养. 在处理特殊教学情景时，教师所采用的知识来自个人的教学实践，具有明显的经验性. 教师的知识结构是紧密联系的：本体性知识是教学活动的实体部分，条件性知识对本体性知识的传授起到理论支撑作用，实践性知识对本体性知识的传递起到实践性指导作用. 例如，在"椭圆的标准方程"一课中，教师准备好一根绳子，请一位学生帮忙固定绳子的两端，师生一起在黑板上完成画椭圆的实践活动；再让学生两两一组，一人固定绳子的两端，一人画椭圆，然后交换角色再画一次. 这样的实践活动能让学生充分体验椭圆的生成过程，并在实践中总结成功的经验和失败的教训，从而得出椭圆的定义及当 $a<c$，$a=c$ 时曲线的形状.

四、教师的文化知识

教师的文化知识不仅能扩展学生的精神世界，而且能激发学生的求知欲，事实上，学生的全面发展在很大程度上取决于教师是否具有广泛而深刻的文化背景知识. 具体地说，教师的文化知识包括：基本哲学理论知识（辩证唯物主义和历史唯物主义的知识）、现代科学和技术的一般常识（现代学科的一般原理和现代技术的本质内涵）、社会科学的理论与观点（如法律的知识、经济学的观点和社会学的方法等）. 如在"正切函数的图象与性质"一课的教学中，正切函数的图象就像一条条瀑布，"遥看瀑布挂前川""向上直冲云霄，可上九天揽月，向下无限延伸，可下五洋捉鳖". 当角的大小从 0°增大到 90°，再从 90°增大到 180°时，正切函数的函数值从 0 增大到正无穷，再从负无穷增大到 0. 教师在教学中可以形象地将其与哲学中的"物极必反""否极泰来"联系在一起. 这些教学方式可极大地增强学生的学习兴趣，也让学生快速而深刻地了解知识.

第二节　发展学生核心素养与当前数学教师知识结构的矛盾

学生核心素养是学生学科知识、关键能力、必备品格和正确的价值观等多方面的整合，具有统摄性和整合性，是每名学生成年后获得生活成功、适应终身发展和社会发展所不可或缺的共同素养. 学生核心素养不是单纯的学科知识与技能的掌握，而是在不断变化的情境中通过不断反思，融合学科知识、关键能力、必备品格，为学生形成正确的价值观而发挥作用. 学生核心素养的培育与发展不同于当前学生基础知识与基本能力的培养，这就要求转变现有的课堂教学观念与方式，要求教师不断更新自身的知识结构，形成与学生核心素养的培育与发展相一致的教师知识结构.

当前的数学教师知识结构以满足学生的基础知识学习与基本能力培养为目的,在一定程度上也以获取高分为目的,重点围绕三种知识而构建:数学学科本体知识、数学学科教学知识、数学实践知识.不管是哪种类型的知识,都是以促进数学教师更好地完成数学学科教学为目标,将数学教师仅定位为数学课堂教学的执行者,而忽视数学教师的社会职能,这难以适应学生核心素养的发展.具体而言,当前的数学教师知识结构与学生核心素养发展之间的矛盾主要体现在以下四个方面.

一、当前数学教师学科取向的知识结构与学生核心素养的跨学科性相矛盾

目前,我国数学教师的知识结构基本是数学学科取向的.例如,中学数学教师主要由数学院培养.数学院重视学生的数学学科知识培养,但忽视学生的跨学科性知识的融合及通识知识培养.在核心素养背景下,社会需要适应情境的博学多才的,能够整合各种歧见的,在不同领域运用知识、技能和思维进行学和研究、获得新的能力、构建各种关系、展现新角色的人才.这样的人才不但能够持续地适应社会,而且能够持续地学习和发展,在快速变化的社会中能将自身快速定位和再定位.当前数学教师学科取向的知识结构是与发展学生核心素养的跨学科性、跨领域性相矛盾的.

二、当前数学教师去情境化的知识结构与学生核心素养的情境性相矛盾

由于当前数学教师的知识观造成了教师知识结构的去情境化,一些教师把知识以传递的方式灌输给学生,认为这些知识是客观的、普遍的、去情境化的,是放之四海而皆准的真理,与接受和学习这些知识的学生无关,学生只需记住和使用即可,这严重忽视了情境中学生对学科主题的探究,学科教学沦为去情境化的纯知识和技能的教学.

教师本身知识结构的去情境化导致了去情境化地培养学生.当前的教学,教师在去情境化的教学中按照既定的程序将知识与技能教给学生,学生看不到知识与现实情境的关联,不知道学习的知识有什么价值,从而失去学习的动机与兴趣.那些去情境化的、彼此缺乏联系的知识与规则很容易被计算机取代.这样培养出来的学生容易被社会淘汰,失去发展的机会.核心素养背景下,教

师的知识必须植根于情境，教师必须从情境出发去培育学生的核心素养. 如在高中数学教学"用样本的数字特征估计总体"的教学中，如果仅仅在课堂上照本宣科，学生完全就是被动接受，死记硬背，谈不上数学思维的提高. 如果能够将学生带到教室外，指导其完成抽样调查、整理数据、分析数据，再在课堂上引导学生认识三个数字特征的特点并做出合理的决策，相信学生不仅仅能学到学科知识，更能培养在数学建模、逻辑推理、数学运算及数据分析方面的数学核心素养. 我们可以按如表 2－1 所示方式设计教学过程。

表 2－1

教学环节	教师活动	学生活动	设计意图
情境引入	1. 提出问题 背景：为了提高全体学生的体质健康水平，让更多的学生走进操场、走向阳光，积极参加体育锻炼，教育部决定从 2007 年开始，在全国范围内开展"全国亿万青少年学生阳光体育运动"，使大部分学生能做到每天锻炼一小时，于是一场学生体育锻炼的热潮被掀起了． 请结合我校学生体育锻炼的现状探究： 我校学生体育锻炼的时间是否达到"使大部分学生能做到每天锻炼一小时"的目标？ 为了解决这个问题，课前学生以实习作业的方式对学生的日锻炼时间进行了数据的收集和初步的整理，并探究以下问题： （1）我校学生锻炼时间的平均水平如何？ （2）大部分学生的锻炼时间集中在哪个时段？ （3）位于中间水平的锻炼时间又是多少呢？ 2. 成果展示 说明：课前已让学生通过实习作业对我校学生的日锻炼时间进行了数据的收集，并借助平板电脑将各自收集到的数据在 Excel 中进行了初步处理． 播放视频、展示图片：	积极思考，主动解决问题． 课前以小组为单位通过实习作业对我校学生的日锻炼时间进行数据的收集和初步整理，并完成实习作业中的相关问题．	1. 数学源于生活，又服务于生活．将发生在学生身边的实际问题引入课堂，能唤起学生的好奇心、亲切感，更有利于激活学生的参与意识，提高教学的有效性． 2. 通过课前实习作业让学生从实际出发，较为系统地经历数据收集与初步整理的过程，感受统计的基本思想与方法，体会数学知识与现实生活的联系． 3. 通过探究这三个问题将用众数、中位数、平均数来刻画数据的特征并分析数据的思想显性化；直接在样本中求这三个数字特征，有利于学生在复习回顾旧知的基础上学习新知识，有助于学生从"最近发展区"构建新知．

续表2-1

教学环节	教师活动	学生活动	设计意图
情境引入	3. 思考 思考1：你们觉得哪个小组的数据更能代表我校学生的锻炼时间呢？为什么？ 思考2：对数据进行分析时，可用那些量来刻画数据的特征？为什么？ 教师引导学生将这三个数字特征看作样本数据的"中心点". 思考3：从随意记录的数据中直接看出数据的特征是很困难的，有没有更直观的方法来寻找这三个数字的特征呢？ 教师引导：样本的频率分布可以用来估计总体的分布，总体的数字的特征能否也用样本的频率分布直方图从形的角度估计呢？	三个小组的组长按照三种不同的抽样方法对以上问题进行分组展示，其他同学倾听、思考、对比.	4. 通过对比三个小组收集的数据，学生从抽样的方法、样本的容量方面进一步体会用样本估计总体时，样本的选取要具有代表性，理解样本数字特征的随机性和规律性，体会统计思维与确定性思维的差异. 5. 既然样本的频率分布可以用来估计总体的分布，那么总体的数字特征也可用频率分布来估计，从而引导学生借助频率分布直方图从"形"的角度估计总体的数字特征，这有利于学生在知识的"最近发展区"构建新知识.
问题探究	时间段 | 频数 | 频率 | 频率/组距 [20, 30) | 3 | 0.05 | 0.005 [30, 40) | 5 | 0.083333 | 0.008333 [40, 50) | 9 | 0.15 | 0.015 [50, 60) | 12 | 0.2 | 0.02 [60, 70) | 15 | 0.25 | 0.025 [70, 80) | 9 | 0.15 | 0.015 [80, 90) | 4 | 0.066667 | 0.006667 [90, 100] | 3 | 0.05 | 0.005 以第三小组得到的频率分布直方图做进一步的探究： 问题1：（1）如何从频率分布直方图中估计众数？ （2）从频率分布直方图中估计的众数与原始数据中的众数是否一样？你能解释其中的原因吗？	1. 针对问题1，学生进行自主探究，学生能想到众数应该落在最高小矩形内，但为什么要取中点还有些困惑. 2. 针对问题2、3，学生通过小组讨论、合作交流来完成. 小组推荐代表展示探究成果. 3. 针对问题2，学生能想到用数据的总和除以数据的总个数求平均数，但由直方图求数据的总和会比较困难.	1. 获取数字特征可以从原始数据直接提取，也可以通过频率分布直方图获得，通过对比这两种方法，使学生明白从直方图中估计的数字特征虽然存在一定的误差，但这种方式直观、快速、可避免烦琐的计算和阅读数据的过程.

续表2－1

教学环节	教师活动	学生活动	设计意图
问题探究	问题2：如何从频率分布直方图中估计平均数，为什么？ 在探究的过程中，学生能从频率分布直方图中得到各组数据出现的频数，但由频率分布直方图直接求数据的总和会比较困难． 教师可引导学生采用类比众数的求法取每组的中点作为每组数据的代表值，乘以频数，再求和得到数据的总和，再除以总个数得到平均数．同时，引导学生对求平均数的式子做以下变形： $$\overline{X}=\frac{25\times3+35\times5+45\times9+\cdots+95\times3}{60}$$ ↓ $$\overline{X}=25\times\frac{3}{60}+35\times\frac{5}{60}+\cdots+95\times\frac{3}{60}$$ ↓ $$\overline{X}=x_1p_1+x_2p_2+x_3p_3+\cdots+x_np_n$$ 问题3：（1）在频率分布直方图中，中位数左右两边小矩形的面积有什么关系？ （2）如何从频率分布直方图中估计中位数？ 教师通过引导学生复习中位数的概念和求法来寻找在频率分布直方图中估计中位数的方法． 追问1：有同学在录入数据时，不小心将数据中的80全部录为800，平均数和中位数是否会发生变化？ 引导学生体会平均数与每一个数据有关，但受少数极端值的影响较大，使其在估计总体时的可靠性降低．中位数不受少数几个极端值的影响． 追问2：中位数不受少数几个极端值的影响，你认为这一特征是优点还是缺点？可以举例说明．	4．针对问题3，学生对为什么能够利用中位数左右两边小矩形框面积相等求中位数，会有些疑惑． 5．思考、对比列举生活中的实例．	2．通过自主探索与合作交流，学生会不断地比较自己的理解与他人理解的差异，不断地纠正自己的认识，从而建构完整的知识体系，促进知识和方法的内化． 3．通过对比极端数值对平均数和中位数的影响及列举生活中的实例，可让学生进一步体会数字特征的特点，为合理制订决策提供依据，突破难点．

续表2-1

教学环节	教师活动	学生活动	设计意图
归纳提升	引导学生回顾整个探究过程，生成数学知识： (1) 在频率分布直方图中估计众数、中位数、平均数的方法． 众数：最高矩形的中点的横坐标． 中位数：使中位数两侧矩形面积和均为0.5． 平均数：每个小矩形的面积乘以小矩形底边中点的横坐标之和． 思考：从频率分布直方图中估计的数字特征与原始数据中的数字特征是否一样？是什么原因造成的呢？ 直方图：众数65，中位数60.8，平均数58.58． 原始数据：众数60，中位数57.5，平均数57.22． (2) 频率分布直方图中得到的数字特征是估计值． (3) 众数、中位数、平均数的特点． (4) 数学思想方法． ①数形结合； ②统计的思想．	1. 通过对探究活动的反思，自主归纳其蕴含的数学知识和数学思想方法． 2. 对比、思考、反思．	在充分体验的基础上，通过反思、总结能建构对知识和方法的正确认识，促进知识和方法的内化．
制定决策	问题4：以这三个估计值为依据，你认为我校学生体育锻炼的时间达到"使大部分学生能做到每天锻炼一小时"的目标了吗？ 组织学生交流、讨论．	交流、讨论．	这是一个开放性的问题，对学生的发言给予充分的肯定，让学生在发表自己的见解的同时，深化对三种数字特征的认识和理解，以培养学生应用数字特征分析生活实际，并综合数字特征的特点，做出合理决策的能力．
应用反馈	例 （2016年四川改编）教材原型：人教A版必修3第65页探究 我国是世界上严重缺水的国家之一，城市缺水问题较为突出，成都市政府为了节约生活用水，计划在本市试行居民生活用水定额管理，即确定一个居民月用水量标准a，用水量不超过a的部分按平价收费，超出a的部分按议价收费．下面是居民月均用水量的抽样频率分布直方图． (1) 试估计成都市居民月均用水量的众数、平均数． (2) 如果希望85%的居民月均用水量不超过标准a，那么标准a定为多少比较合理呢？	学生独立完成例题，再由学生讲解解题的过程．	本例是以教材为原型改编而成的高考题，设计的目的在于让学生明白，高考题来源于教材，而又高于教材，在平时学习中应注重基础，注重对教材题目的挖掘，定能取得以不变应万变的效果．通过本例，强化学生在直方图中估计数字特征的具体方法．

续表2－1

教学环节	教师活动	学生活动	设计意图
反思小结	请大家带着以下问题阅读教材第72～73页相关内容： （1）本节课上，你在数学知识和方法上有哪些收获？ （2）你能从频率分布直方图中估计众数、中位数、平均数吗？ （3）众数、中位数、平均数有哪些作用和局限性？ （4）如果你是一名决策者，你在处理数量化表示的实际问题时需要注意些什么？	阅读教材、反思小结.	回归教材，优化认知：通过师生共同小结与反思，使学生更系统完整地认识统计的基本思想和方法，丰富和完善学生的认知结构，使知识与技能内化为学生的数学能力.
作业回馈	1. 必做题：习题2.2A组2、3题. 2. 选做题：调查本班学生的家庭在同一周的用电量，作出这组数据的频率分布表、频率分布直方图及频率折线图，并对你所在地区的用电量情况进行估计，然后在全班展示、交流讨论.	必做题：学生课后独立完成. 选做题：小组合作完成.	针对学生能力和水平的差异，进行分层训练. 必做题为所有学生搭建了共同平台，可让他们获得共同的知识基础和基本能力；选做题让学有余力的学生进行个性化学习，并将学习从课堂延伸到课外，使学生获得更大的能力提升. 这体现了新课标理念，也是因材施教的教学原则的具体运用.

三、当前数学教师知识的点状结构与学生核心素养的有机整合性相矛盾

当前，大多数数学教师认为数学知识是客观的、中立的和可分解的. 一方面，数学教师的数学知识被分解成知识点，导致知识以机械的碎片化的方式储存；另一方面，强调学生的个体数学学习，学生被要求独立学习，缺乏交流沟通和整合. 培养学生核心素养不仅要求知识经过理性思维，而且需要学生的数学知识系统化而非碎片化. 数学学科知识的理性梳理和系统化建构需要个体的反思和不断对话，对话是不断促进个人反思的重要基础. 学生核心素养的落实需要让数学学习过程成为合作与交往的过程. 例如，在《高中数学选修4－5》（人教版新课标A版）"极坐标"的教学中，每个小节看似独立，但实际是给出了一种学习新坐标系的流程和模式：①建立坐标系的意义，建立坐标系的依据和规则；②新坐标系下点的坐标的产生和规定；③新坐标系下直线方程的产生和推导；④新坐标系下曲线方程的产生和推导. 这是一个连续的系统的学习过程，与初中学习笛卡尔直角坐标系的步调是一致的，更是在此基础上增加了高中才接触的曲线方程. 在教学中，为学生点明各小节的意义和联系，能为这

一章枯燥的知识提供学习的动力和目标,更提供给学生一种研究新知的步骤和方法,不仅可培养学生数学抽象、数学建模、直观想象等数学素养,也可为学生进入更高层次的学习和研究打下思维和技术的基础.

四、数学教师聚焦数学教学的知识结构与学生核心素养的社会发展之间的矛盾

当前的数学教师教育模式聚焦于数学教师的数学知识,强调数学教师数学教学知识的作用. 不管是学术取向的数学教师教育模式,还是数学专业取向的数学教师教育模式,其核心都是聚焦数学学科教学. 数学学科教学成为培养数学教师知识研究的重心,其仅仅关注如何促进学生有效地进行数学学科学习,忽视了数学教师作为社会主体角色的作用. 从根本而言,当前大多数数学教师知识仅仅关注如何促进学生个体的数学发展,而忽视了促进社会的发展. 即使在学生发展方面,也更加关注如何促进学生认知数学知识层面的发展,而忽视促进学生情意或精神层面的发展.

第三节 核心素养视角下的数学教师知识特征

一、数学教师学科知识的整合性

首先,数学教师学科知识的整合性是指数学知识的系统化、体系化. 数学教师首先要熟悉数学学科知识,特别是熟悉数学学科的基本学术结构;数学教师需具备开发和传递能够把学生所必需的重要数学概念和技能相互联系的数学课时教学与数学单元的能力,培养学生的批判性思维,形成解决问题及其他核心素养的知识和方法.

其次,数学教师数学知识的整合性体现为跨学科和跨领域的融合. 学生核心素养的一个本质特征就是其跨学科和跨领域的融合. 核心素养是最基础的素养,并不指向某一学科知识,也不针对具体领域的具体问题,其跨学科跨情境地规定了对每个人都具有重要意义的素养. 学生核心素养统摄学科知识与技能,强调在不断变化的情境中通过不断反思来融合知识、技能和情感并发挥作用. 在核心素养背景下,数学教师知识结构应该满足学生核心素养跨学科与跨领域融合的需求.

最后，数学教师知识的整合性体现为博约合一．学生核心素养视角下的教师知识结构应该是博约合一的，教师既要成为数学专才，又要成为通晓其他学科知识的通才，二者相辅相成．数学教师不但需要精通任教的数学学科知识，而且需要了解跨学科知识；不但需要具备自我监控的知识，而且需要了解支撑学生数学内容学习所需要的人和大脑的发展、元认知发展的知识；不但需要具备个体知识，而且需要具有社会知识；不但需要具有教学必备的条件知识，而且需要具有开发课程的知识；不但需要具有教育学方面的知识，而且需要具有超越教育学的多元文化知识、全球知识及环境知识．在核心素养视角下，数学教师需要掌握的知识类型包括自我知识、学生知识、共同体知识、数学学科内容知识、教育学知识、教育基础和政策知识、课程知识、多元文化素养、全球意识、环境意识等．例如，在立体几何章起始课中，我们引入初唐诗人陈子昂的诗句："前不见古人，后不见来者．念天地之悠悠，独怆然而涕下．"这是古人乃至今天人们对时间与空间的认识，即时间的模型是一条两端无限的直线；诗人在原点，天地各为一个平面，悠悠地、无限地伸展着．几何就是在这样的空间里展开的．"大漠孤烟直，长河落日圆"，点线面的位置关系在自然界有着赏心悦目的呈现．这就体现了教师知识的多元性，且高质量，即所谓的博约合一．

二、数学教师知识的情境性

首先，数学教师知识的情境性体现在为理解而教．基于学生核心素养的数学学习不是简单学习，而是深度学习，其学习过程成为一个批判性思维和问题解决的过程．数学教师的教学既要基于数学情境，又要超越具体数学情境的约束，迁移到其他的情境之中．学生首先需要深刻理解知识的基本概念，在面对新的数学情境和新的数学问题时具有一种转化能力，能够识别和使用相关的数学知识和规则来解决问题；其次在最初的数学情境中评估这种解决办法．如在"函数的极值与导数"教学中，有这样一道例题：已知函数 $f(x)=x^3-3ax^2+2bx$ 在点 $x=1$ 处有极小值 -1，求实数 a，b 的值．教学中，学生很快得到了解答方式：由题知，$\begin{cases} f(1)=-1 \\ f'(1)=0 \end{cases}$，由此解得 $a=\dfrac{1}{3}$，$b=-\dfrac{1}{2}$．完成作答后，教师可以追问：有没有同学觉得这种解法不严谨呢？如果有，当然我们的教学可以顺利进行，让学生知道导函数的零点不一定是极值点，$f'(1)=0$ 只能说明 1 是导函数的零点，并不能说明 1 就是极值点，$f(1)=-1$ 也只能说明 $x=1$ 时，函数值为 -1，所以这个方程组与题意是不等价的．但是，在实际教学中，如果对于这种解答学生没有异议，我们可以马上将题目中"极小值"三个字改为"极大值"，请学生完成变式．学生立刻提问：为什么将"极小值"改成"极大值"之后，列出的方程组还是一样的呢？这个问题引起了学生的思考和兴趣，从而激发了他们的求知欲，有助于教师引导学生讨论并得出答案．这个过程就是一个典型的引导学生在实践中发现问题，并根据学生认知情况及时调整教学方法的案例．

基于学生核心素养的数学教学需要秉持为理解而教的原则．教师应为学生创设适切的问题情境，以激发学生的学习兴趣，促使学生主动学习；教师也应多设计开放的情境问题来提升学生的创造力和解决问题的能力；数学教师应关注数学课程与学生已有的知识基础和经验，帮助学生系统地扩展他们的数学能力和掌握新的数学概念，使其拥有计算机不易替代的不规则的复杂数学思维和数学工作方式．

其次，数学教师的知识情境性体现为一种在教学实践中积累的实践智慧．学生核心素养视角下的数学教师的知识扎根于教学实践，本质上是一种基于经验的实践智慧．数学教师需要从现实出发对自身的教学实践行为进行理性反思，数学教学实践是一个数学意义理解、数学意义创造的过程．学生核心素养视角下的数学教师必定是技能熟练的数学教学行家．这样的数学教师具有慎思的、明晰的、有效的数学专业思维、知识和行动．

数学教师素养强调反思性技能的重要性，不但特别指明数学教师应具备反思性技能，而且指明每项数学知识与技能的应用都离不开数学教师的反思性思维．这是因为数学教学总是发生在特定的时空之中，数学课堂情境是动态的、模糊的，没有任何现成的规则或技术适用于所有的情境，数学知识与技能都不能被简单化应用．这就意味着有效的数学课堂教学必须立足具体的实际情境，需要对真实的教育情境的需求保持敏感．这就要求数学教师必须摒弃数学课堂教学的技术思维．数学课堂教学需要数学教师不断实践反思，需要对个体独特情境进行深入理解，需要融灵活性、适应性和判断力为一体的实践智慧．

第四节　学科核心素养视角下数学教师知识培育的路径

首先，基于数学学科知识的层级性，用数学学科思想或数学价值观引领教学．通过抽象，基于数学学科的事实或概念性知识会或多或少地提炼、概括出其背后所蕴含的数学方法性知识与价值性知识，使数学的知识结构呈现出由数学的事实或概念性知识、方法性知识与价值性知识构成的层级结构. 从这个意义上说，数学教学目标从"数学双基"演化为"数学三维目标"再到"数学学科核心素养"，其总体发展趋势就是逐渐超越"数学双基"对数学学科教学的约束，将数学教学目标提升到数学学科的方法性知识与价值性知识层面.

比如，代数不过是将已知数与未知数通过交换、分配与结合建立等式而已. 学生一旦掌握了代数的交换、分配与结合三要素及其关系，就会发现各种新等式其实一点也不新. 后来，一些学者提出学科的"代表性概念""大观念"等概念来阐述其对教学的指导意义. 大观念需要满足以下条件：能普遍运用；能通过不同内容来展示，可依据关联度、兴趣和意愿来选择内容；能运用于新的情境，帮助学习者理解其一生中可能遇到的情境和事件，即使学习者目前尚不知道将来会遇到什么情况. 因此，"大观念"通常具有抽象性、普遍性和可迁移性. 这种"大观念"类似于学科核心概念、学科思想、学科思维与价值观，与当下数学学科核心素养的追求具有内在的一致性. 基于数学学科知识的层级性，用数学学科思想或价值观引领教学，则需要教师把握以下两个操作要领：一是整体备课，即根据数学课程标准和教材，从数学课程、模块层面梳理数学核心概念、数学思想与价值观，把握不同数学知识模块之间的关系；二是从数学单元层面梳理重要数学概念和事实材料的关系，做到每节数学课的教学都要为数学单元教学做出贡献，数学单元教学要与数学学科教育融为一体，从而深入理解数学学科思想和价值观，做到胸有全局.

在数学单元教学时，重点思考"这个单元中，哪些数学知识是值得学生持久理解的，其教育价值是什么；哪些数学内容对学生生活有意义，会影响学生一辈子，需要转化为学生的行为"等问题. 对这些问题的思考就是区分数学事实与概念、概念与核心概念、核心概念与数学思想、数学思想与数学价值观的过程，直至澄清出数学思想与价值观.

其次，从数学思想和价值观角度设计核心数学问题或学生活动. 当下，部分数学教师的教学方式缺乏提问与设疑，或设疑、提问的问题大多是数学事实或概念性问题，而不是数学思想或价值观问题，从而使数学的知识教学停留在低水平的循环上. 而从数学思想或价值观角度设计的核心数学问题则具有一定的挑战性和开放性，学生一旦解答了核心数学问题，就意味着能运用数学思想或价值观自上而下地将大量的下位数学概念和事实材料有机地组织起来. 并且，基于数学知识的顺序性，数学知识的学习成为学生发现之旅. 从过程来看，数学知识的获得是人基于求知的热情和求价的需求，对某些数学问题运用某些数学方法尝试求解的结果，因此，数学的内在建构路径大致经历了从数学问题研究到研究数学领域再到基本数学研究范畴的演化，最后才形成了数学体系．但数学学科一旦建立起来，就遮蔽了数学知识创生者的"火热的思考"，而数学知识教学则需遵循数学学科知识创生的时序性，让数学知识学习成为学生发现之旅，将学术形态重新转变为教育形态和教学形态．

只有让数学知识学习成为学生发现之旅时，学生所学的数学知识才能与学生自身的经验、体验与感悟对接、贯通起来，才能成为学生自己观察事物、思考问题的认知框架，并将外在的数学知识转化为自己的数学素养．其基本路径是：教师重组、再现数学知识的发展脉络，突出数学重点和关键，启发、引导学生运用理智的力量快速全面地把握数学知识的内在本质．学生在数学教师的引导下进入人为设计的数学知识发生发展的脉络，简约地模拟数学知识最初被发现的过程，质疑、批判、思考，从而"重新发现"数学知识．倘若数学教学不能基于数学知识创生的时序性，未能展示数学知识形成的过程，而是"掐头去尾烧中段"式地陈述数学知识的结论，未能让数学知识的学习成为学生发现之旅，那么学生对数学知识的学习就会停留在数学事实或概念性知识的表层，难以体会、认知、感悟数学事实或概念性知识背后蕴含的数学学科核心素养．如初中"一次函数的图象"的教学，许多教师在教学中常常根据一个具体函数表达式，先计算出一些数据，然后通过列表、描点、连线，就画出一次函数的图象，其教学看似非常顺畅．但倘若问教师和学生："一次函数图象是什么？"得到的回答大多是一条直线，而不是有序的实数对．究其原因，就在于函数是一个"数"与"形"高度结合、统一的数学模型．倘若搞不清这种数形深度融合的关系，要想让学生真正理解函数是比较困难的．因此，指向数学核心素养的教学，需要基于数学学科知识创生的时序性，讲清楚某种数学知识的来龙去脉，需要用有"长度"的教学来达成有"深度"的教学，让数学知识学习成为学生发现之旅．

再次，基于数学知识的层核性，以数学意义获得统御各种数学教学方式．从过程的结果来看，数学知识呈现为由显性的数学事实或概念性知识与隐性的数学方法性知识、价值性知识相融合而成的层核结构．其中，显性的数学事实或概念性知识表现为数学可视、可读的文化符号，诸如数学课程中的数学事实描述、概念定义与公式原理等；而隐性的数学方法性知识或价值性知识则是知识创生者"化之于心、践之于行"的操作规范与价值信念，既为显性的数学事实或概念性知识的创生提供不竭的价值动力，也为显性的数学事实或概念性知识的创生指示着学理路径．因此，数学知识的层核结构实际上就意味着显性的数学事实或概念性知识与隐性的方法性知识、价值性知识是一种"表里""皮毛"的关系．确切地说，从数学知识的层核结构来看，在"是什么"的事实或概念性知识背后，其实就隐含着"为什么"的方法性知识与"如何知"的价值性知识的基因，因为任何认知皆是一种"知什么""如何知"与"为何知"的统一体．而数学核心素养指向、代表的则主要是数学学科的显性的数学事实或概念性知识背后所蕴含的数学方法性知识与价值性知识，从而将数学知识的学习引向对学生的发展具有更深远影响的意义获得．当然，意义获得并不排斥显性的数学事实或概念性知识的学习，但却不能止步于显性的数学事实或概念性知识的学习，因为显性的数学事实或概念性知识的学习是意义获得的前提，但倘若止步于显性的数学事实或概念性知识的学习，学生对数学知识的掌握就会停留在诸多文化符号的机械记忆上．

比如，"鸡兔同笼问题"的教学，有些教师习惯于让学生找出已知量，记住列表法、画图法、方程法等各种方法，然后列出式子，熟悉算法，最后获得答案．在这种看似圆满的教学中，教师教学关注的仅仅是显性的数学事实或概念性知识（即各种公式或算法），而忽略了人求解的"如何知"与"为何知"的思维过程与价值观念．事实上，"鸡兔同笼问题"教学的关键在于"问题的提出"，分析故事本身包含的数学元素与数量关系．

教师可以问学生："两只鸡、三只兔共有几个头、几只脚？"学生算了算，回答说5个头、16只脚．教师再问学生："知道了鸡和兔共有5个头、16只脚，你能猜出有几只鸡、几只兔吗？假如我们先知道一笼鸡和兔共有几个头、几只脚，能求出有几只鸡、几只兔吗？"由此将课堂教学导入学生自主、合作与探究学习，让学生进行各种猜想与尝试的"做中学"与"悟中学"．

发展学生的核心素养，其根本目的是"育人"．"育人"是教育的根本使命，是教师的根本职责，是学科教学的根本价值．基于核心素养培育的学科教学要凸显以学科核心素养培育为使命的育人取向．根据不同的层面，学科教学育人包括学科知识育人、学科技能育人、学科思想育人、学科文化育人和学科生活育人等层次，分别侧重"育知""育能""育行""育心""育根"和"育活"．

第三章　高品质课堂的内涵及特质

培育核心素养的高品质课堂教学能激发生命的活力．活力，是指旺盛的生命力，旺盛的生命力唯有人的核心素养，核心素养伴随着人的一生．课堂思维的"活"，课堂思维蕴藏的"力"，需要我们去设计、去激发、去撬动．让课堂焕发生命的活力是高品质课堂的追求．培育核心素养的高品质学校最重要的是教师的素养，是课堂的活力，是学生受到的影响（眼光、思维、语言）．卓越的教育需要以培育核心素养的高品质学校为载体，需要有充满生命活力的课堂呈现，因为课堂教学对学生成长有最广泛、最深入、最持久的影响力，是建设培育核心素养的高品质学校"内涵中的内涵"．这就是培育核心素养的高品质课堂的魅力．卓越的教育就是常态化的巅峰教育体验，这种卓越需要教师在教育过程中不断攻坚克难，释放自身最大的潜能，不断培育学生的核心素养．

第一节　培育以深度学习促进数学思维发展的高品质课堂教学的内涵及意义

一、培育以深度学习促进数学思维发展的高品质课堂教学的内涵

培育以深度学习促进数学思维发展的高品质课堂较为集中地体现在"活"和"力"上．"活"的核心实质追求的是学生主体思维活跃程度高，而课堂上学生思维的活跃程度取决于教师的教学理念是否内化了核心素养、教学艺术、驾驭教材的能力和与学生合作学习的能力．"力"的关键在选准着力点，即知识、能力、素养，就是要弄清课堂教学的具体特质并找准激发生命活力的突破口和关键点．这就需要教师具有正确的人生价值观、科学的思维方式、坚忍不拔的意志品质．

高品质课堂是充分关照学生人人发展、全面发展、自主发展、个性发展和终身发展的课堂,是真正促进学生健康成长的课堂.其根本要求是彰显育人价值,深掘课程文化,遵循教学规律,强化四基四能,活化教学方式,注重生成创新.

以深度学习促进数学思维发展的高品质课堂并不只是为了促进学生高阶认知和高阶思维,而是指向立德树人,指向发展核心素养,培养全面发展的人.因此,高品质课堂强调动心用情,强调与人的价值观培养联系在一起,营造充满活力的课堂文化.

（一）开课要有吸引力——创造具有现实性、趣味性、挑战性的教学情境

开课要通过有效的情境铺垫新概念、新知识的诞生背景,引出认知冲突,还要为新课的持续进展设置悬念,通过一种出人意料又水到渠成的方式,让学生对接下来研究的数学对象和要解决的问题产生冲动.创造有价值的教学情境还需要在生动的情境中蕴含一些有思考力度的数学问题,即能让学生"触景生思".因此,教师在创设数学教学情境时,应该把激活数学思维放在首位,而激活数学思维的最有效手段是引起学生的思维冲突,使他们产生认知不平衡.

策略一：融合信息技术创设生活化的问题情境

新课程标准倡导数学教育要培养学生用数学的眼光观察世界,用数学的思维思考世界,用数学的语言表达世界.因此,在课程学习中,不仅要使学生获取相关的学科知识,也要在具体的学科内容与生活实例间建立起必要的联系,以此保证与学生成长过程的一致性,实现自身综合能力的塑造与锻炼.为了实现这一教学目标,教师在对课堂导入的形式进行调整、加入生活性内容的同时,将学生自身的社会认知、独立的思维系统与数学学科有效联系起来.由此,可实现思维的快速导入,并在生活情景的激发与影响下实现生活经验与学科知识的融合,触发"冲突点".

案例一："随机事件的概率"[《高中数学必修3》（人教A版）第三章第一节（第一课时）] 关于核心概念"概率"的情境创设.

概率的事实（随机现象）——概率的定义、表示——概率的性质,这是教材中关于"概率"这一核心概念的学习的逻辑主线.在列举概率的事实的实例时,教材列举了掷硬币这一实例,通过实验来验证认知中已有的结果：出现正面的

◆ 基于融合技术的数学高品质课堂建构

概率为$\frac{1}{2}$. 用计算机模拟掷硬币的实验结果，绘制实验次数和正面向上的频率的函数图象（图 3-1）.

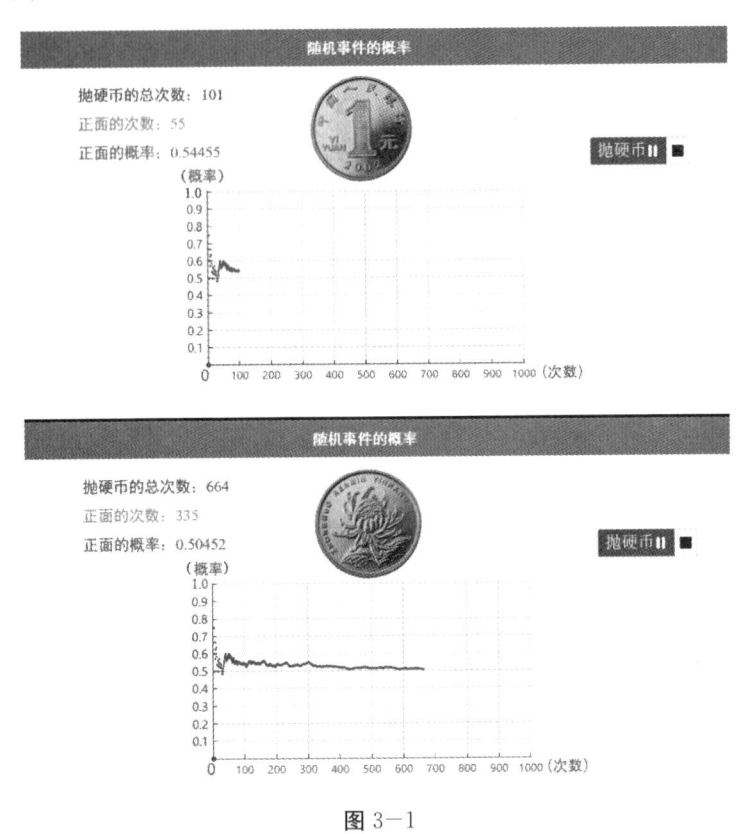

图 3-1

通过掷硬币的模拟实验，学生对概率的探究产生兴趣. 在实验的过程中，教师引导学生体会频率是稳定的、不变的，也就是说在掷硬币的过程中，正面向上的概率应该是$\frac{1}{2}$. 为什么在实验中却不是这样？由此引发学生的认知"冲突点"，引导学生继续思考，同时逐渐开始关注频率和概率之间的关系.

策略二：融合信息技术创设有思考力的问题情境

思考力是学生的核心能力，思考力的提升能有效促进学习成效的提升. 能激发思考力的问题往往带有认知冲突，更容易触发学生的"冲突点".

案例二："用二分法求方程的近似解"[《高中数学必修1》（人教 A 版）第三章第一节（第三课时）] 关于核心概念"二分法"的情境创设.

提出问题：探究方程 $\ln x + 2x - 6 = 0$ 的近似解.

教师先作出函数 $f(x) = \ln x + 2x - 6$ 的图象，图象显示函数有零点（图 3-2）.

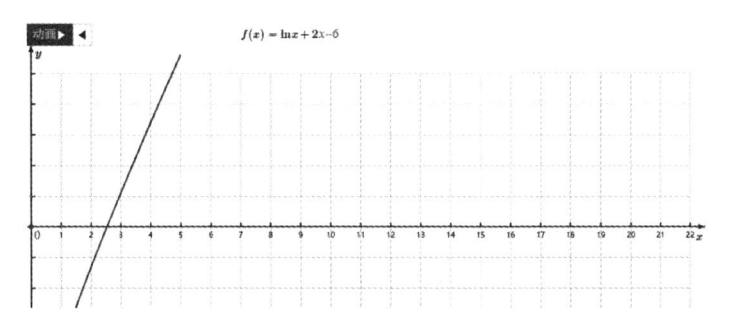

图 3-2

改变坐标系的标度，零点所在的区间会进一步缩小（图 3-3）.

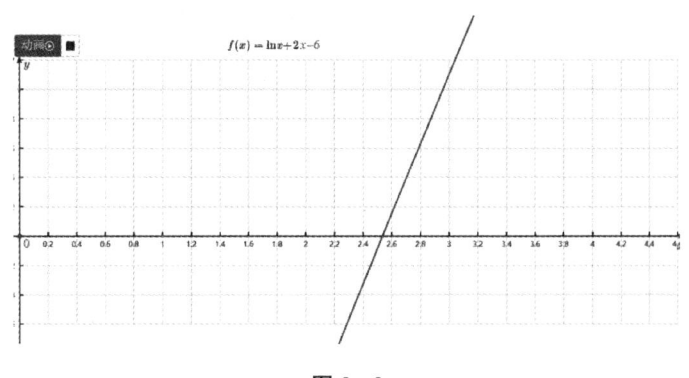

图 3-3

但要想进一步确定零点所在区间，改变坐标系的标度就困难了．接下来怎么办呢？这个时候就可以通过下图方法求解（图 3-4）：

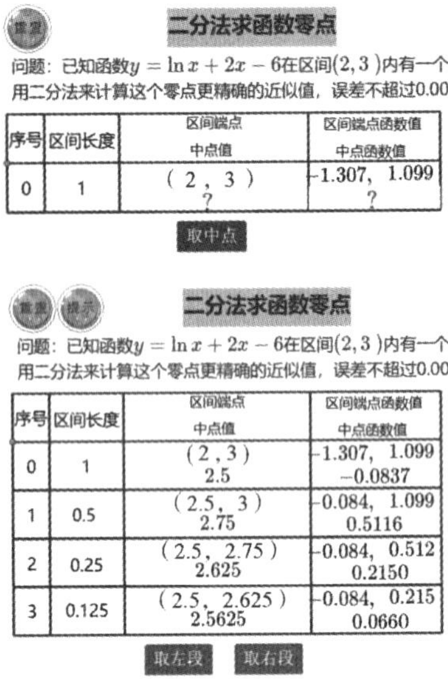

◆ 基于融合技术的数学高品质课堂建构

二分法求函数零点

问题：已知函数 $y = \ln x + 2x - 6$ 在区间 $(2,3)$ 内有一个零点，用二分法来计算这个零点更精确的近似值，误差不超过 0.005.

序号	区间长度	区间端点中点值	区间端点函数值中点函数值
0	1	(2, 3) ?	−1.307, 1.099 ?

取中点

二分法求函数零点

问题：已知函数 $y = \ln x + 2x - 6$ 在区间 $(2,3)$ 内有一个零点，用二分法来计算这个零点更精确的近似值，误差不超过 0.005.

序号	区间长度	区间端点中点值	区间端点函数值中点函数值
0	1	(2, 3) 2.5	−1.307, 1.099 −0.0837
1	0.5	(2.5, 3) 2.75	−0.084, 1.099 0.5116
2	0.25	(2.5, 2.75) 2.625	−0.084, 0.512 0.2150
3	0.125	(2.5, 2.625) 2.5625	−0.084, 0.215 0.0660

取左段　取右段

图 3−4

结合这样的操作步骤，引导学生归纳二分法的定义．

根据零点定理能判断函数在给定区间上是否有零点，能找出零点所在的大致区间．现实生活中，存在着利用二分法解决具体问题的例子．教师应设置合理的问题情境，融合信息技术，引导学生求函数的近似零点，充分"渗透数学方法"，重视应用信息技术解决问题．

策略三：创设有视觉冲击力的媒体情境

运用多媒体教学辅助工具可以通过形象、直观的形式，补充学生对逻辑内容的思维空白，在具体表达抽象内容的过程中，提高教学的有效性与指导性，引导学生深度思考．融入多媒体技术创设情境，有助于在形象生动的情景中调动学生，引导学生思考如何将"缄默"的"意会"的知识显性化，最终规范化地表达和刻画数学现象．

案例三："曲线与方程"[《高中数学选修 2−1》（人教版新课标 A 版）第二章第一节（第一课时）]关于核心概念"曲线与方程"的情境创设．

用网络画板制作平面截圆锥的各种情形（图 3−5），初步展示圆锥曲线的诞生背景．炫酷的动画吸引了学生的注意力，使大家对其产生浓厚的兴趣和继续探究的动力．

图 3-5

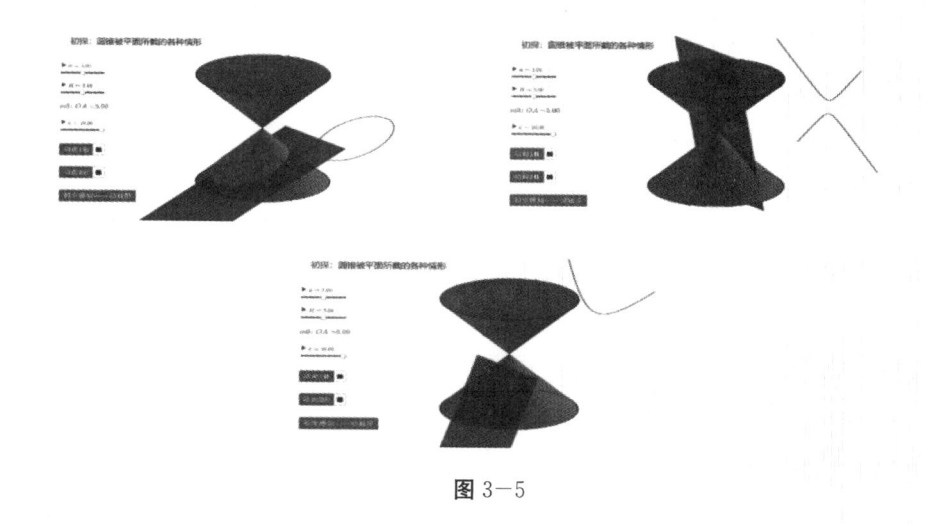

（二）启发要有穿透力——启情，启智，启能

设计一个有效的问题，既能联系旧知识，又能启发学生思考，对于课堂教学来说很关键．设计有效的问题，使串联课堂的问题暗藏"启发点"，需要重点关注以下三个特征．

1. 问题设计的适应性特征

问题的设计（或者任务呈现方式）既要适应学生解决问题的心理、知识和能力等学习的基础，特别是学生已有的体验积淀或缄默知识，又要适应课堂教学的时空条件．既然学生没有学习新知识，说明学生解决与新知识相关的核心问题的显性知识是不够充分的，解决此问题更多的是利用学生内心的个人理解、思维模式、行为模式等体验积淀．在解决问题的过程中，学生对于自己所用的体验积淀或缄默知识是毫无意识的，但却因为运用而被激发，处于鲜活状态，为其进一步的丰富、修正、重构打下了基础，为学生在这个过程中体验教科书知识与个人缄默知识的关联、体验逻辑思维与直觉思维的关联、体验认知与元认知的关联打下基础．因此，"核心问题"必须在学生的"最近发展区"之内．

2. 问题功能的引导性特征

核心问题功能的引导性特征，就是核心问题要具有引导和启发学生深度体验的功能．核心问题的立意、情境与设问都要对学生有启发点，要给学生留有线索，通过线索引导学生获得深度体验尤其是关联体验．将核心问题的情境或设问直接指向"关系""联系""关联"等，其核心问题的引导功能需要是显性的，一看就知道能引导和启发学生．如"利用基本初等函数图像，探究函数的单调性与导数的关系"这一问题明显有引导学生体验导数与函数单调性关联的功能，进而有引导学生体验与知识相关联的功能．

3. 问题立意要有活动性特征

核心问题立意的活动性特征指设计核心问题时的价值取向要有利于激发和推动学生的主动活动．为此，核心问题要以学生主体之外的客体为内容．辩证唯物主义认为，主体与客体间"相正作用的基础乃是客体"，因而核心问题应该以学生之外的人与事为内容，才有利于学生活动与客观世界的相互作用．

融合信息技术提出核心问题，需要在提出问题环节通过信息技术亮出隐藏着的"启发点"，通过信息技术使问题更加靠近学生的"最近发展区"，在问题抛出时能够找到解决问题的灵感，发展学生的数学核心素养．

案例一：用正弦定理解三角形的方法．

教材上总结的方法：如果已知三角形的任意两个角与一边，由三角形内角和定理，可以计算出三角形的另一角，并由正弦定理计算出三角形的另两边．

如果已知三角形的任意两边与其中一边的对角，应用正弦定理可以计算出另一边的对角的正弦值，进而计算出这个角和三角形其他的边和角．

在上课过程中，我们可以联想初中阶段证明三角形全等的方法，第一种类型是对应证明全等三角形中的角角边和角边角问题，因为用正弦定理解出来的解的个数唯一，所以可以证明两个三角形全等．第二种类型是对应证明全等三角形中不成立的边边角问题，因为利用正弦定理求解，解的个数可能不唯一，因此不能证明全等．这样对知识进行关联，学生的数学学习有一个思维的联系和知识的螺旋式上升过程，这样的启发也更有穿透力．

(1) 在 $\triangle ABC$ 中，已知 $A=30°$，$B=60°$，$a=10$，解三角形．（ASA）

(2) 在 $\triangle ABC$ 中，已知 $a=8$，$B=60°$，$C=75°$，则 b 等于（　　）（ASA）

A. $4\sqrt{2}$　　　　B. $4\sqrt{3}$　　　　C. $4\sqrt{6}$　　　　D. 4

(3) 在 $\triangle ABC$ 中，已知 $c=\sqrt{6}$，$A=45°$，$a=2$，解三角形．（SSA）

案例二："椭圆及其标准方程"[《高中数学选修2-1》（人教版新课标A版）第二章第二节（第一课时）]关于核心概念"椭圆定义"的探究中提出如下的核心问题．

核心问题：观察画椭圆的过程，探究椭圆的定义．

在网络画板的作界面上固定两点 F_1，F_2，找一点 P，连接 PF_1，PF_2，拖动 P 点画出椭圆（图3-6）．在这个过程中学生观察到 PF_1，PF_2 的长度在变，但 PF_1+PF_2 的长度总和不变．在动态展示的过程中，类比圆的定义，探究椭圆的定义．启发点——"动点与两定点的距离之和是定值"在信息技术的作用下"亮"出来了，更加有利于学生进行探究．

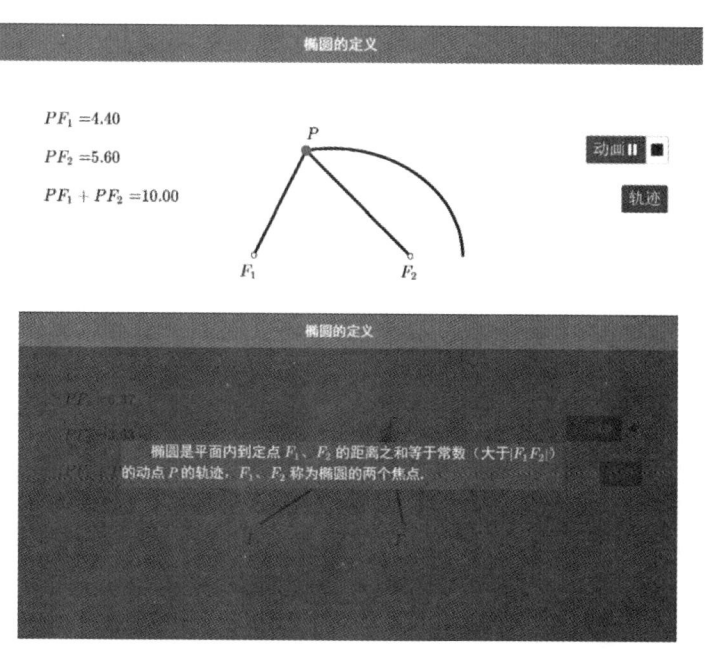

图 3-6

（三）探究要有思维力——探究的内容新颖，方法灵活，问题有趣，融合信息技术促成"反思点"

只有学会反思，学生才能在探索数学知识的过程中真正成为数学学习的主人，即自觉管理、调控自己的数学学习活动，不断了解自己的数学学习过程和特点，改进自己的数学学习策略和方法，提高学习效率，最终达到有效地实现对当前所学数学知识进行意义建构的目的．教师通过课堂评价诱导学生反思，师生合作促成"反思点"．教师诱导学生进行反思要基于学生解决问题过程中的活动体验，充分发挥学科固有的逻辑关联作用，层层深入、系统地引导学生通过反思提升，生长出新的知识，在深度体验中习得新的方法，积淀学科素养．

案例一："等差数列的前 n 项和"[《高中数学必修5》(人教A版)第二章第三节(第一课时)] 探究等差数列的前 n 项和公式时,分以下两个阶段进行探究.

探究一：求柱状图的面积

利用网络画板创设情境,帮助学生理解首尾配对解决面积及求和问题的基本原理,动态展示求柱状图的面积(图3-7),以此来猜想等差数列求和原理和方法,使学生受到启发.

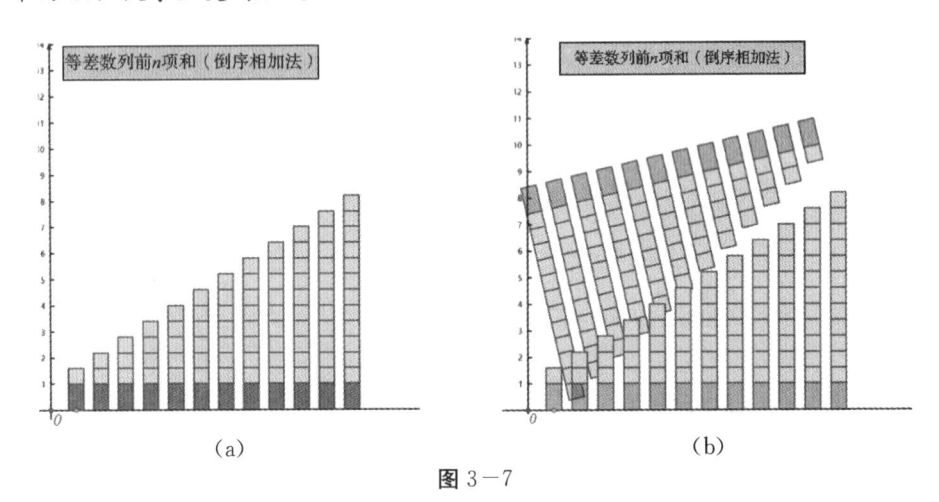

图 3-7

探究二：证明等差数列的前 n 项和公式

借助求柱状图面积的基本想法,尝试总结公式的记忆方法.

证：设等差数列 $\{a_n\}$ 的首项为 a_1,公差为 d,则

$$S_n = a_1 + a_2 + a_3 + \cdots + a_n$$
$$= a_1 + (a_1 + d) + (a_1 + 2d) + \cdots + [a_1 + (n-1)d] \quad ①$$

把各项的次序反过来,S_n 又可以写成

$$S_n = a_n + a_{n-1} + \cdots + a_1$$
$$= a_n + (a_n - d) + (a_n - 2d) + \cdots + [a_n - (n-1)d] \quad ②$$

由①+②得

$$2S_n = (a_1 + a_n) + (a_1 + a_n) + (a_1 + a_n) + \cdots + (a_1 + a_n) = n(a_1 + a_n)$$

由此可得等差数列 $\{a_n\}$ 的前 n 项和公式为

$$S_n = \frac{n(a_1 + a_n)}{2}$$

学生进行小组讨论,并完成证明过程,使学生充分掌握倒序相加法,并让学生感受倒序相加法的使用条件.得到前 n 项和公式,强调公式中每个量的含义.学生总结公式的记忆方法,完成知识建构.

案例二：已知钝角△ABC，设角 A，B，C 的对边分别为 a，b，c，试借助三角函数定义用 a，b，C 表示边 c.

解法一：不妨设 A 为钝角，如图 3-8 所示，作 $BD \perp CA$，交 CA 延长线于点 D.

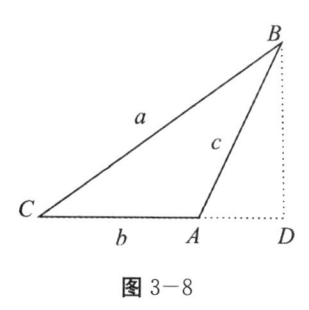

图 3-8

解：由三角函数定义，$\sin C = \dfrac{BD}{a}$，$\cos C = \dfrac{CD}{a}$，

$\therefore BD = a\sin C$，$CD = a\cos C$. $\therefore AD = CD - CA = a\cos C - b$.

$\therefore c^2 = BD^2 + AD^2 = a^2\sin^2 C + (a\cos C - b)^2$
$= a^2\sin^2 C + a^2\cos^2 C + b^2 - 2ab\cos C = a^2 + b^2 - 2ab\cos C$.

解法二：注意到 $|\overrightarrow{CA}| = b$，$|\overrightarrow{CB}| = a$，$\overrightarrow{CA}$ 与 $\overrightarrow{CB}$ 的夹角为 C，恰好可以作为一组基底，能否用平面向量完成此题？

解：$\because \overrightarrow{AB} = \overrightarrow{CB} - \overrightarrow{CA}$，$\therefore |\overrightarrow{AB}|^2 = (\overrightarrow{CB} - \overrightarrow{CA})^2 = \overrightarrow{CB}^2 + \overrightarrow{CA}^2 - 2\overrightarrow{CB} \cdot \overrightarrow{CA}$，即 $c^2 = a^2 + b^2 - 2ab\cos C$.

解法三：用解析几何的两点间距离公式来证明余弦定理，进而求解此题.

解：如图 3-9 所示，以 A 为原点，边 AB 所在直线为 x 轴建立平面直角坐标系，

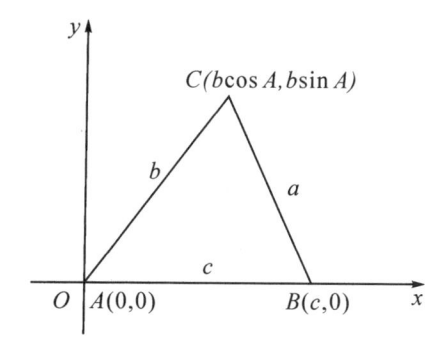

图 3-9

则有 $A(0,0)$，$B(c,0)$，$C(b\cos A, b\sin A)$，

∴ $BC^2 = b^2\cos^2 A - 2bc\cos A + c^2 + b^2\sin^2 A$，

即 $a^2 = b^2 + c^2 - 2bc\cos A$.

同理可证 $b^2 = c^2 + a^2 - 2ca\cos B$，$c^2 = a^2 + b^2 - 2ab\cos C$.

（四）表达要有亲和力——言之有情，言之有物，言之有理，融合信息技术交流展示思维"共鸣点"

一位教育家说过：教师的微笑是阳光，可以融化学生心中的坚冰．确实，微笑的魅力是无穷的，微笑是走进学生心灵的钥匙，是和学生和睦相处的保障．在教育教学中，没有微笑就没有亲和力，微笑不仅要表现在生活中，更要表现在课堂上．教师在课前不仅应该准备教案，也应该准备好的心情，能带给学生一个轻松的微笑，也是一节课成功的必要前提．因此，在学生面前教师尽可能保持和蔼可亲、笑容可掬的样子．上课过程中，教师亲切、热情的面部表情，关注每一位学生的温和、宽容、热切的目光，再配合与教学内容相宜而又富有表现力的体态动作，可提高教师对学生的吸引力，也间接影响着教学效果．

打造亲和力也离不开关爱，教学中要关爱全体学生，不仅要关爱优秀学生，更要关爱学习有困难的、表现落后的学生；要把学生当作朋友，容忍他们的缺点，尊重他们的话语权，这样教学的魅力和效果才能得到更好的彰显．在解决问题的过程中，教师进行引导定向、适当协助；学生独立操作、交流合作探究．这个环节是课堂上师生合作交流的关键环节．充分的课堂教学活动是师生之间进行信息的传递的合作交流方式．师生、生生之间的数学教学信息的传输与反馈共同构成了数学教学互动与交流的过程．一旦信息传输渠道不畅或反馈活动受阻，则互动过程就会中断，数学知识交流就会出现"零效应"．因此，有效的互动交流要求互动双方既要提高自己的数学信息传输的质量和效率，又要同时关注对方反馈信息的内容和形式，并将之作为进一步改进和调整数学信息传输活动与方式的重要依据，以保证交流活动的针对性和有效性，这其中数学教师的评价将起到主导作用．

在这个环节中，教师的评价要起到捕捉"共鸣点"的作用．教师要及时收集学生的完成任务的情况，了解学生在解决问题的过程中用到的典型解法，而且还要能够将典型解法展示给所有学生，一起分析．教师在运用引导性的专业化评价语言时，以重复关键语句、学术化地再组织、板书学生活动要点、及时修正学生的错误、追问学生等多种评价方式捕捉学生合作交流的"共鸣点"．

在捕捉共鸣点的过程中,应使学生及时明确自己的学习现状及努力的方向,引导结果性目标的达成;同时,应用具有学科特点的评价语言,采用多元的评价方式,搭建和谐的交流互动平台,引导学生深度体验.

教师应重视融合信息技术,收集、统计、展示交流,以组织者、引导者、合作者、促进者的身份充分捕捉学生的数学心声、点拨学生的探究思路、助燃学生的探索热情,使互动双方达成共识,形成"共鸣". 图 3-10 为科大讯飞课堂练习实时统计平台.

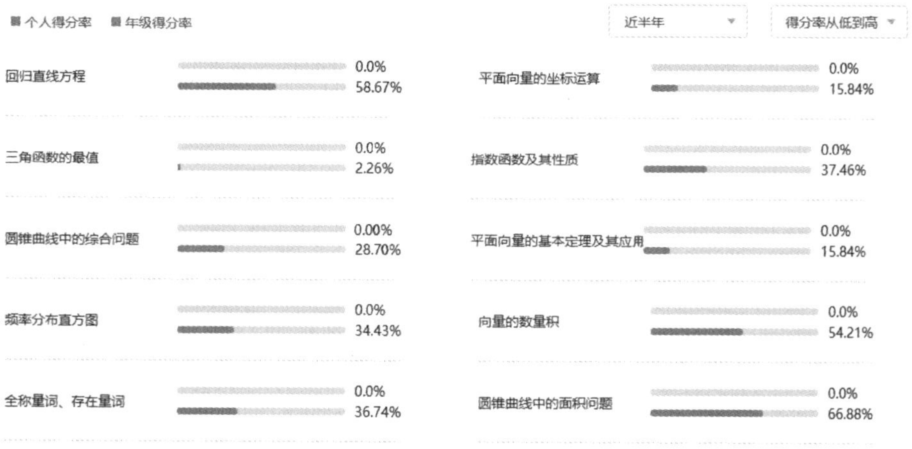

知识点	个人得分率	年级得分率	知识点	个人得分率	年级得分率
回归直线方程	0.0%	58.67%	平面向量的坐标运算	0.0%	15.84%
三角函数的最值	0.0%	2.26%	指数函数及其性质	0.0%	37.46%
圆锥曲线中的综合问题	0.00%	28.70%	平面向量的基本定理及其应用	0.0%	15.84%
频率分布直方图	0.0%	34.43%	向量的数量积	0.0%	54.21%
全称量词、存在量词	0.0%	36.74%	圆锥曲线中的面积问题	0.0%	66.88%

图 3-10

(五) 练习要有驱动力——融合信息技术运用反馈挖掘"深化点"

要保证高效课堂的顺利实施,学生练习一定要有驱动力. 学生在对知识进行有效的生成、理解之后一定要经过适当的练习,这个练习一定要经过精心设计,既要有典型性,又要有层次性,并能适合不同的学生训练,同时还可以体现多样性、趣味性、实践性,让学生学有所获.

数学新课程倡导"问题情境—建立模型—解释、应用与拓展"的学习模式和"原型—模型—应用"的知识呈现形式. 因此,学生能通过各种活动不断提高其主动获取数学新知、解决问题的能力. 建立数学模型之后,教师接着要进行解释与应用. 这是将数学知识转化为能力的过程,同时也是利用学习效果的反馈和强化巩固并加深对数学知识的理解,实现知识和方法的有效迁移;更重要的是要为学生提供一个再创造、再发展的机会,培养思维的灵活性和创造性,真正实现学生在课堂上得到发展的目的. 因此,教师要深入研究数学教材,挖掘学生自主训练的"深化点",根据教材的编排特点和前后联系适时地为学生提供材料,引导学生积极主动地思维,自觉地发现其中蕴含的数学规律,从而在数学练习中促进有效学习的"发生".

案例:线性规划练习题.

1. 已知实数 x,y 满足不等式组 $\begin{cases} x \geqslant 0 \\ y \geqslant 0 \\ x+2y \leqslant 8 \\ 3x+y \leqslant 9 \end{cases}$,则 $z=x+3y$ 的最大值是____.

2. 已知实数 x,y 满足 $\begin{cases} y \geqslant x \\ x+y \leqslant 1 \\ y \geqslant -1 \end{cases}$,则目标函数 $z=2x-y$ 的最大值是____.

3. 已知 O 是坐标原点,点 $A(-1,1)$,若点 $M(x,y)$ 为平面区域 $\begin{cases} x+y \geqslant 2 \\ x \leqslant 1 \\ y \leqslant 2 \end{cases}$ 上的一个动点,则 $\overrightarrow{OA} \cdot \overrightarrow{OM}$ 的最大值是____.

4. 已知实数 x,y 满足不等式 $\begin{cases} x-y+2 \geqslant 0 \\ 2x+y-5 \leqslant 0 \\ y \geqslant 1 \end{cases}$,则 $z=\dfrac{y}{x+3}$ 的最大值为( )

    A. $\dfrac{3}{5}$ B. $\dfrac{4}{5}$ C. $\dfrac{3}{4}$ D. $\dfrac{3}{2}$

5. 设变量 x、y 满足约束条件 $\begin{cases} x-y \leqslant 1 \\ x+y \geqslant 2 \\ y \leqslant 2 \end{cases}$,则目标函数 $z=x^2+y^2$ 的取值范围为( )

    A. $[2,8]$ B. $[4,13]$ C. $[2,13]$ D. $\left[\dfrac{5}{2},13\right]$

6. 某研究所计划利用"神舟十号"宇宙飞船进行新产品搭载实验,计划搭载新产品甲、乙,要根据该产品的研制成本、产品重量、搭载费用和预计收益来具体安排,通过调查,有关数据见表 3-1.

表 3－1

类别	产品甲（件）	产品乙（件）	数据
研制成本与搭载费用之和（万元/件）	200	300	计划最大资金额 3000 万元
产品重量（千克/件）	10	5	最大搭载重量 110 千克
预计收益（万元/件）	160	120	—

试问：如何安排这两种产品的件数进行搭载，才能使总预计收益达到最大，最大收益是多少？

（六）结尾要有扩张力——留有激情，留有思想，留有悬念，留有问题，融合信息技术提炼概括促成"内化点"

学生经过自主尝试和互动交流后对数学知识已经有所发现和领悟，但要将这种隐藏在内心深处的感悟全面内化于心还需要老师对其进行辅助．学生的抽象概括思维能力还不强，数学语言表达能力还比较弱，因此所获得的知识比较琐碎、零散，缺乏数学化和科学化的提炼．教师应对学生的学习结果做必要的提炼概括，将学生零散的数学观点进行理论升华，揭示出更深层次的内涵，从而将学生所学知识内化到已有的数学认知结构中去．教师具体可从以下两方面入手：一是引导学生从多而杂的数学方法中提炼出合理的、简便的方法，以利于今后的进一步学习，即归纳方法；二是在学生讨论的基础上把他们的思维概括起来，用数学语言揭示出本质特征，侧重于对他们的学科思想进行提升，即思想提升．课程的结尾要融合信息技术帮助学生提炼概括，以促成"内化点"．

案例：以一道导数应用题的评讲为例．

例题：函数 $f(x)=\dfrac{x\ln x}{e^x}$ 的图象大致为（　　）

A.　　　　　　　　　　　　B.

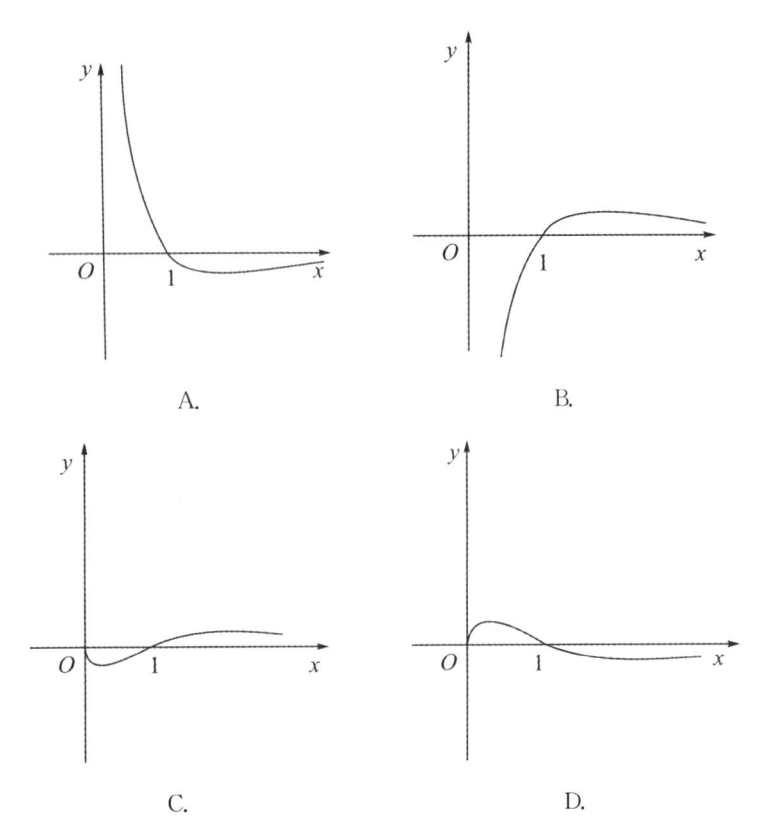

C.　　　　　　　　　　　　D.

【答案】C

【分析】方法一：特殊点排除法；

方法二：利用导数判断 $f(x)$ 在定义域上的单调性，即可得出结论.

因为 $f(e)=\dfrac{e\ln e}{e^e}=\dfrac{1}{e^{e-1}}>0$，故排除 A、D；

$f(x)=\dfrac{x\ln x}{e^x}$，$f'(x)=\dfrac{\ln x+1-x\ln x}{e^x}$，

令 $g(x)=\ln x+1-x\ln x$，$g'(x)=\dfrac{1}{x}-\ln x-1$，

∵$g'(x)$ 在 $(0,+\infty)$ 是减函数，$g'(1)=0$.

∴$x\in(0,1)$，$g'(x)>0$，$g(x)$ 在 $(0,1)$ 是增函数.

$g(1)=1>0$，$g(\dfrac{1}{e^2})=-1-\dfrac{1}{e^2}\ln e^{-2}=-1+\dfrac{2}{e^2}<0$.

∴存在 $x_0\in(\dfrac{1}{e^2},1)$，使得 $g(x_0)=0$.

∴$x\in(0,x_0)$，$g(x)<0$，$f'(x)<0$，$f(x)$ 单调递减；$x\in(x_0,1)$，

$g(x)>0$，$f'(x)>0$，$f(x)$ 单调递增，选项 B 错误，选项 C 正确.

【点睛】本题是一道由解析式选择函数图象的问题，考查学生的逻辑推理能力，是一道难度为中档的题．利用导数研究函数单调性是解题的关键．

拓展练习：已知函数 $f(x)=2ax^2-x\ln x$.

(1) 当 $a=1$ 时，求函数 $f(x)$ 在点 $(1,2)$ 处的切线方程；

(2) 若 $f(x) \geqslant 2ax$ 对任意的 x 恒成立，求 a 的值；

(3) 在（2）的条件下，记 $h(x)=f(x)-2ax$，证明：$h(x)$ 存在唯一的极大值点 x_0，且 $h(x_0)<\dfrac{1}{4}$.

【答案】(1) $y=3x-1$；(2) $a=\dfrac{1}{2}$；(3) 证明见分析．

【分析】(1) 利用导数的几何意义求得切线方程．

(2) 方法一：等价转化为 $2a(x-1) \geqslant \ln x$ 对任意的 $x>0$ 恒成立，令 $g(x)=2a(x-1)-\ln x$，求得 $g'(x)=\dfrac{2ax-1}{x}$；按照 $2a=1$，$2a>1$，$2a<1$ 分类讨论，利用导数研究函数的单调性，并注意 $g(1)=0$，得到实数 a 的值．

方法二：参变分离，洛必达法则．

(3) 求得 $h'(x)=2x-\ln x-2$，令 $u(x)=2x-\ln x-2$，利用导数研究单调性和最值，并根据零点存在定理得到存在唯一的实数 $x_0 \in \left(e^{-2}, \dfrac{1}{2}\right)$，使得 $u(x_0)=0$，进而分析 $h(x)$ 的单调性，从而证明 x_0 是 $h(x)$ 的唯一极大值点．由 $u(x_0)=2x_0-\ln x_0-2=0$，可得到 $h(x_0)=x_0-x_0^2$，利用 x_0 的范围和二次函数的性质可以证明最后的结论．

【点睛】本题考查利用导数的几何意义求切线的方程及含参数的不等式恒成立问题中的参数取值范围问题，利用导数研究函数的极值和不等式的证明问题，涉及导数的运算．问题的等价转化思想是对例题的一个有效拓展．在学习了例题解答之后，教师再给出这个题，让学生去解答，对学生的思维有所提升，这样的课堂结尾是有扩张力的．

二、培育以深度学习促进数学思维发展的高品质课堂教学的意义

培育以深度学习促进数学思维发展的高品质课堂教学的现实意义：创一个"和谐"的环境，搭一个"对话的平台"，建一个"合作"的舞台，设一个"探

索"的空间. 在深度学习促进数学思维发展的高品质课堂"环境"中, 促进学生身心健康的发展, 为其终身学习打下基础.

以深度学习促进数学思维发展的高品质课堂的意义最直接的体现就是: 建构了一个适合学生真实生长的课堂, 构造一个"吸引人""激发人""成长人""走出人"的, 充满数学思维活力、充满数学积极情感、充满浓郁的数学文化气息的高品质课堂. 这样的课堂教学的意义具体有以下四个方面:

维度一: 吸引人, 表现为情境生动、语言情趣、旁征博引、节奏紧凑.

维度二: 激发人, 表现为体验参与、愤悱状态、语言留白、中肯激励.

维度三: 成长人, 表现为由生到熟、由熟到巧.

维度四: 走出人, 表现为内容拓展、能力迁移、思维提升、余兴未尽.

以下将结合具体真实案例进行具体分析. "倾斜角"案例见表 3－2.

案例: "倾斜角".

表 3－2

活动环节	师生活动内容	设计意图
情境引入、了解新知	活动与探究: 在海上的舰艇要精确打击岛上目标, 请问他们是怎么办到的? 点 →(坐标系)→ 坐标 几何图形 →(坐标系)→ 代数表示 直线 →(坐标系)→ ?	电影的情境立刻吸引住了同学们, 使学生对解析几何产生兴趣. 而后提出问题, 引导揭示解析几何的研究方法及本章的研究对象.

续表3－2

活动环节	师生活动内容	设计意图
设置问题	问题1：观察如下两幅图片，坐哪个水滑梯更刺激？为什么？  ①  ② 问题2：如下图，如果把跷跷板抽象成一条直线，那么在跷跷板的运动过程中就形成了一系列的直线，这些直线有什么共同点和不同点呢？ 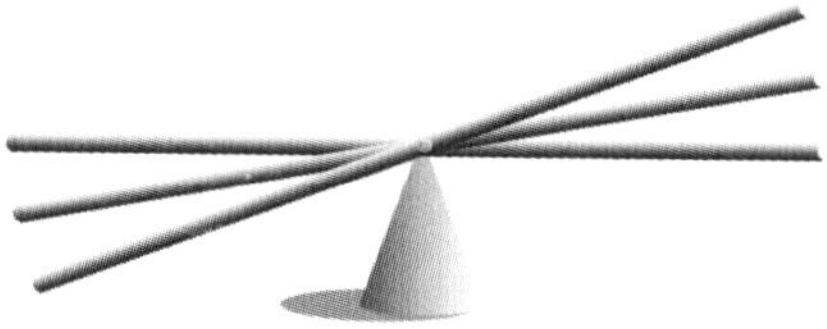	实例让学生体验直线的倾斜角现象，为之后抽象出直线倾斜角的概念做好铺垫，提问层层递进，激发学生逐步生成"直线倾斜角"的概念，抓住了学生的"兴趣点，生长点".
生成概念	一、直线的倾斜角 （1）如下图，请归纳直线倾斜角的定义． 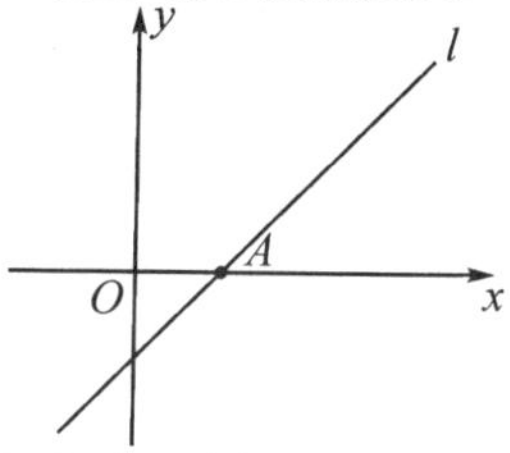 当直线 l 与 x 轴相交时，我们取 x 轴作为基准，x 轴正向与直线 l 向上方向之间所成的角叫作直线的倾斜角． （2）概念中应注意哪些要点？ ①关键词：基准，正向，向上． ②规定：当直线与 x 轴平行或重合时，$\alpha=0°$． ③范围：$0°\leqslant \alpha <180°$． ④作用：判断直线的倾斜程度（形）．	提问进一步激发学生归纳出直线倾斜角的概念，引导学生对于直线进行深度理解：直线倾斜角的范围如何、作用如何等．

续表3－2

活动环节	师生活动内容	设计意图
师生互动、新课探究	练习：下列图中标出的直线的倾斜角对不对？如果不对，违背了定义中的哪一条？ 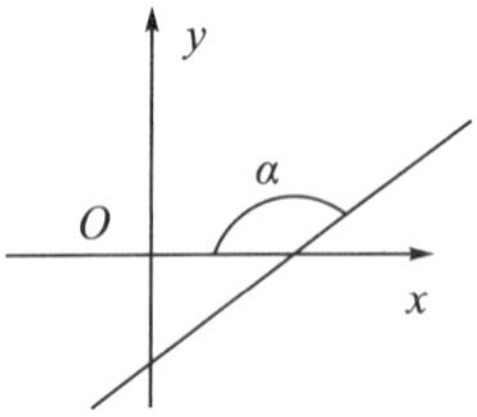 ① 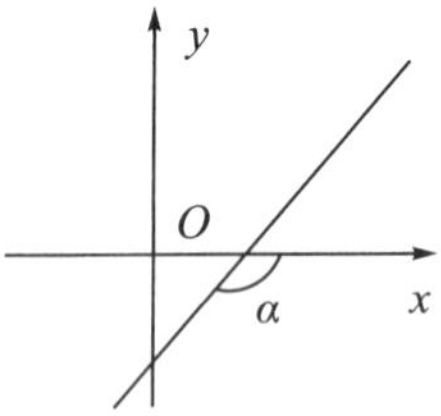 ② 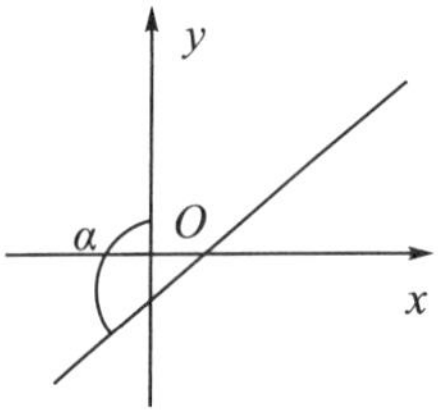 ③ 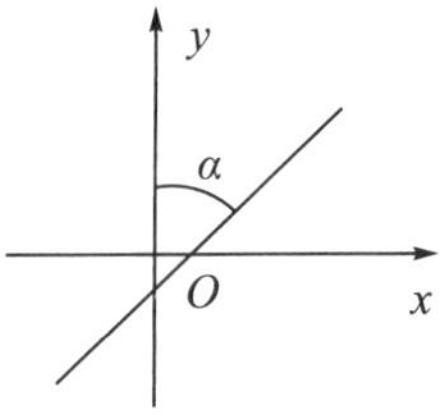 ④ 判断：仅凭倾斜角能不能确定一条直线？ 确定一条直线的条件是一点和倾斜角，二者缺一不可． 观察以下两幅图片，你能用两个楼梯与水平面所成的角度来判断谁更陡一些吗？  2 m / 2 m 　　3 m / 2 m 日常生活中，马路、楼梯的倾斜程度用坡度来刻画： $$坡度 = \frac{铅直高度}{水平长度} = \tan \alpha（\alpha 为坡角）$$ 在平面直角坐标系中，你能求出一次函数 $y=5x$ 的倾斜角为多少吗？ 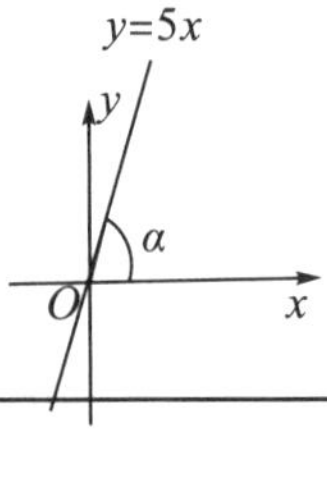 $y=5x$	及时进行概念辨析，加深对倾斜角概念的理解． 实例进一步启发学生思考用代数方法刻画直线的倾斜程度．

续表3-2

活动环节	师生活动内容	设计意图
引出新知、探索公式	二、直线的斜率 定义：我们把一条直线的倾斜角 α 的正切值叫作这条直线的斜率．斜率通常用 k 表示，即 $k=\tan\alpha$． 讨论以下情况的斜率： ①如果倾斜角是直角，　　k 不存在； ②如果倾斜角是零度角，　　$k=0$； ③如果倾斜角是锐角，　　$k>0$； ④如果倾斜角是钝角，　　$k<0$． 概念中的要点是什么？ ①当倾斜角为直角时，斜率不存在． ② k 是关于 α 的函数． ③范围：$(-\infty, +\infty)$． ④作用：判断直线的倾斜程度（数）． 练习： (1) 已知 $\alpha=120°$，则斜率 k 为多少？ (2) 已知 $k=1$，则倾斜角 α 为多少？ (3) 判断正误：所有的直线都有斜率． (4) 判断正误：所有的直线都有倾斜角． (5) 已知平面直角坐标系上有两个点 $A(1, 0)$，$B(3, 2\sqrt{3})$，则两点所在的直线的斜率为多少？	通过以上铺垫，进一步引导学生生成直线斜率的概念．通过类比以上研究方法，激发学生进一步研究斜率的本质．通过举一反三，深化学生对斜率的理解． —

83

续表3-2

活动环节	师生活动内容	设计意图
引出新知、探索公式	变式：已知平面直角坐标系上任意两个点$P_1(x_1,y_1)$，$P_2(x_2,y_2)$，则两点所在的直线的斜率为多少？ 倾斜角是锐角时　　　倾斜角是钝角时 (1) 当直线平行于x轴，或与x轴重合时，上述公式还适用吗？为什么？ 答：成立，因为分子为0，分母不为0，$k=0$. (2) 当直线平行于y轴，或与y轴重合时，上述公式还适用吗？为什么？ 答：斜率不存在，因为分母为0.	—
新知巩固、内化提升	三、斜率计算公式 (1) 在平面直角坐标系中，已知直线上两点$P_1(x_1,y_1)$，$P_2(x_2,y_2)$且$x_1\neq x_2$，则直线的倾斜角是多少？ (2) 已知$A(3,2)$，$B(-4,1)$，$C(0,-1)$，求直线AB，BC，CA的斜率，并判断这些直线的倾斜角是锐角还是钝角.	通过练习提出计算斜率的新的公式，在推导公式过程中，提出证明该公式的完备性问题，进而培养学生严谨的学习态度.
课堂小结	本节课主要学习哪些内容？运用了哪些思想方法？你收获了哪些数学经验？	—
作业布置	必做题：课本第63页，第1、2、3题. 选做题： (1) 倾斜角和斜率都可以刻画直线的倾斜程度，谈谈它们的优缺点. (2) 请思考倾斜角斜率在生活中的应用有哪些.	作业有一定的开放性，作业有一定层次性，并且让学生跳出数学去看数学.

案例评析：

从维度一"吸引人"来看，开课的导入视频情境生动震撼，之后的生活情境紧扣数学概念，节奏紧凑，有梯度. 从维度二"激发人"来看，探究直线倾斜角和斜率的问题串环环相扣，通过逐步设问，引导学生生成相关的概念，且加以深度理解. 从维度三"成长人"来看，在探究斜率之后的练习，还有新知巩固环节中，都紧紧围绕概念的多维度理解，从角度变换去求斜率，从斜率变化反着求角度，并自然引导学生对斜率的两点公式的推导，深化对于知识的理解．从维度四"走出人"来看，本节课留给学生总结反思的不只是知识，还有思想和经验．作业不只是传统的题目，还有知识应用的思考，优缺点的比较及留给学生生成"个人经验"的时间和机会．

以上这种"吸引人""激发人""成长人""走出人"的高品质数学课堂就像一个巨大的"磁场"，吸引着其中的每一个学生，让他们不断深入探究数学知识，解决数学问题，丰富自己的数学经验，锻炼自己的数学思维，形成自己的数学素养．

第二节 培育以深度学习促进数学思维发展的高品质课堂教学的价值及原则

一、培育以深度学习促进数学思维发展的高品质课堂教学的价值

让课堂教学焕发生命的活力是高品质课堂的追求，以深度学习促进数学思维发展是数学课堂教学的关键．在课堂上，有效的教学活动促进学生用数学的眼光观察世界，用数学的思维思考世界，用数学的语言表达世界．使数学课堂的学习过程对学生的成长产生广泛、深入、持久的影响是数学课堂所追求的目标．培育以深度学习促进数学思维发展的高品质课堂对学生的影响是终身的，因此其具有重要的育人价值．具体可从以下三个方面来看待其价值．

（一）价值一：生活性——促进师生对学科知识产生关注和对问题导向思维的运用

培育以深度学习促进数学思维发展的高品质课堂教学需要学生在学习新知识之前，都能够全身心地、或独立或合作地解决一个生活背景问题或数学核心"问题"，而这个问题的解决过程正是产生本节课要学习的新知识的关键．长此以往，知识都不是直接灌输的而是在学生亲自参与的活动中产生的，师生不再只关注知识本身，学科知识的产生过程、知识与运用情境的关联得到足够的重视，逐渐形成了以问题为中心的问题导向思维模式．

（二）价值二：思维性——促进师生对学科知识价值的发掘和对多种思维方法的运用

培育以深度学习促进数学思维发展的高品质课堂教学能够更加突显学生的思维发展的特质．每节课学生在课堂问题解决之后，都要进行反思．培育以深度学习促进数学思维发展的高品质课堂教学能够为反思活动的深入发掘提供可能．在数学问题创设过程中，首先是数学问题的符号意义，符号所表达直接的、表层的意思，即要求学生解决问题和活动的方式；其次是数学问题的模式意义，即文字表层所隐含的学科的思维模式和行为方式的意义；再次是要解决的数学问题的价值意义，即文字表层背后更为深层次的学科情感、态度和价值观意义．长此以往，反思活动养成了师生发掘学科知识背后的内涵价值和讲究思维方法的习惯，从而有了更多地从运用知识解决问题的演绎思维变换到运用归纳提升中形成知识方法的归纳思维的机会．

（三）价值三：发展性——促进学生数学学科核心素养的发展

在很多数学课堂教学中，授课教师不注重引导学生表达，落实思考、总结、表述、交流心得体会、讨论；不注重引导学生通过学科知识学习进行思考和反思，形成总结与思考的良好素养；不注重引导学生通过表达交流促进思考、提升解决问题的能力；不注重引导学生体验生活学习中的经历、经验、成功与教训，在实践中成长与进步．大多数数学教学的常态是将大量的理论知识和抽象的知识强行堆砌到学生的思维意识中，即使有些教师在教学中重视数学知识的系统性且引导学生逐步完善，主动营造课堂活动氛围，帮助学生在课堂上获得深度体验，有意识地发展学生的数学学科核心素养，但却缺乏亲和力，难以达到理想的教学效果．培育以深度学习促进数学思维发展的高品质课堂教学更加注重学生的数学思维的培养，注重数学的交流与表达，注重数学思维的可视听化过程及流动过程，注重养成学生批判性思维与思辨思维，在数学的交流与表达中发展学生的数学抽象、直观想象、逻辑推理、数学建模、数学运算、数据分析等能力，在培养学生数学思维发展的过程中发展学生的数学学科核心素养．

二、培育以深度学习促进数学思维发展的高品质课堂教学的原则

培育以深度学习促进数学思维发展的高品质课堂教学的三个原则是以生为本、素养提升、为学服务．

（一）以生为本

教育的基本原则就是"以生为本". 培育以深度学习促进数学思维发展的高品质课堂教学更是要坚持"以生为本"的原则. 学生是学习的主体，只有学生自己主动参与的学习才是有价值、有意义的学习. 在培育以深度学习促进数学思维发展的高品质课堂教学中，学生的深度学习是手段，促进学生的思维发展是目的，若做到以上两点，高品质课堂教学自然就实现了. 以上无处不在体现"以生为本"的原则.

（二）素养提升

数学六大核心素养包含数学抽象、逻辑推理、数学建模、数学运算、直观想象、数据分析. 以上素养都与数学思维有关. 学生的数学素养的提升更多依赖于学生数学思维发展和数学思维的提升，需要学生自己经历分析与综合、归纳与猜想、计算与证明、批评与反思等数学学习活动. 再者，学生的深度学习要以学生数学思维发展为目的，以学生的素养提升为原则；否则，学生的深度学习将变得没有方向和价值.

（三）为学服务

培育以深度学习促进数学思维发展的高品质课堂教学的第三个原则是"为学服务"，就是所有的教育资源、教育平台、教师教学都要为学生的学习服务，为学生的深度学习、自主学习搭建平台和"支架". 这就像为学生发展搭建一个孵化器，让学生在其中能够更好地利用各种资源进行深度学习而不被打扰，即给予学生深度学习的空间和时间.

案例："弧度制"

学习目标：
1. 理解角度制与弧度制的概念，能对弧度和角度进行正确的转换.
2. 掌握并能应用弧度制下的扇形弧长公式和面积公式.
3. 体会引入弧度制的必要性，建立角的集合与实数集的一一对应关系.

教学难点：
理解弧度制的概念.

教学重点：
1. 能对弧度和角度进行正确的转换.
2. 掌握并能应用弧度制下的扇形弧长公式和面积公式.

◆ 基于融合技术的数学高品质课堂建构

教学媒体：

电子白板、超星学习通、几何画板、PPT导学案等.

教学过程见表3-3.

表3-3

教学环节	教师活动	学生活动	设计意图
创设情境，类比引入（2分钟）	情境："双十一"买鞋子的尺码换算问题. 提问：小明想买一双运动鞋，不同的鞋码对应的长度分别是多少？	观察与思考.	通过情境激发学生对于学习的兴趣，让学生体会同一个量不同的单位.
	长度的不同单位制有米、码等. 重量的不同单位制有千克、磅等. 角的大小除以度作为单位外，还可用哪种单位制来度量呢？它们之间如何换算？	回忆和思考已知的角度单位制.	通过类比长度、重量的不同单位制，引入对于角的大小的不同单位制的思考.
探究思考，形成概念（12分钟）	形成概念： 思考1：1°的角是如何定义出来的？	思考并回答（预设：将一个圆心角等分为360份).	复习回顾已学的角度的定义方式，引发学生对于其他刻画角大小的方式的思考.
	思考2："角"的大小除了由角的两边所形成的夹角开合程度刻画，还可以由其他的量来刻画吗？	预设：可以利用圆心角对应的弧长.	
	探究1：半径为1的圆中，45°，90°，180°的圆心角所对的弧长分别是多少？（请同学回答）	计算并回答.	引导学生思考圆周角与所对应的弧长的数量关系.

88

续表3-3

教学环节	教师活动	学生活动	设计意图
探究思考，形成概念（12分钟）	探究2：如下图，半径分别为1，2，4的圆中，90°的圆心角所对应的弧长分别是多少？其对应弧长与半径之比是否为一个定值？（请同学回答） | 半径 r	1	2	4	$\cdots$ | |---|---|---|---|---|
弧长 l				$\cdots$ | 	计算并回答.	引导思考圆心角与所对应的弧长、半径的数量关系.
	探究3：对于任何一个特定的圆心角，其对应的弧长与半径之比是否为一个定值？（几何画板验证）	思考后回答.	通过动态演示，让学生认识到每一个圆心角的对应弧长及半径之比的对应关系.
	思考3：一个圆心角的大小与其所在圆的哪些量有关？具体是怎样的数量关系？	探究并回答.	通过思考，让学生认识一个圆心角与对应的弧长和半径之间具体的数量关系.
	思考4：一个圆心角的大小与其所对应的弧长及半径之比是否是一一对应关系？	回答：$\|\alpha\| \leftrightarrow \dfrac{l}{r}$.	引导学生抽象出圆心角与弧长和半径之比双射关系
	弧度数的概念：如果半径为 r 的圆的圆心角 α 所对弧的长为 l，那么角 α 的弧度数的绝对值 $\|\alpha\|=\dfrac{l}{r}$. 当 $l=r$ 时，$\|\alpha\|=1$，单位为 rad. 读作弧度. 符号：正角的弧度数是一个正数，负角的弧度数是一个负数，零角的弧度数是0.	观察和归纳概念.	在以上找到的数学模型的基础上，抽象概括出弧度数相关概念.

续表3－3

教学环节	教师活动	学生活动	设计意图
探究思考，形成概念（12分钟）	探究4：弧度数与角度数之间如何相互转化？ | 弧长	弧度数	角度数
---	---	---
πr		
$2\pi r$		
r	1 rad	
$2r$		
$3r$		
		90°
		270°
0				计算并填空，回答．	通过观察，引导学生思考计算角度数和弧度数的转化公式，并通过几何直观感受弧度的大小．
	练习： 180°＝_____ rad 0°＝_____ rad 30°＝_____ rad 45°＝_____ rad 60°＝_____ rad 90°＝_____ rad 120°＝_____ rad 135°＝_____ rad 150°＝_____ rad 270°＝_____ rad	计算并填空，回答．	通过练习，进一步加深学生对于角度数与弧度数转化的技巧，并为总结弧度制的意义做准备．
归纳经验，深度理解（5分钟）	1. 换算技巧 （1）等比例换算即可． （2）化归为30°、45°、60°的弧度的倍数运算． （请同学自己归纳和总结）	学生自己归纳和总结方法、技巧，并做分享．	通过经验总结，感悟角度数与弧度数转化的方法．

续表3-3

教学环节	教师活动	学生活动	设计意图
归纳经验，深度理解（5分钟）	2. 弧度制的意义 问：请同学小组讨论一下弧度制的意义是什么. 归纳：在弧度制下，角的集合与实数集 R 之间建立一一对应关系. 正 ↔ 正实数 0 ↔ 0 负 ↔ 负实数 任意角的集合　　实数集R （请同学先自己思考并分享个人想法）	学生思考，小组讨论，并分享自己的想法.	通过学习小组对弧度制意义的总结和讨论，深化学生对于弧度制的理解和接受程度.
新知应用，学情诊断（14分钟）	（一）角度数与弧度数互化 例1　（1）将 $92°30'$ 化成弧度；（2）将 $-\dfrac{7\pi}{18}$ 化成度. （请同学计算后，回答）	学生思考并回答.	通过解答例1，使学生掌握弧度数与角度数转化的方法，提升学生的数学运算能力.
	变式练习1：（教材第9页练习第1、2题） 1. 把下列角度化成弧度 (1) $22°30'$；　　(2) $-210°$；　　(3) $1200°$. 2. 把下列弧度化成度 (1) $\dfrac{\pi}{12}$；　　(2) $-\dfrac{4\pi}{3}$；　　(3) $\dfrac{3\pi}{10}$. （请同学计算后，抢答）	学生练习并一一回答.	通过变式练习1，检测学生对于弧度数与角度数转化方法的掌握程度.
	（二）简化扇形的弧长与面积公式 初等数学的应用——简化美（请小组讨论，以下公式应如何推导证明？） 　　　　　　角度制　　　弧度制 弧长公式：$l=\dfrac{n\pi r}{180} \rightarrow l=\lvert \alpha \rvert r$ 扇形面积公式：$S=\dfrac{n\pi r^2}{360} \rightarrow ?$	学生思考并投屏展示成果.	通过自主思考并展示、分享不同的证明方法，从而培养学生的逻辑推理能力.

续表3-3

教学环节	教师活动	学生活动	设计意图
新知应用，学情诊断（14分钟）	例2 若扇形的中心角为120°，半径为$\sqrt{3}$，则此扇形的面积为（　　） A. π　B. $\dfrac{5\pi}{4}$　C. $\dfrac{\sqrt{3}\pi}{3}$　D. $\dfrac{2\sqrt{3}\pi}{9}$ （请同学思考后并回答）	学生计算并回答.	通过解答例2，让学生加深对于扇形面积公式的理解.
	变式练习2： 如果2弧度的圆心角所对的弦长为4，那么这个圆心角所对的弧长为（　　） A. 2　B. $\dfrac{2}{\sin 1}$　C. $2\sin 1$　D. $\dfrac{4}{\sin 1}$ （请同学思考后并回答）	学生计算并回答.	通过变式练习2，让学生加深对于扇形弧长公式的理解.
	（三）弧度制统一各种数学量 简介：莱昂哈德·欧拉（Leonhard Euler，1707年4月15日—1783年9月18日），瑞士数学家、自然科学家. 欧拉公式：$e^{i\theta}=\cos\theta+i\sin\theta$. 当$\theta=\pi$时，$e^{i\pi}+1=0$. 以上公式均只能在弧度制下才能成立！	学生观察并欣赏.	通过对欧拉的介绍及对欧拉公式的欣赏，加深学生对于弧度制的作用的认识，体会数学的简化美、统一美.
总结反思，文化理解（7分钟）	请同学们分享一下各自在本节课中的收获和体会. （并尝试画一下思维导图）	学生回答并分享.	通过学生自己总结反思，促进学生理解知识并整合知识.
	"一带一路"倡议大时代下，中国的挑战与机遇共存！ 国际贸易需要相互"转化"各国的不同进制单位. 文化交流需要相互"转化"各国的不同文化语言. 同学们，追求卓越，为中国之崛起而读书！为世界的繁荣而奋斗！	观看与感悟.	通过"一带一路"中外之间的各种"转化"，激发学生的民族自信，聚焦立德树人！

案例评析：

1. 从培育以深度学习促进数学思维发展的高品质课堂教学的价值来看，本节课体现了三个价值：生活性价值、思维性价值、发展性价值.

(1) 生活性价值.

在新课之初的情境——"双十一"买鞋子的尺码换算问题，进而提问：小明想买一双运动鞋，不同的鞋码对应的长度分别是多少？让学生联系生活实际，意识到本节课与生活密切相关，不仅可激发学生的学习热情，还可强化学生对于数学来源于生活的认识.

(2) 思维性极值.

通过教学过程来看，四个"思考"，四个"探究"，让学生从现象到本质逐步认识和形成弧度制的概念，让学生亲身经历数学概念的生成过程，加深学生对于概念的本质理解. 同时，在这个过程中，学生应用了抽象概括、推理论证、运算求解等数学活动，不断强化学生的数学思维能力.

(3) 发展性价值.

学生在整个教学过程中，不仅可发展自己的数学思维，还参与师生、生生互动等，提升自己的沟通表达能力. 特别在最后总结时，让学生用思维导图归纳收获，沉淀自己的理解. 最后，以"一带一路"倡议的一句宣言，激发学生对于数学知识文化的理解，促进学生情感和价值的提升.

2. 从培育以深度学习促进数学思维发展的高品质课堂教学的原则来看，本节课的教学设计很好地体现了以生为本、素养提升、为学服务的三个原则.

(1) 教学设计体现了此类课堂以生为本、素养提升的原则.

教学设计中，尊重学生的学情，按照学生已有的知识经验进行教学，为学生自主学习做好准备. 学生已知的知识：在初中和小学已经学过角的度量单位，学生对度数的60进制有所了解，且在前一节课学习了任意角的定义，对于超过360°的角和负角都有所了解，这为学习弧度制打下了基础. 学生探知的知识：通过探究和思考，研究利用弧长与半径之比来定义角的方式，是本节课学习的路径. 本科教学设计的原则也是指向学生的"素养提升". 如教学设计中尽量紧扣与弧度制相关的数学四大核心素养：①弧度制概念生成——数学抽象；②用弧长和半径之比与圆心角的数量关系——数学建模；③弧度与角度的互化——数学运算；④弧度制下扇形的弧长和面积公式的证明——逻辑推理. 以上教学设计是合乎数学学科逻辑的.

(2) 教法与学法分析体现了此类课堂为学服务的原则.

如图3-11所示,本节课采用的教学方法是"问题探究"的教学方法,学生"思"在先,教师"导"在后.教师的教学活动:引导—诱导—指导—向导.学生活动:思考—归纳—欣赏.所有教学活动都是围绕学生的自主探究、小组合作学习而展开的.在课堂中,教师作为学生学习的"支架"和"辅助",让学生成为学习真正的主人.

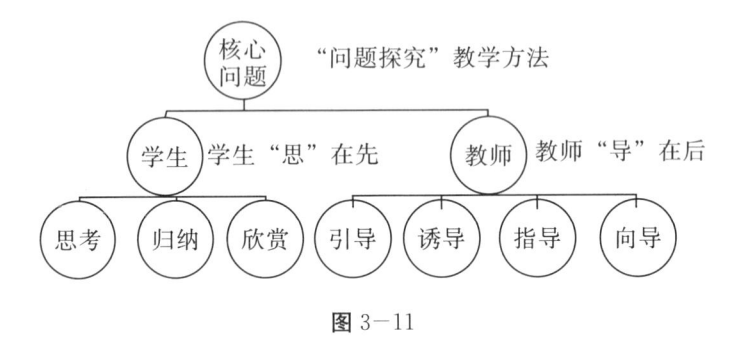

图3-11

第三节 培育以深度学习促进数学思维发展的高品质课堂教学的创新策略

一、培育以深度学习促进数学思维发展的高品质课堂教学设计的创新策略

(一)培育以深度学习促进数学思维发展的高品质课堂的思维生成型教学设计

教师应运用多种手段,激发学生思维,如将微课应用于数学教学设计中,引导学生加强对课堂教学主题的把握,使学生能够积极结合新旧知识进行思考,从而发挥自身的思维能动性,以达成教学高效化目标.微课可应用于初中数学课程教学中,通过引入知识点进行讲解,使学生明确教学目标,并充实自身的数学知识深度.在课堂中,微课教学有别于课前的问题形式微课,而是以引入知识点讲解为主.教师要适当利用微课资源辅助手段进行详细的知识讲解,使学生可通过对知识的详细剖析而加强对数学定理、概念的理解.这就要

求教师设计微课要具备针对性，使得教学内容知识点集中，加强教学主题的明确性．如人教版教学"正弦定理"，教师可将求证正弦定理的多种方法用微课的形式让学生深度学习和研究．在微课课堂教学中，教师要注意把控讲解节奏，并适度给予学生空间与时间，注重培养学生观察分析、比较归纳、总结概括的思维能力．

将思维导图融入教学设计，构建整体思维，根据新课程标准，结合学生实际与开展的小组合作学习，教师使用思维导图设计本节课的教学目标与教学程序，力求实现课堂的效率最优化．例如：在"函数的极值与导数"教学设计中，让学生掌握求极值的思路与方法，可设计如图 3-12 所示的思维导图．

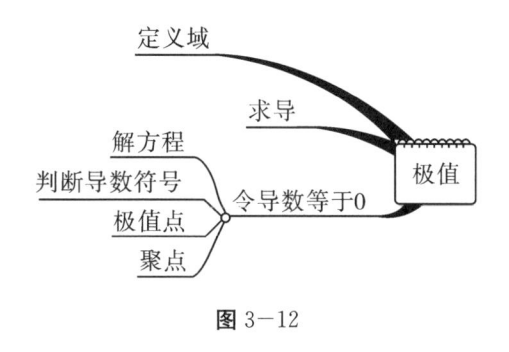

图 3-12

通过设计，让学生深度体验求极值需要考虑的因素，掌握解决的方法和步骤．总结环节请学生分享一下本节课的收获和体会，并尝试画思维导图．通过学生总结反思和分享，促进学生对知识的理解和整合．

（二）培育以深度学习促进数学思维发展的高品质课堂的创新精神型教学设计

打破常规，培养创新精神．创新思维是发散性思维和集中性思维的有机组合，发散性思维是创新思维的主导成分．发散性思维摒除传统的思维模式，具有标新立异的功能．对典型的习题采用一题多解、一题多变的解题方法，可巩固学生所学的基础知识，提高学生解题的基本技能，加强知识之间的相互联系，使学生的发散性思维起到良好的促进作用．采用一题多解的解题方法，学生可在常规解题方式的基础上，根据题目的相关特点简洁合理地求出答案．在教学中合理地采用这种解题方法，有助于培育学生的创新思维能力．一题多变有利于训练学生的发散思维和创新思维能力．

例 1 已知 $a^2+b^2=1$，$x^2+y^2=1$. 求证：$ax+by \leqslant 1$.

$\because 1-(ax+by)=\dfrac{1}{2}(1+1)-(ax+by)$

分析 1 运用比较法，本题只需证明 $1-(ax+by) \geqslant 0$ 即可. 为了同时利用两个已知条件，只需要观察到两式相加等于 2 便不难解决.

证法 1：

$$\begin{aligned} 1-(ax+by) &= \dfrac{1}{2}(a^2+b^2+x^2+y^2)-(ax+by) \\ &= \dfrac{1}{2}[(a^2-2ax+x^2)+(b^2-2by+y^2)] \\ &= \dfrac{1}{2}[(a-x)^2+(b-y)^2] \geqslant 0 \end{aligned}$$

$\therefore ax+by \leqslant 1$.

分析 2 运用分析法，从所需证明的不等式出发，运用已知的条件、定理和性质等，得出正确的结论. 从而证明原结论正确. 分析法的本质就是寻找命题成立的充分条件. 因此，证明过程必须步步可逆，并注意书写规范.

证法 2：

要证 $ax+by \leqslant 1$，只需证 $1-(ax+by) \geqslant 0$，

即 $2-2(ax+by) \geqslant 0$.

因为 $a^2+b^2=1$，$x^2+y^2=1$.

所以只需证 $(a^2+b^2+x^2+y^2)-2(ax+by) \geqslant 0$ 即可，

即 $(a-x)^2+(b-y)^2 \geqslant 0$.

因为最后的不等式成立，且步步可逆，所以原不等式成立.

分析 3 运用综合法（综合运用不等式的有关性质及重要公式、定理，主要是平均值不等式）进行推理、运算，从而证明不等式成立.

证法 3：

$\because ax \leqslant \dfrac{a^2+x^2}{2}$，$by \leqslant \dfrac{b^2+y^2}{2}$.

$\therefore ax+by \leqslant \dfrac{a^2+x^2}{2}+\dfrac{b^2+y^2}{2}=1$，即 $ax+by \leqslant 1$.

分析 4 三角换元法：由于已知条件为两数平方和等于 1 的形式，符合三角函数同角关系中的平方关系条件，具有进行三角代换的可能，从而可以把原不等式中的代数运算关系转化为三角函数运算关系，给证明带来方便.

证法 4：

∵ $a^2+b^2=1$，$x^2+y^2=1$，

∴可设 $a=\sin\alpha$，$b=\cos\alpha$，$x=\sin\beta$，$y=\cos\beta$.

∴ $ax+by=\sin\alpha\sin\beta+\cos\alpha\cos\beta=\cos(\alpha-\beta)\leqslant 1$.

分析 5　数形结合法：由于条件 $x^2+y^2=1$ 可看作是以原点 O 为圆心，半径为 1 的单位圆（图 3—13），而 $ax+by=\dfrac{ax+by}{\sqrt{a^2+b^2}}$. 联系到点到直线距离公式，可得如下证法.

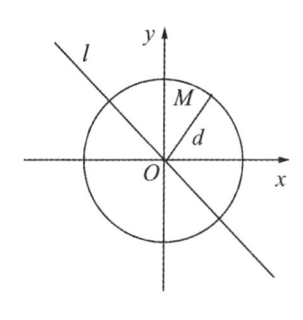

图 3—13

证法 5：因为直线 l：$ax+by=0$ 经过圆 $x^2+y^2=1$ 的圆心 O，所以圆上任意一点 $M(x,y)$ 到直线 $ax+by=0$ 的距离都小于或等于圆的半径 1，

即

$$d=\dfrac{|ax+by|}{\sqrt{a^2+b^2}}=|ax+by|\leqslant 1，即 ax+by\leqslant 1.$$

这道题有 5 种解题方法，教师可以引导学生利用证明不等式的方法进行解题. 在教授"不等式的证明"一课时，可看出例题有许多不同的解法，凸显了"一题多解"在数学知识复习过程中的应用优势，教师的解题方法从基础知识引申而来，为学生今后深入学习不等式奠定了基础."一题多解"在高中数学中的应用是动态及系统的过程，为学生探索数学领域的相关知识创造了条件，有利于学生创造思维能力的培养.

如在"一次函数图象"的一节练习课上，大多数学生都会画一次函数 $y=5-x$ 的图象，也明白该图象为一条直线，此时设计如下的一道题：

已知一个长方形的周长是 10 cm，一边长是 x cm. 求：它的另一边长 y 关于 x 的函数解析式.

画出这个函数的图象. 片刻之后，学生便得出解析式 $y=5-x$. 此时，课堂上气氛热烈，学生发现"这题与例题图象一样". 那么，是否有同学不赞成

此看法呢？教室里一片寂静后，一名学生站起来说："这题的图象是一条线段. 因为这里的 x 和 y 分别代表长方形的边长，而边长不能为负数."顿时教室里一片沸腾，学生议论开了："在实际情景中，这题的自变量范围发生了改变". 教师进一步提问："谁能求出变量的范围呢？"这样，又一次引起学生思考，得出了"变量不同，图象也发生着变化"的结论. 最后，师生共同求变量的范围. 这样，学生既掌握了图象的画法又学会了求变量的范围.

二、培育以深度学习促进数学思维发展的高品质课堂教学方法的创新策略

（一）培育以深度学习促进数学思维发展的新课导入创新

教师可借助多媒体，进行新课导入创新；创设生活情境、科学情境、学科问题情境导入，如歌曲导入、绘本导入、影视片段导入、动画导入、故事导入、历史事实导入、生活场景导入等.

通过介绍学生熟知的文学诗词或古今中外的数学伟大成就，激发学生的学习热情和爱国主义热情，并引入数学的课堂教学.

案例一："函数单调性"的教学引入.

师：请同学们先来欣赏一段话：

勤学似春起之苗，不见其增，日有所长；

辍学如磨刀之石，不见其损，日有所亏.

从文学的角度看，这段话强调坚持学习的重要性. 我们改变认识问题的角度，从数学的角度看，日有所长就是随着日子的变化不断增加，日有所亏就是随着日子的变化不断减少. 将其类比到函数，有没有这样的函数：随着自变量的增加，函数值在不断增加；随着自变量的增加，函数值在不断减小呢？

从文学引入，不但能增加学生的学习兴趣，让学生感受数学的魅力. 还能让学生感受到学科之间的密切联系，提升学生学习的品位. 同时，也能从感性上提升学生对相关概念的理解. 数学是人类文化的重要组成部分，数学课堂教学应适当反映数学的历史、应用和发展趋势，数学的美学价值，数学家的创新精神. 数学课堂教学应帮助学生了解数学在人类文明发展过程中的作用，逐步形成正确的数学观.

又如通过实践活动，让学生归纳、思考、总结，或由师生列举类似的实际背景资料，通过一些与现实相联系的生活实践，把数学课堂变成学生探索知识

的窗口,从而提高学生的学习兴趣,变平淡为神奇.

案例二:"空间几何体的结构"的教学引入.

师:你们切过苹果吗?你们是怎么切的?

生:一刀切下去嘛!

师:试过横着切吗?这里有一个苹果,谁来试试?一名学生上来,手起刀落,把苹果横切,切面是个圆!

师:你能切出其他形状的几何体吗?

同学们此时的思维已经开始从生活中很平常的事情延伸到本堂课的教学中来了.

让学生有机会亲自动手实践是设计课堂教学时需考虑的问题.教师要努力为学生应用数学知识创造条件和机会,鼓励学生主动在现实生活中寻找用数学知识和数学思想方法来解决问题的机会,并努力去实践,培养应用意识.

导入要体现学科本质,蕴含学科问题,要有利于课堂生长.

(二)培育以深度学习促进数学思维发展的课堂提问创新

于激思处提问——"问渠那得清如许?为有源头活水来"中,获得源头活水的关键是激活思维;恩格斯曾说"思维是地球上最美丽的鲜花". 教师在课堂上激活学生的思维,就会使学生绽放出充满活力的思维之花.

于新奇处提问——亚里士多德曾说:"思维从对问题的惊讶开始."

于无疑处提问——宋代学者张之厚认为:"于无疑处生疑,方是进矣."要求教师深入钻研教材,创新提问.

于比较处提问——有比较才有鉴别,于比较处提问,有利于把握同类事物的异同,提高辨别力、思维力、鉴赏力,实现知识的迁移与转化.

"直线与平面垂直的判定"案例见表3-4.

◆ 基于融合技术的数学高品质课堂建构

案例:"直线与平面垂直的判定".

表3-4

教学活动	学生活动预设	设计意图
引言:事物的本质蕴含于现象之中,请同学们观察现象,思考:直线与平面垂直的本质含义是什么? 问题1:如下图,在阳光下观察直立于地面的旗杆及它在地面的影子.随着时间的变化,旗杆AB所在直线与影子BC的位置关系是什么?	逐步归纳定义. 预设回答:旗杆AB与BC都垂直.	由具体逐步提炼概念的特征.
问题2:地面上的其他直线是否也与旗杆AB所在直线垂直呢?为什么?	预设回答:是的. 预设回答:通过平移.	深入体会线面垂直的本质.
问题3:请同学们尝试归纳一下:直线与平面垂直的概念? PPT呈现:如果直线l与平面α内的任意一条直线都垂直,我们说直线l与平面α互相垂直. 直线l与平面α互相垂直,记作$l \perp \alpha$.直线l叫作平面α的垂线,平面α叫作直线l的垂面.直线与平面垂直时,它们唯一的公共点P叫作垂足.	预设回答:如果一条直线与平面的任何一条直线垂直,那么该直线与平面垂直.	归纳概念,形成知识结构.
问题4:我们如何去判定一条直线是否垂直于一个平面,是否需要检验:这条直线与该平面的所有直线都垂直吗?	预设答案:不必要.	导入判定定理的必要性.
过渡语:"无限的东西不好列举,我们可以有限的方式去把握它." 引导:我们可否从直线与平面平行的判定定理的探究过程中得到启示,寻找解决的方法?	预设回答:把线面平行的问题转化为线线平行.	启发方法,让学生自主探究.

续表3-4

教学活动	学生活动预设	设计意图
问题5：如果一条直线与一个平面内的一条直线垂直，是否可以判定该直线与该平面垂直？ 活动：请同学们在草稿纸上任意画一条直线，以自己的笔为例，摆一摆，思考一下.	预设回答：不能.	初步探究线面垂直的条件.
问题6：可否在问题5的基础上加强条件：如果一条直线与一个平面内的两条直线垂直，是否可以判定该直线与该平面垂直？ 活动：请同学们在草稿纸上画两条直线，用自己的笔摆一摆，思考一下，并进行小组讨论.	预设答案1：可以. 预设答案2：不一定.	深入探究线面垂直的条件.
反思：如果一条直线与一个平面内的两条平行直线垂直，是否可以判定该直线与该平面垂直？	预设答案1：可以. 预设答案2：不一定.	深入探究线面垂直的条件.

评析：本节课问题1利用"大漠孤烟直"的意境，引入探究问题，有美感、有诗意．在"大漠孤烟直"情境后追问"蕴含直线与平面什么样的位置关系"是比较好的在"新奇处"提问的例子．问题2，追问地面上其他直线与旗杆的关系，有梯度，也联系了前面平面直线的位置关系，为归纳直线与平面的位置关系做好了铺垫，是一个在"激思处"提问的例子．在问题4提出后，追问："我们可否从直线与平面平行的判定定理的探究过程中得到启示，寻找解决的方法呢？"是一个在"比较处"提问的例子．问题4、5、6构成一个层层递进的问题串，探究判定线面垂直的关键点，是一个在"激思处"提问的例子．

（三）培育以深度学习促进数学思维发展的课堂作业练习创新

在教学中教师常常忽略了学生的个体差异，总想让学生多学一点东西，担心学生因为少做题而影响成绩，就喜欢用一个标准或一个尺码去衡量学生．然而，这样做的效果恰好适得其反．学生在学习中不仅没有尝到成功的快乐，反而还被一次次失败所打击．学习上如果学生失去了信心，也就没有战胜困难的勇气．因此，这样的教学方式使学生在学习上产生恶性循环．为了解决这部分学生的学习问题，首先要增强他们学习的信心．在教学中，教师不但要关注他们的课堂表现，更要关注他们对知识的掌握和巩固．作为教师应该从作业完成的结果看出他们的差异，努力减轻他们学习上的压力，给他们尝试成功的机会，让他们树立自信心，体会学习的快乐，这样才能收到良好的教学效果．学生在学习上有压力也有动力，在成功的过程中树立学习的自信心，培养学习数学的兴趣，从而可实现"人人都能获得必需的数学知识，不同的人在数学上能得到不同的发展"的目标.

案例一：正弦函数、余弦函数的性质（二）——课后作业设计.

1. 基础过关

（1）函数 $y=\sin 2x$ 的单调递减区间是_____.

（2）函数 $y=\sin(\frac{x}{2}-\frac{\pi}{3})$ 取最大值时，自变量的取值集合是_____.

（3）$\sin 1$，$\sin 2$，$\sin 3$ 按从小到大排列的顺序为_____.

（4）已知函数 $f(x)=2\cos(3x+\frac{\pi}{4})$.

①求 $f(x)$ 的单调递增区间（$k\in \mathbf{Z}$）；②求 $f(x)$ 的最小值及取得最小值时相对应的 x 值（$k\in \mathbf{Z}$）.

2. 能力提升

（5）若函数 $y=\sin(\pi+x)$，$y=\cos(2\pi-x)$ 都是减函数，则 x 的集合是_____.

（6）函数 $y=\sin x$ 的定义域为 $[a,b]$，值域为 $[-1,\frac{1}{2}]$，则 $b-a$ 的最大值和最小值之和为_____.

3. 创新突破

（7）已知函数 $f(x)=\sin(2x+\varphi)$，其中 φ 为实数，且 $|\varphi|<\pi$. 若 $f(x)\leqslant \left|f(\frac{\pi}{6})\right|$ 对 $x\in \mathbf{R}$ 恒成立，且 $f(\frac{\pi}{2})>f(\pi)$，求 $f(x)$ 的单调递增区间.

传统的作业采用的是"三统一"方式，即统一布置、统一标准、统一要求，学生没有自主选择权，严重影响了学生学习的兴趣、积极性和主动性，导致学生出现厌学、厌作业等现象. 那么，教师布置作业能否像我们上超市买东西一样，给学生自主权呢？

实施"超市型"作业，需要了解学情，这便于让学生自主分类，也便于教师布置难易适中的作业. 教师在备课时也要备题，且需要备大量的题，供学生选用."超市型"作业就是让学生自主选择自己所需要的作业，学习不再是"被迫学习"，作业不再是"被迫作业"，使得学生会学、乐学，学习兴趣大增，动力十足，成绩逐步得到提高.

合作巩固型作业是我们获取教学效果的重要途径，它能巩固学生的既学知识，发展学生发现问题和解决问题的能力，培养学生的创新精神与能力．教师在布置作业时，不能轻视对学生基础知识和基本技能的训练．合作巩固型作业的模式之一是采用分层矫正作业的方式．这有利于形成互帮互助的学习风气，提高学生完成作业的主动性和积极性．合作巩固型作业的模式之二是自编检测作业．为了加强学生的合作，教师要求学生自编检测题，把自编测验当作课外作业，同样以分组的形式要求每个小组整理一份检测题．教师重在指导学生学会对章节知识内容的整理，逐步让他们学会在题型与内容上建立联系．同时，要求每个小组分工合作编制，指导他们进行组内分工，基础较差的学生可以整理章节知识结构，基础一般的学生可以收集测验试题，基础很好的学生则对前面同学的工作进行加工，对整理漏掉的知识加以补充，进一步完善知识结构，同时对同学提供的一些检测题进行筛选，避免错题与重复知识题．鼓励学生经过讨论改编一些测试题，使之成为我们的原创题．

案例二：" 算法案例应用——任意 n 进制转化 " 作业设计．

作业形式：以小组合作的方式学习（建议小组分工，每2人或3人分为一组，可以自由讨论），可以参考书籍资料，不可以用网络．

作业要求：满分100分，写出算法框图给20分，写出 QBasic 代码给30分，给出每条代码的原理说明给30分，在计算机上进行测试并运行成功给20分．

任务：将任意一个 n 进制转化为其他任意进制．

通过以上实验活动，引导学生将所学转化为所用，激发学生对于计算机程序背后的数学原理进行深度理解．由于时间有限，每个小组进行分工协作、小组讨论，共同设置数学程序，提升学生的沟通和表达能力．从结果来看，很多学生能写出代码，尽管不是都能运行，但学生对进制转化的数学原理有了更进一步的理解．

三、培育以深度学习促进数学思维发展的高品质课堂教学策略

（一）培育以深度学习促进数学思维发展的高品质课堂教学评价原则

评价原则：以鼓励为主，有真情实感，全程关注学生的发展．由于受个体遗传及生存环境的多因素影响，个体之间显现着多元的不均衡性，就自身而言，也存在着发展的方向问题．这就需要教师因材施教，因性施教，绝不可一刀切，而要充分尊重学生的个体发展的要求．对学生的评价，我们要贯彻 " 上不封顶，下要保底 " 的操作原则．" 要保底 " 就是确保每位学生在每日的课堂

学习过程中都有不同程度的成功体验．即使是学困生，也同样需要在教师的帮助、同学的影响下而感受到"只要我努力，我也会提高，我也有优势"．对学困生的成长应给予足够的耐心，对他们的评价应侧重他们在某一方面或某几方面与自身相比的进步，哪怕是一时难寻其长，也应对其进行一定的鼓励性评价．"不封顶"就是要注重教育的层次性，最大限度地提升广大学生的多元智能发展平台．不仅要"走共同富裕之路"，还要"让一部分人先富起来"，这样才能产生"领头雁"．教师要掌握评价的艺术，首先要对每一位学生充满爱心；其次要有先进的教育思想；再次就是要善于发现美——学生"微不足道"的优点，并能以自然、真诚、恰当、温馨的语言予以赞美，从而点亮学生学习的希望之火．

（二）培育以深度学习促进数学思维发展的高品质课堂教学评价创新策略

教学评价创新策略：融入肢体动作、语言神情，鼓励自主评价、重视学生互评．

建构"以深度学习促进数学思维发展的高品质课堂教学评价目标体系"（表3-5），为品质提供导航．

表3-5

一级指标	二级指标	三级指标	目标指向	
学生参与度	耳动	倾听状态、倾听发言、倾听讲解、倾听内心	学生生命成长	师生生命共生成长
	手动	勾画圈点、记录实践、举手发言、挥手示意		
	眼动	浏览文本、观察操作、眼观视频、明目随师		
	口动	动口阅读、表达观点、合作分享、互动对话		
	脑动	自主探究、合作探究、大胆质疑、反思求证		
	心动	内心愉悦、唤醒自我、自信心强、浓厚兴趣		
教师介入度	理解教材到位	解读文本、脉络清晰、问题明确、目标适度	教师生命成长	
	了解学生到位	逻辑起点、现实起点、情绪状态、个体差异		
	课堂提问到位	问题明确、提问恰当、追问适度、导问适时		
	运用生成到位	发现生成、捕捉生成、梳理生成、运用生成		
	课堂对话到位	民主开放、自由平等、分享接纳、碰撞唤醒		
	教学情感到位	精神饱满、精力充沛、关爱学生、因材施教		

(三) 培育以深度学习促进数学思维发展的高品质课堂教学的教学逻辑

教学逻辑是课堂教学的必要组成部分，教学的有效性关键在于教学的逻辑性．教学逻辑指的是课堂教学中各板块、环节间的逻辑关系，隐含于课堂教学流程中．课堂的教学逻辑反映了对教师基于教材的知识逻辑、学生的认知逻辑、学科的学科逻辑所进行的逻辑改造．教学逻辑是否清晰、合理，是评价一堂课是否优质的重要指标．

1. 教学逻辑是否贯通教材的知识逻辑

教材、学生、教师是课堂的三要素，课堂教学是以三者为主体的动态互动过程．教学内容主要源自教材，而教材往往会受到编写格式、组织形式及篇幅等因素的限制，所呈现的知识逻辑是静态的，且通常是不完满、不连贯的，不能够满足教学过程的动态需求．这就为教学逻辑的调整、优化和贯通教材的知识逻辑提供了空间．从具体的操作层面看，好的教学逻辑一定是以教材的知识逻辑为蓝本，对其进行合理的删减、补充、合并甚至变更，且理性构建各教学板块、教学环节间内含的"转承""过渡"等逻辑关系，以此实现贯通教材的知识逻辑．大凡名师的课堂，都是流畅自然、浑然天成的，其中一个重要的原因就是他们都非常重视课堂教学的"转承"和"过渡"，追求知识板块间的"无缝"对接．

2. 教学逻辑是否顺应学生的认知逻辑

认知逻辑是指学生学习科学的一般心理过程、思维习惯和思维规律．学生学习新知的过程就是在原有认知结构的基础上，重新组织和发展认知结构的过程．虽然不同学生的认知逻辑会呈现出"人心不同，恰如其面"的个体差异，但重新组织和发展认知结构的顺序是共同遵循某些基本原理的．例如，皮亚杰提出的"认知发展理论"——同化、顺应和平衡是影响学生认知结构形成和发展的三个基本过程；奥苏贝尔提出的"有意义的学习理论"——影响学生学习效果的最重要因素是学生已经知道了什么，即原认知；维果斯基提出的"最近发展区理论"——着眼于"最近发展区"的教学能够有效促使学生的潜在发展水平不断提高．上述基本原理表明，学生的学习过程遵循一定的顺序，如从已知到未知、从简单到复杂、从具体到抽象、从感知到理解、从定性到定量、从模仿到创造、从实验到理论和从理论到实验、从特殊到一般和从一般到特殊等．

为此，教师要能针对具体的教学主题认真分析学情，从学生的原认知出发，在学生的"最近发展区"设置问题，在教材与学生之间搭建"引桥"，以实现学科知识心理学化，让教学逻辑顺应学生的认知逻辑．

学生是课堂教学的主体，学生"怎样学"、是否"能学"和"会学"是评价课堂的关键要素．若教学逻辑顺应学生的认知逻辑，则不但学生思维流畅、学得轻松，而且教学效果也会好．反之，无论教师的教学逻辑多么清晰，学生都还是会觉得难以理解，跟不上教师的节奏．为什么学生学不好？一个很重要的原因就是忽略了学生的认知逻辑．

3. 教学逻辑是否合乎学科逻辑

知识分为符号式知识和逻辑式知识．符号式知识指的是人们对事物的具体看法或认识结果，逻辑式知识指的是人们认识事物的方法和过程．内隐在符号式知识中的逻辑式知识就是学科逻辑．它既包括某类知识从发生、发展到形成的基本过程，也包括知识形成过程的具体途径、方式，即科学方法的运用过程．学科知识包括事实性知识、科学实验、科学规律、科学概念、理论假设以及技能类知识等多种类型．

知识类型不同，其建构过程也不同，学科逻辑必须按照不同类型的知识去考查．

概念的形成存在两种方式：一种是"抽象概括"式，即根据研究对象的特点，摒弃非本质的因素，把某一类事物共同的、本质的属性抽象概括出来，建立新概念；另一种是"演绎推理"式，即从已有知识出发，或以学生掌握的概念为前提，通过逻辑关系和方法推导出新概念．

合乎学科逻辑的教学逻辑往往能反映真实的科学过程．而学生的学习过程是对人类文化发展过程的一种认知意义上的重演，他们学习科学的心理顺序就是前人探索科学的历史顺序．从这个意义上讲，合乎学科逻辑的教学逻辑也是顺应学生的认知逻辑的，能有效发展学生的科学思维能力．

基于教学整体把握系统思维整体性、立体性、自然性，整体把握课标，整体把握教材螺旋式上升；学科语言教学概念的多元表达居高临下，深入浅出．

教师在教学中做到以下四点：

（1）符合学生认知规律，身心特点及学生生活经验．

（2）培养学生学习兴趣、学习好奇心、好的学习习惯及学科视野．

（3）关注细节，重视自然的思考；规划细节，明确导向；舒展细节，动态建构；做亮细节，凸显方法；放大细节，做足亮点．

（4）预设与生成，过程与方法，自主与指导，方法与效果，常模与变式．

第四节　培育以深度学习促进数学思维发展的一种高品质智慧课堂模式

21世纪，随着科技不断创新和发展，人类开始进入万物互联的时代．"互联网＋教育"也成为未来教育发展的一个趋势，基于智慧教育云平台的新的教学模式也出现了．未来的课堂不再是固定时间、固定地点、固定教师、固定学生、固定课堂，而将是打破时间和空间约束，实现各种教育资源整合的激发学生自主学习的特殊网络空间．

本节将对培育以深度学习促进数学思维发展的一种高品质智慧课堂模式——导学案下的自主学习进行简要介绍．

基于智慧教育云平台的教学模式"导学案下的自主学习"的理论依据有如下三点。

1. 建构主义教学理论

皮亚杰认为，儿童的认知结构是通过同化与顺应过程逐步建构起来，并在"平衡—不平衡—新的平衡"的循环中得到不断的丰富、提高和发展．斯腾伯格和卡茨等强调个体的主动性在建构认知结构过程中的关键作用，并对在认知过程中如何发挥个体的主动性做了认真的探索．维果斯基提出了"最近发展区理论"．建构主义的观点主要是以学生为中心，强调学生对知识的主动探索、主动发现和对所学知识意义的主动建构．学习不是被动接收信息刺激，而是主动地建构意义，学习意义的获得是每个学习者以自己原有的知识经验为基础，对新信息重新认识和编码，建构自己的理解．在这一过程中，学习者原有的知识经验由于新知识经验的进入而发生调整和改变．学习者认知结构发生变化的两种途径或方式是同化和顺应，其认知水平在"同化—顺应—同化—顺应"的循环往复以及"平衡—不平衡—平衡—不平衡"的相互交替中不断发展．学习不是简单的信息积累，更重要的是包含新旧知识经验的冲突，以及由此而引发的认知结构的重组．

2. 有效教学理论

教育性教学是赫尔巴特教育学的核心．他第一个明确提出这一概念，把道德教育与学科知识教学统一在同一个教学过程中，并提出了著名的教学形式阶段理论，即清楚、联想、系统和方法．布鲁姆提出评价的新概念："诊断性评价""形成性评价""终结性评价". 有效教学是指教师遵循教学活动的客观规律,以尽量少的时间、精力和物力投入,实现教学目标和学生的个性培养与全面发展,取得尽可能多的教学效果. 教学的有效性包括如下三重意蕴:①有效果——教学活动结果与预期教学目标的吻合程度;②有效率——以少量的投入换得较多的回报,教学效率=有效教学时间/实际教学时间. ③有效益——教学活动的收益、教学活动价值的实现,具体是指教学目标与特定社会和个人的教育需求是否吻合及吻合的程度.

3. 关联主义理论

关联主义的倡导者乔治·西孟斯认为,为了适应数字化时代学生对学习的需求,必须拓展和创新原有的学习理论. 所谓学习就是形成网络,就是在相关的节点间建立有效的连接. 学习不仅存在于个体自身,也存在于各个专业化的节点中,学习的关键在于将相关的节点或信息源连接起来,形成学习网络. 这种连接可使学习者学到比现有认知或知识体系更多、更重要的东西,使个人学习和组织学习统合起来,通过"个人—网络—组织"这种知识发展的循环使学习者在各自的领域中实现与时俱进. 关联主义的学习过程有以下七个特点:①学习内容的可变性. 注意到当学习者在与学习内容(或信息)之间建立联系后,乔治·西孟斯实际上创建了一个包括不同观点的网络,使学习者的个人观点通过范式确认获得新的意义. ②学习内容的现实性. 为了保证内容的现实性,在安排教学时我们需要思考缜密、计划周到. 这需要很好的管理系统、聚合器、智能搜索等辅助工具. ③学习内容的连续性. 今后的学习可以是小型的,以个体为目标的种种方式. 除纸质教材外,还可用计算机甚至手机进行学习. ④学习内容的相关性. 相关性是接纳或使用任何内容的必要条件. 如果学习者认为相关性不大,他的学习动机和行动便会受影响. ⑤学习内容的复杂性和外部性. 这需要我们依靠不同专业化内容或信息源的连接. ⑥学习中的决策. 学习是一个混乱、模糊、非正式、无秩序的过程,因此如何做出抉择也是在学习,即如何在不断变化的现实世界选择学习内容和判断新信息的意义. ⑦学习的社会性. 当学习行为被看作学习者控制的活动时,设计者需要将关注点转移到培育理想的生态系统以促进学习,侧重培养学习者驾驭信息的能力.

基于以上三大理论的启发,加上对大量线上线下融合的数学教学的实践案例的提炼,笔者提炼出了培育以深度学习促进数学思维发展的高品质智慧课堂模式——导学案下的自主学习(图3-14).

图 3-14

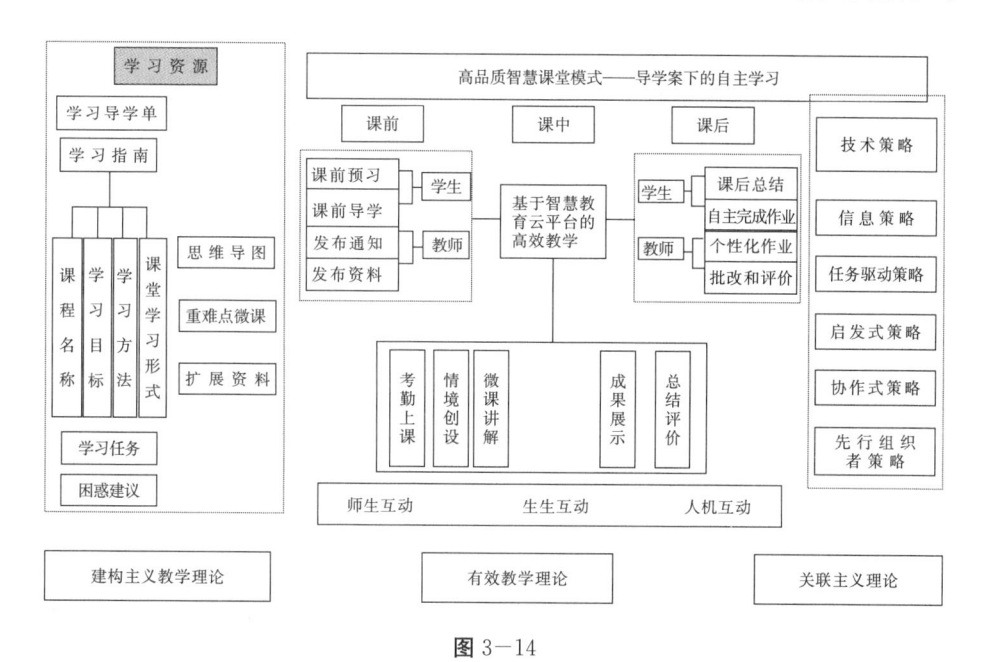

以下将结合具体的实践案例,分别从课前基于智慧教育云平台的导学与自学,课中基于智慧教育云平台的高效教学,课后基于智慧教育云平台的评价与延展三方面对该教学模式进行简要的阐述.

一、课前基于智慧教育云平台的导学与自学

根据奥苏贝尔的"先行组织者"策略,课前基于智慧教育云平台的导学与自学给学生提供了各种学习资源.学习导学单包括学习指南、学习任务、困惑建议等,便于学生进行有意义的学习.特别地,根据"任务驱动策略",给学生布置预习自学任务,让学生驱动自己完成学习任务,并通过自学检测题单及时检测自学效果,获得成就感,提升持续完成学习任务的动力和兴趣.

1. 学习资源设计与推送

课前基于智慧教育云平台的导学和自学离不开对教育资源的整合,以下将结合具体案例"不等式的性质",分别从学习导学单、思维导图、重难点微课、扩展资料等方面进行简单介绍.

(1) 学习导学单.

学习导学单是学生自学的路径指南,是学生学习中重要的辅助材料.比较有效的学习导学单一般包括三个组成部分:学习指南、学习任务、困惑建议.

①学习指南：课程名称、学习目标、学习方法、课堂学习形式等．学习指南是学生学习本节知识的"说明书"，应尽量全面而简要地说明学生需要注意的学习要点，提升学生预习的针对性．

②学习任务：阶段性任务、阶段性检测．学习任务是导学单中最核心的内容，是学生自学的步骤化的"指导"．

③困惑建议：对预设重点提示，对难点的学习指导意见等．困惑建议是对学生不容易理解的知识的进一步指导，类似于附加说明书．

案例一："不等关系与不等式"的学习导学单．

1. 学习指南

课程名称：不等式的性质．

学习目标：

（1）掌握等式与不等式的基本性质；

（2）会简单推导和证明不等式的基本性质，初步学会运用作差法、作商法等比较两实数的大小；

（3）会利用不等式的性质求代数式的范围．

学习方法：

自主阅读教材，自主学习微课，自主完成自学检测．

课堂学习形式：

课前借助教材和微课预习；

课中借助教师导学、微课自学；

课后利用智学网等提交作业，完成拓展内容．

2. 学习任务

任务1：

问题一：等式的性质有哪些？

问题二：类比等式，不等式有哪些性质？

问题三：用什么方法比较两个实数的大小？

请同学用10分钟时间，先阅读教材《高中数学必修5》（人教A版）第三章"不等关系与不等式"，思考以上3个问题．

任务2：

问题四：如何证明不等式的性质？

请同学带着问题四，观看"不等式的性质的证明"的微课（15分钟），回答以上问题．

任务3：

自主定时6分钟，在智学网上完成以下自学检测题单.

3. 困惑建议

借助等式的基本性质可以类比得出不等式的性质1～4，利用基本事实引理，进而推导出不等式的性质5～8．基本核心方法就是作差法．同时，借助前面的性质去推导后面的性质，体会转化与化归思想.

（2）思维导图.

除了学习导学单，还可以给学生提供本节内容的学习思维导图，让学生能够整体把握本节课的核心知识和方法，把握本节课的逻辑关系，提升学生对数学本质的认识.

思维导图主要包括两种：新知探究路径和核心问题与方法.

案例二："不等关系与不等式"的思维导图.

（1）知识维度.

图3-15为知识维度框架.

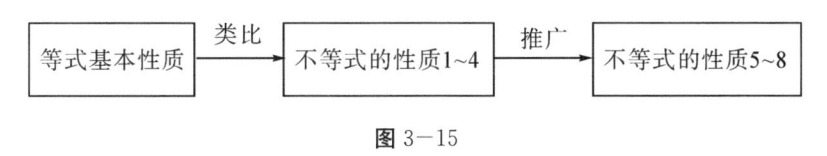

等式基本性质 —类比→ 不等式的性质1~4 —推广→ 不等式的性质5~8

图3-15

（2）方法维度.

图3-16为方法维度框架.

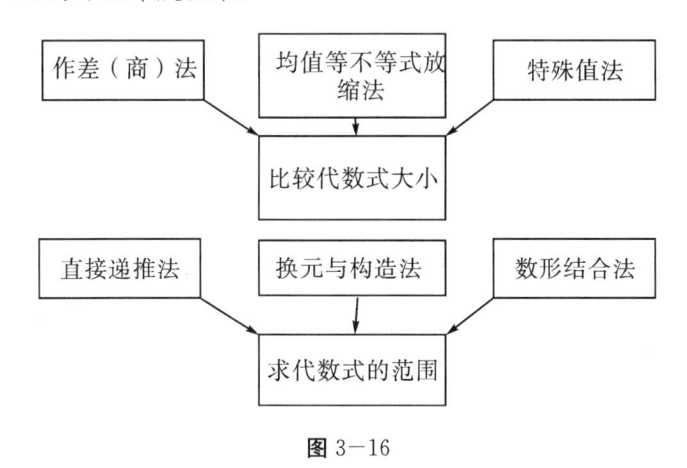

作差（商）法、均值等不等式放缩法、特殊值法 → 比较代数式大小

直接递推法、换元与构造法、数形结合法 → 求代数式的范围

图3-16

◆ 基于融合技术的数学高品质课堂建构

(3) 重难点微课.

重难点微课是对学习导学单较好的补充,打破了学生只阅读纸质材料的单一学习模式,让学生在课前多了一个"老师"指导.

案例三:"不等关系与不等式"的重难点微课.

该微课的内容主要是:等式性质的复习、类比猜想不等式的性质、不等式性质的证明等. 图3-17为微课内容的截图.

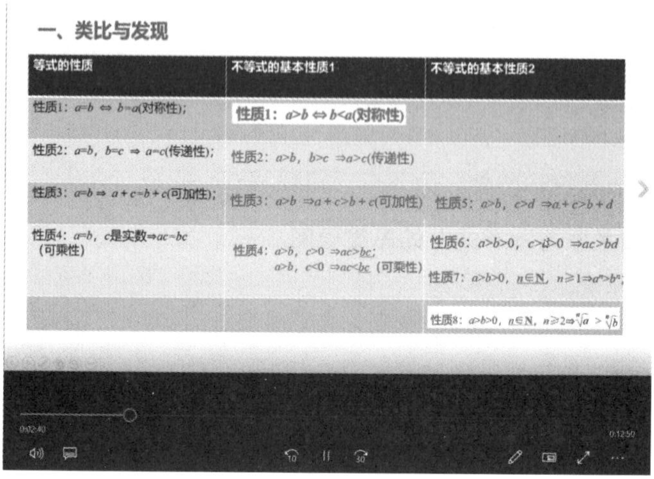

图 3-17

(4) 扩展资料.

向学生推送对应的扩展资料,让学有余力的学生自己拓展和提升.

案例四:拓展阅读.

(1) 陈宇航"从著名不等式谈数学历史".

(2) 孟文兴"浓度不等式及其应用".

2. 课前教师发布通知与资料

上课前,教师通过超星学习通或智学网等网络教育平台发布学习导学单、思维导图、重难点微课等,让学生按照步骤依次完成预习任务. 完成预习任务后,教师通过智学网或超星学习通发布定时的自学检测题,学生完成后提交,系统自动批改.

3. 课前学生的导学与预习

首先,学生根据导学单,依步骤完成对应的新知识的预习和自学. 如在

"不等关系与不等式"中，完成对应的自学教材任务、自学微课任务及定时检测任务．

其次，学生通过电脑评判，自主订正检测题答案．

最后，梳理和归纳所学内容，提出自己的疑惑，以便上课提问或查询网上的相关资源．

案例五："不等关系与不等式"的自学检测．

图 3-18 为"不等关系与不等式"的自学检测截图．

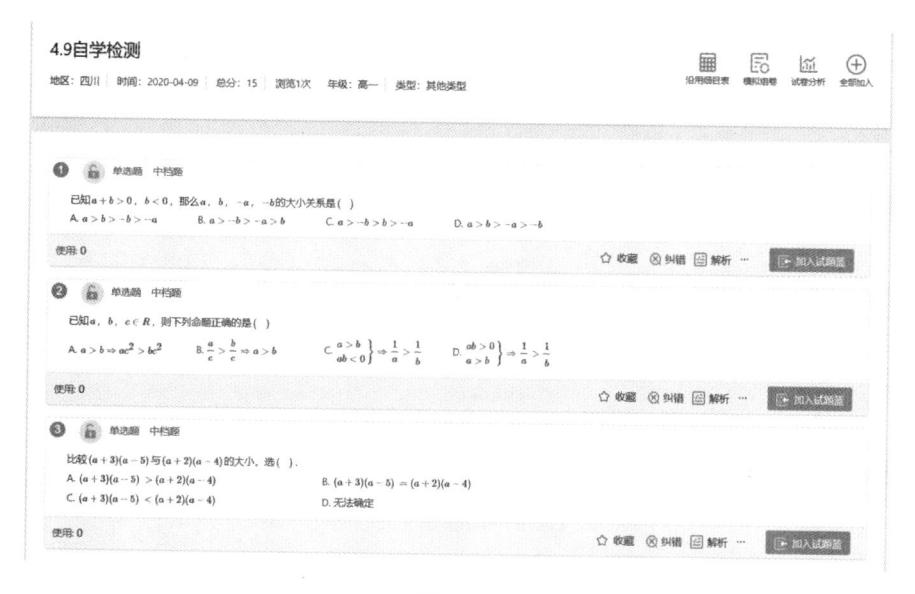

图 3-18

评注：在"不等关系与不等式"一课的自学检测题单中，授课教师设计了 3 个选择题，主要对应不等式的性质及其简单应用，以作差法比较两个代数式大小．题单内容简洁，有针对性，同时，学生完成答题后立刻就可以知道自己的得分情况，能进行即时的纠错．

二、课中基于智慧教育云平台的高效教学

基于智慧教育云平台的高效教学，主要是利用一些热门的软件（如钉钉、超星学习通、腾讯课堂等），打破时空的障碍，通过移动终端实现及时的学情评价与反馈、整体学情的统计与分析等的高效课堂教学．

根据"情境策略"，利用互联网的资源提供各种图片、视频等视听资源，丰富数学问题情境，激发学生学习的兴趣，同时，还可以帮助学生对不直观的

◆ 基于融合技术的数学高品质课堂建构

数学问题进行直观理解. 与此同时，根据"启发式策略"组织教学，在教学过程中保留传统课堂的优势，以有价值的数学问题串不断激发学生从易到难、从浅到深的深度思考. 在这个过程中，实现师生、生生之间的思维、情感"对话"，在潜移默化中提升学生的数学思维品质. 以下将以钉钉直播课为例进行阐述.

1. 考勤上课

在上课前 5 分钟，如图 3-19 所示，在钉钉群发起打卡. 每个学生提前登录钉钉群，进行签到. 在签到过程中，教师可以设置简单说明，即准备什么教材、资料、导学案等，还可以设置签到结束时间，查看未到位的学生名字和迟到时间等，方便下课后即时追踪学生的情况.

图 3-19

图 3-20 为在钉钉群发起课前考勤的图片.

图 3-20

为了更好地监测学生账号到位但人不到位的情况，还可以利用随机点名插件进行随机点名，并以回答问题的方式监测"开小差"的同学.

2. 情境创设

基于智慧教育云平台的高效教学可以利用丰富的网络资源构造很好的生活情境、科学情境、学科问题情境，从而大大提升课堂的趣味性和吸引力.

案例一："不等关系与不等式"情境创设设计.

首先，利用卡通情境给出两只企鹅在杠杆上不平衡的情境，如图 3-21 所示，增强学生对于不等关系的直观感知，引发学生的学习兴趣.

图 3-21

其次，在以上基础上，进行追问.

追问 1：除重量可以比较大小外，还有哪些量可以比较大小？由以上各种量可以抽象出数学中的哪些数量关系？

追问 2：等式有哪些性质？

追问 3：类比等式的性质，请猜想一下不等式有哪些性质.

……

评注：诙谐幽默的企鹅卡通图片激发了学生学习的兴趣，引发学生对于相等关系与不等关系的思考. 而后通过追问 1 将实际问题慢慢引导到本节课"不等关系与不等式"问题的思考上来. 追问 2 通过回忆学生已有的数学知识——等式的性质，激发学生对于不等关系的思考. 追问 3 让学生类比等式的性质，猜想不等式的性质，激发学生的数学猜想和发现的意识.

3. 微课讲解

微课讲解的核心不是简单重复讲解学生已学习的微课内容，而是对微课中的核心知识点及其关系进行提炼，最好是形成一个思维导图. 同时，对于核心

◆ 基于融合技术的数学高品质课堂建构

定理的推导和证明，更需要从方法和思想上进行提炼、归纳、推广和升华．并且利用视频可以随时暂停，以便于及时回答学生不理解或困难的问题．

案例二："不等关系与不等式"的微课讲解．

如图3-22所示，微课教学设计逻辑如下：首先，类比等式性质猜想不等式的性质；其次，利用引理去证明不等式基本性质1~4；再次，利用不等式的基本性质1~4，去推广证明不等式性质5~8；最后，深度理解不等式的性质8的代数与函数证明方法．

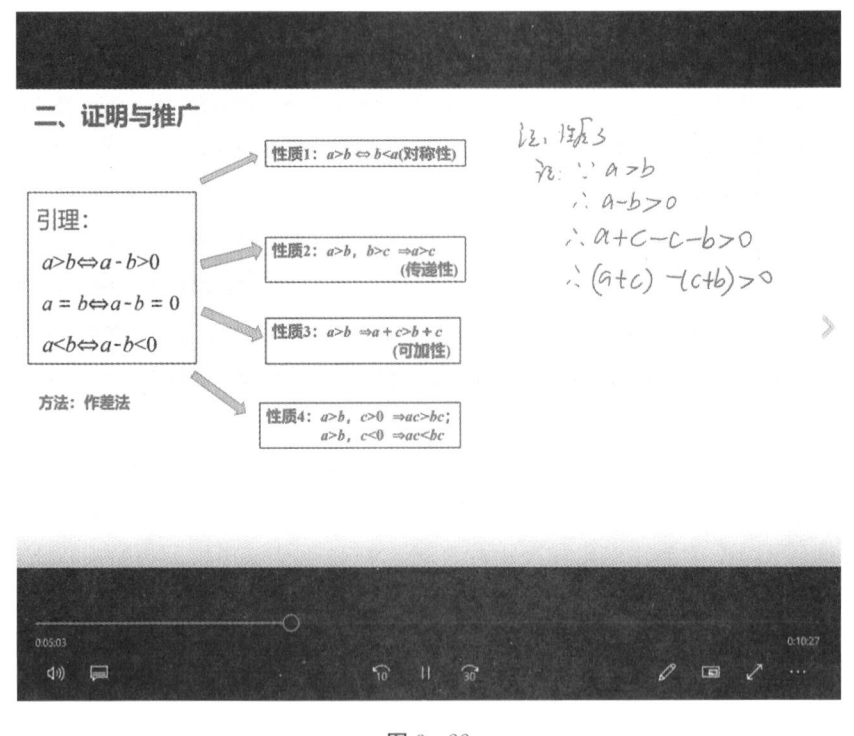

图3-22

在以上微课的点评中，及时暂停对于性质3的证明，突出作差法的本质原理，同时，从几个性质中提炼出通性通法．

在以上微课点评中，暂停对于性质6的证明，引导学生归纳核心的证明步骤：先构造所证明的式子，再利用不等式的传递性进行证明．对于性质7，则点评利用归纳法、作商法进行证明，突出方法的灵活性（图3-23）．

第三章 高品质课堂的内涵及特质

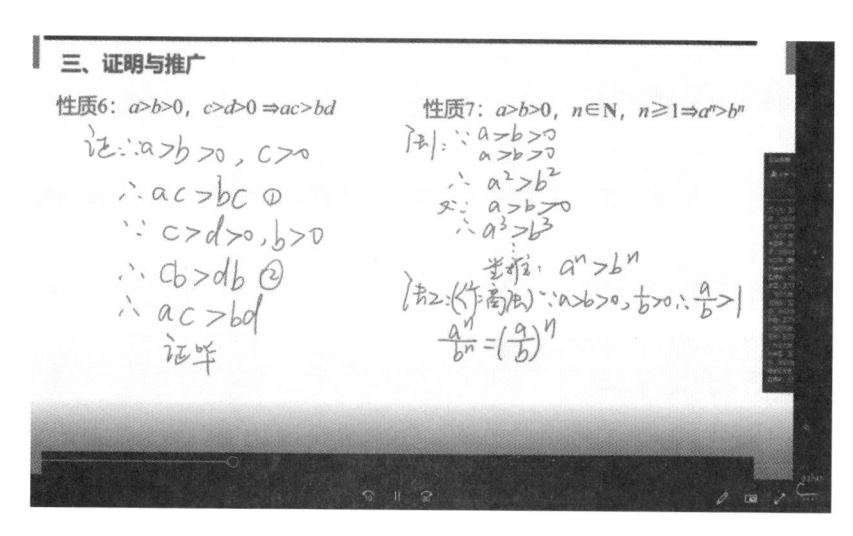

图 3-23

图 3-24 为不等式的性质 8 的代数与函数证明方法.

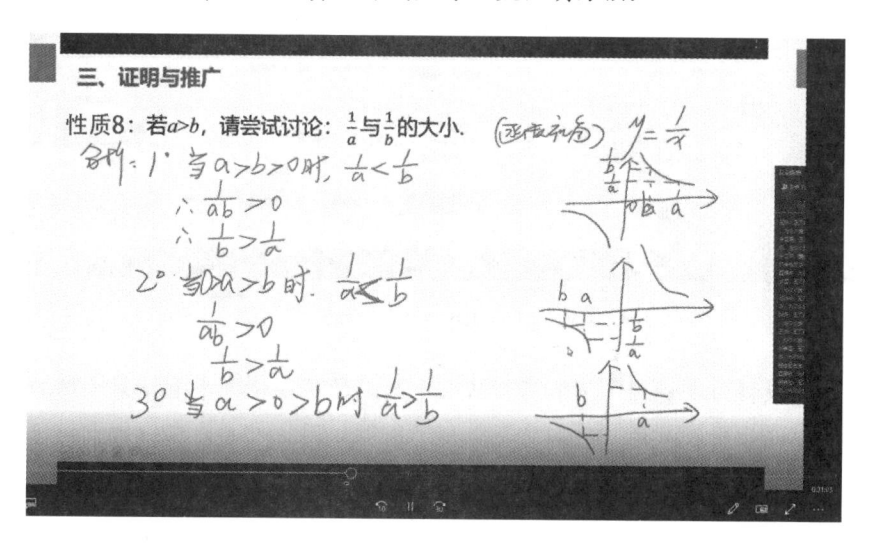

图 3-24

在以上微课的点评中,主要突出数学分类讨论及不等式性质的严格证明,同时让学生从函数视角认识此性质的数学本质.

4. 成果展示

在课堂中学生成果的展示主要分为两类:学生自学成果展示和典型问题解答的展示. 基于智慧教育云平台的优势,该环节可实现人人上传和分享自己的

117

◆ 基于融合技术的数学高品质课堂建构

解答成果，且统计人数全面，能真实反映学生的整体学习情况．

（1）自学成果展示．

案例三："不等关系与不等式"学生自学成果展示．

如图 3-25 所示，在"不等关系与不等式"一课的教学中，授课教师出示了学生在自学检测环节的答题情况的整体统计，给出了具体每一个题的得分率及答错学生名字等．

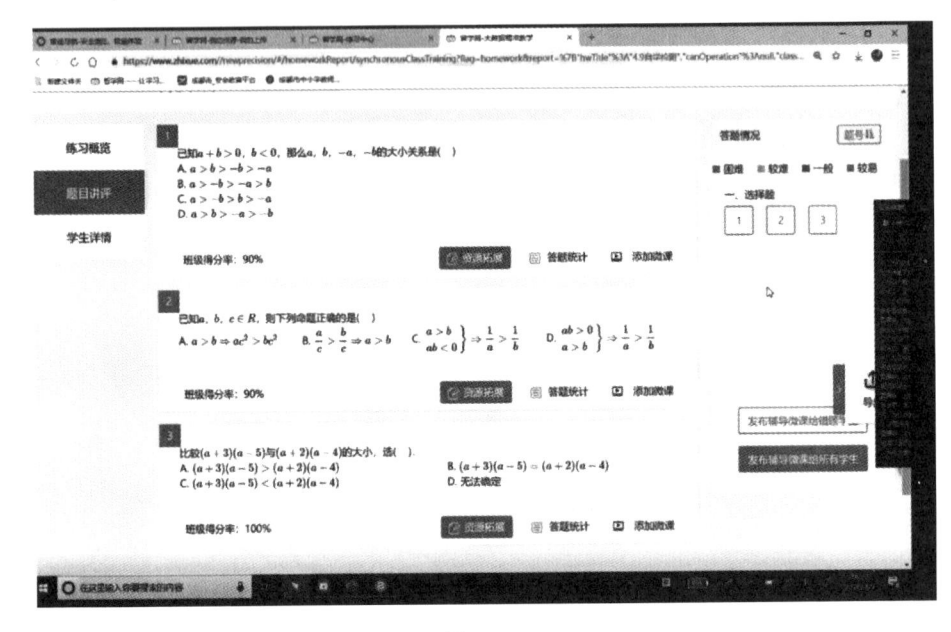

图 3-25

以上数据为评讲确定了依据．从 3 个问题的答题情况来看，第 2 题的得分率较低，因此授课教师只对第 2 题进行了讲解．图 3-26 为在钉钉直播课中该教师的讲解视频截图．

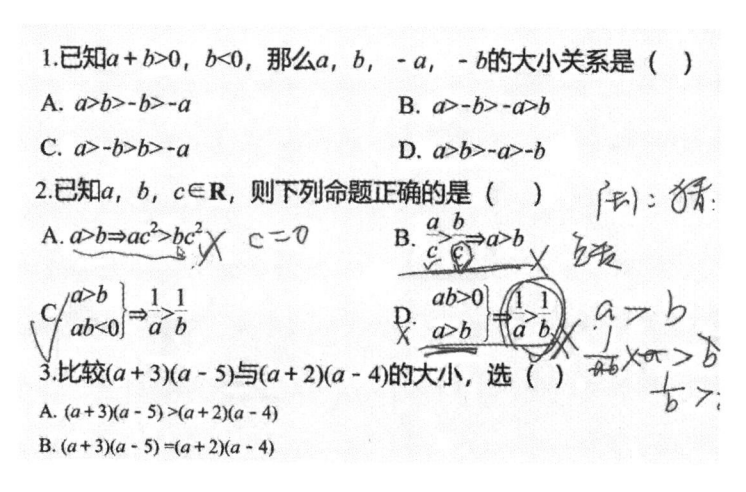

1. 已知 $a+b>0$，$b<0$，那么 a，b，$-a$，$-b$ 的大小关系是（ ）

A. $a>b>-b>-a$ B. $a>-b>-a>b$

C. $a>-b>b>-a$ D. $a>b>-a>-b$

2. 已知 a，b，$c\in \mathbf{R}$，则下列命题正确的是（ ）

A. $a>b \Rightarrow ac^2>bc^2$ B. $\dfrac{a}{c^2}>\dfrac{b}{c^2} \Rightarrow a>b$

C. $\begin{cases}a>b\\ab<0\end{cases} \Rightarrow \dfrac{1}{a}>\dfrac{1}{b}$ D. $\begin{cases}ab>0\\a>b\end{cases} \Rightarrow \dfrac{1}{a}>\dfrac{1}{b}$

3. 比较 $(a+3)(a-5)$ 与 $(a+2)(a-4)$ 的大小，选（ ）

A. $(a+3)(a-5)>(a+2)(a-4)$

B. $(a+3)(a-5)=(a+2)(a-4)$

图 3-26

（2）典型问题解答的展示．

案例四："不等关系与不等式"典型问题解答的展示．

如图 3-27 所示，在"不等关系与不等式"一课的教学中，授课教师首先给出了例 1，考点为比较大小．学生自主思考 3 分钟后，陆续通过对话窗口（图 3-28）拍照上传了自己的解答．对于第一个回答正确的学生，可以即时地表扬和点评．在点评的时候，进入钉钉直播间的学生都可以听到教师的表扬和点评．

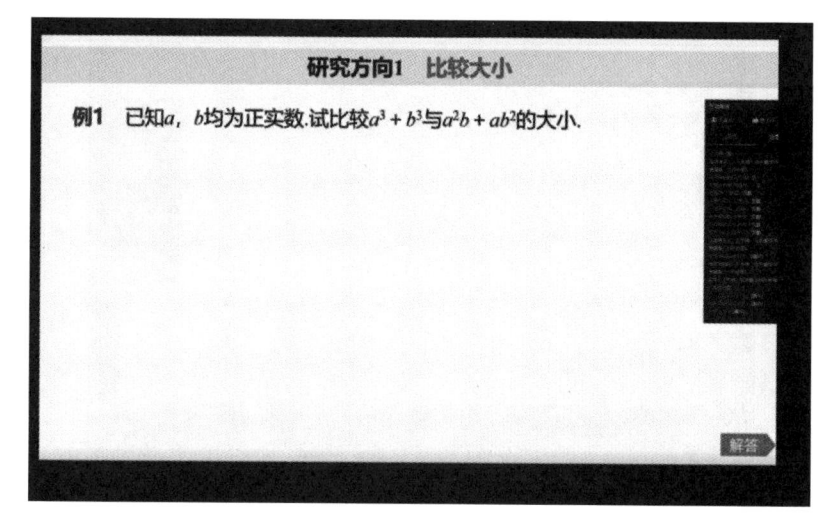

研究方向1　比较大小

例1　已知 a，b 均为正实数．试比较 a^3+b^3 与 a^2b+ab^2 的大小．

图 3-27

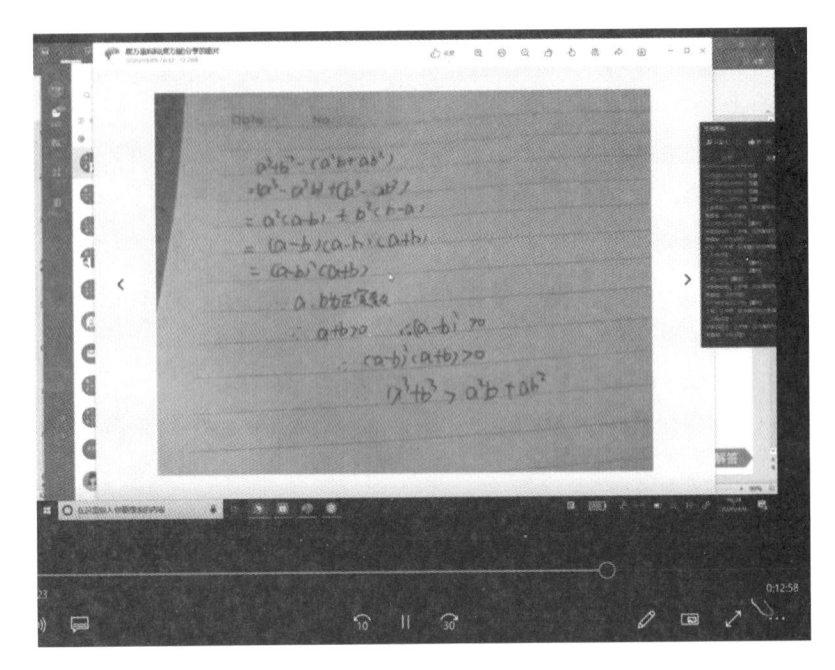

◆ 基于融合技术的数学高品质课堂建构

图 3—28

如图 3—29、图 3—30 所示，授课教师不只局限于对于一类例题的讲解，还对问题进行引申，推广问题的追问，发挥教师在网络教学中的主动性，让学生深度思考、深度学习，提升学生的思维能力．在这个过程中，由于网络的隐身性，其实有更多同学愿意分享自己的答案（图 3—31）.

图 3—29

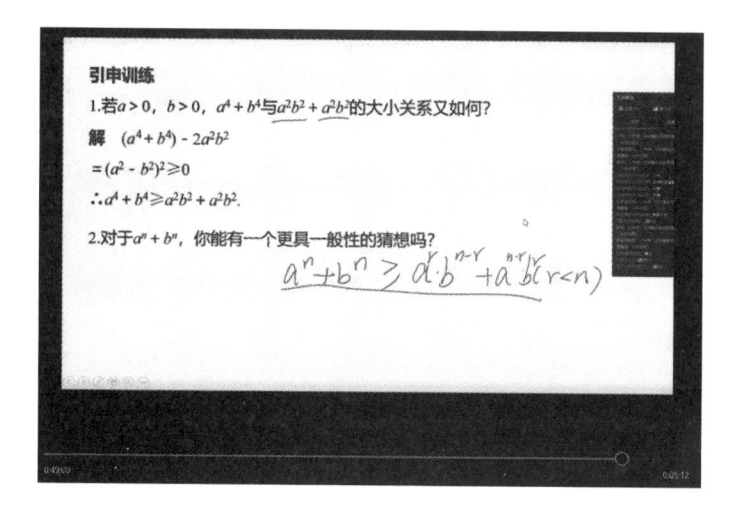

图 3−30

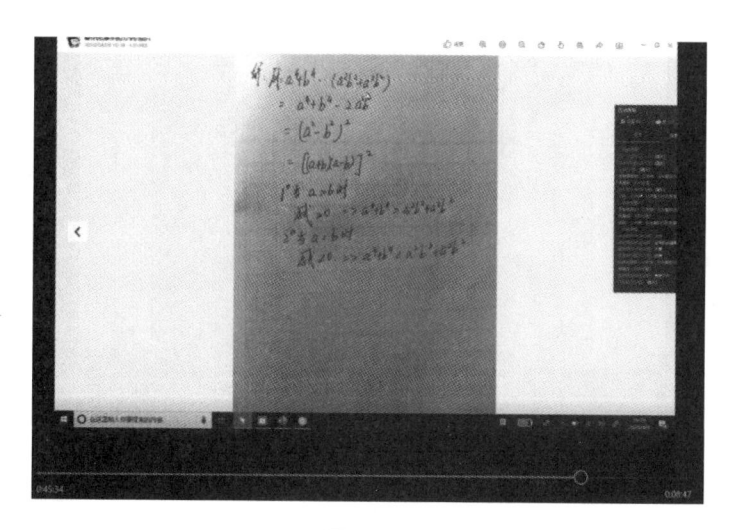

图 3−31

如图 3−32 所示，本节课还提升了难度，设置了例 2——不等式性质的应用，让学生利用不等式性质推导代数式的范围，其中还用到了数学逻辑推理方法、构造法、换元法．该题目有一定的难度，从解答情况来看，学生对于例 2 的解答率比较高（图 3−33）．对于例 2 的变式训练（图 3−34），因为条件结构有难度，加上时间原因，学生解答出来的不多．授课教师借助 PPT 点拨了解答的两种方法：构造法、换元法．也许部分学生还没有掌握，可以通过回看教学视频，再仔细琢磨和思考．这充分体现了智慧教育云平台的优点——处处有记录，使学生有不断回看的机会．

◆ 基于融合技术的数学高品质课堂建构

研究方向2 不等式性质的应用

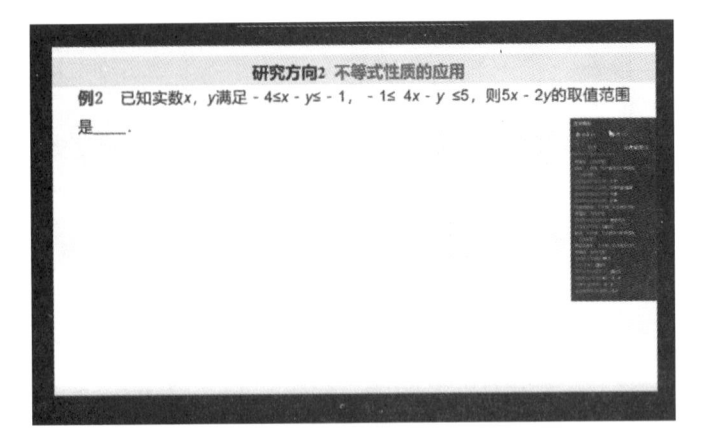

例2 已知实数 x, y 满足 $-4 \leq x-y \leq -1$, $-1 \leq 4x-y \leq 5$, 则 $5x-2y$ 的取值范围是_____.

图 3-32

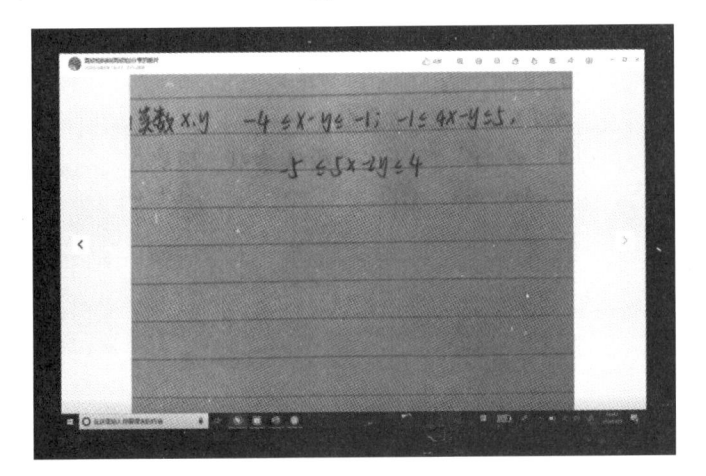

图 3-33

研究方向2 不等式性质的应用

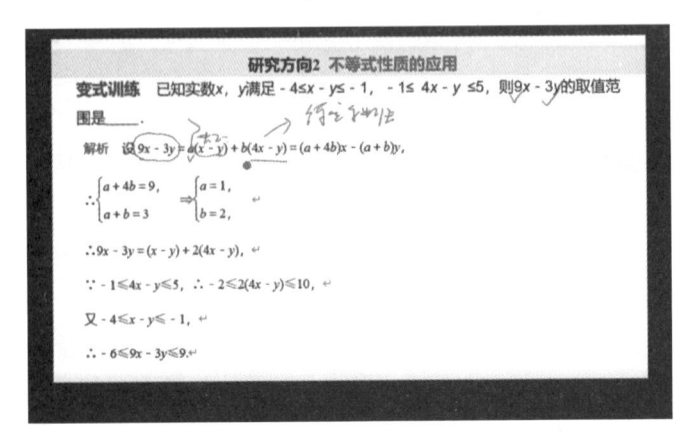

变式训练 已知实数 x, y 满足 $-4 \leq x-y \leq -1$, $-1 \leq 4x-y \leq 5$, 则 $9x-3y$ 的取值范围是_____.

解析 设 $9x-3y = a(x-y) + b(4x-y) = (a+4b)x - (a+b)y$,

∴ $\begin{cases} a+4b=9 \\ a+b=3 \end{cases} \Rightarrow \begin{cases} a=1 \\ b=2 \end{cases}$,

∴ $9x-3y = (x-y) + 2(4x-y)$,

∵ $-1 \leq 4x-y \leq 5$, ∴ $-2 \leq 2(4x-y) \leq 10$,

又 $-4 \leq x-y \leq -1$,

∴ $-6 \leq 9x-3y \leq 9$.

图 3-34

5. 总结评价

如图 3-35 所示,在"不等关系与不等式"一课中,教师最后通过 PPT 在线呈现给学生一张思维导图,让学生对于本节课所学知识能够有一个宏观的把握,提升学生整合数学知识及归纳数学方法的能力.

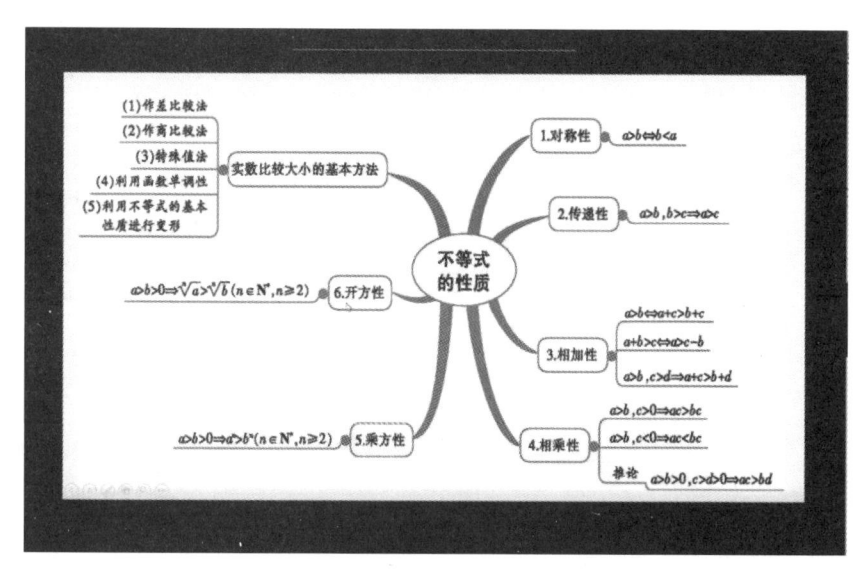

图 3-35

基于智慧教育云平台的课中教学结合了传统课堂的优点,同时也汲取了在线课堂的优点. 一方面,保留教师的引导作用,使教师可进行深度问题的设计,及时的提问和方法点拨. 另一方面,可以暂停微课内容,以便于教师进行点评和讲解. 此外,每个学生都可以及时反馈和展示自己的学习成果,可以留言,可以拍照,可以进行语音通话,让师生、生生、人机都可以实现深度互动.

三、课后基于智慧教育云平台的评价与延展

课后基于智慧教育云平台的评价和延展主要根据"技术策略",根据数据挖掘和分析,对学生作业反映的学习情况进行准备分析,整体反映学生学习的达标情况. 同时,根据不同学生的错题,推送同类型的跟进训练题,以便其及时巩固. 这样更能形成学生完整的错题集和易错知识点的学习报告.

1. 教师布置个性化作业

(1) 布置同步在线作业.

在新课结束以后,老师可以布置本节课的同步在线作业. 图 3-36 是智学

网平台布置作业的界面,在该界面中可以设置作业对象、作业完成起止时间,可以设置学生在完成提交后是否及时给学生推送答案、是否给学生推送同类型的变式题.

图 3-36

(2) 布置阅读拓展作业.

基于智慧教育云平台,不仅可给学生布置传统的数学作业,还可以布置一些研究性或拓展性的作业. 例如,在布置"不等关系与不等式"的课后作业时,可布置成拓展阅读作业(如阅读"从著名不等式谈数学历史""浓度不等式及其应用"),让学生在阅读后写写读书心得、感悟等.

2. 学生自主完成作业

学生完成作业只需要一张作业题单,根据题目给出解答,再对应题号按时拍照上传即可.

客观题通过预设的答案就可以批改. 主观题的答案需要学生拍照上传,教师直接在网上进行批阅,并给出评语.

3. 教师及时进行作业的批改和评价

教师通过智慧教育云平台进行在线批改,可给出对应的分值,还可以圈点错误之处. 教师可查看每一个学生的具体答题情况(如班级排名、得分情况及对应的作业上传图片和数据等).

第三章　高品质课堂的内涵及特质

案例："不等关系与不等式"作业的批改和评价.

图 3-37、3-38 为"不等关系与不等式"作业的批改和评价结果.

第三章 3.1 不等关系与不等式作业　　　　练习时间：2020年4月10日

46.8	66	63	29	46
平均分	满分	最高分	最低分	已提交人数

成绩分布

优秀 [90%-100%] -人　　该分段没有学生

良好 [80%-90%) -人

合格 [60%-80%) -人

待合格 [0%-60%) -人

没有数据记录

图 3-37

第三章 3.1 不等关系与不等式作业　　练习时间：2020年4月10日　　高一年级4班

名次	姓名	总分	拓展题正确率	客观题	主观题	用时	提交时间	操作
🥇	[未订正] 付馨妍	63	--	30	33	00:04:24	4月9日 20:39	查看详情 >
🥈	[未订正] 常艺千	61	--	25	36	00:09:02	4月9日 20:38	查看详情 >
🥈	[未订正] 王囿周	61	--	25	36	00:47:54	4月9日 21:38	查看详情 >
🥉	[未订正] 罗琳淇	60	--	30	30	00:09:11	4月9日 20:40	查看详情 >
🥉	[未订正] 张欣雨	60	100%	30	30	00:31:30	4月9日 20:43	查看详情 >
4	[未订正] 何沂朋	58	--	25	33	00:12:20	4月9日 20:39	查看详情 >
4	[未订正] 钟昌昊	58	--	25	33	00:46:12	4月9日 20:43	查看详情 >
5	[未订正] 董祥锐	56	--	20	36	00:26:03	4月9日 20:39	查看详情 >
5	[未订正] 彭阳	56	--	20	36	00:00:48	4月9日 20:40	查看详情 >
6	[未订正] 何冀文	55	--	25	30	00:01:26	4月9日 21:38	查看详情 >

图 3-38

基于智慧教育云平台的教学评价与延展，让学生的学习从课内延伸到课外．一方面，该平台提升了教师批改作业的针对性和效率；另一方面，该平台可以更好地反映学情．学生不只局限于做传统的巩固型作业，也可以阅读、观看视频、写作、创作等，让学生的作业从简单的巩固型作业转变为深度的创造型作业，让学生的学习方式从他学慢慢转化为自学．

4. 课后总结

线上学习打破了时空的阻隔，任课老师每天在课堂上运用网络收集学习资源，拓展教学视野，提高授课的效益；课后通过QQ、微信、学习通、极课等各种软件工具在线解答学生的疑问，引导学生在线交流探讨。这种新的学习模式带给学生的新奇感很有吸引力，增强了学生学习的主动性，帮助学生养成了自主学习的好习惯。

以前在教室中上课的时候，大家同在一块黑板面前，教师使用板书教学，反馈慢，不能及时发现学生的问题。现在利用智慧教学工具，使电脑屏幕成了那块共同的"黑板"，能够精准地反映学生的学习情况，调整教师的教学节奏。在屏幕面前，学生可以更为愉悦地领略到教师的风采，享受到一场高效的知识盛宴，开拓自己的知识视野和思维路径。学习的形式和场域发生了变化，但学习的效益提高了，关键是学生能够认真学习。

第四章　数学思维的内涵及特质

第一节　思维与数学思维

一、思维

"思维"是人类特有的一种精神活动,是从社会实践中产生的,是在表象、概念的基础上进行分析、综合、判断、推理等认识活动的过程. 思维以感知为基础而又超越感知的界限,涉及所有的认知或智力活动,它探索与发现事物的内部本质联系和规律,是认识过程的高级阶段. 因此,我们说思维是具有意识的人脑对客观事物的本质属性和内部规律的概括和间接反映. 这个间接反映是指思维通过其他媒介作用认识客观事物,以及借助已有的知识和经验、已知的条件推测未知的事物.

二、数学思维

数学思维是一种具象思维,是以数和形为对象,以数学语言和符号为载体,并以认识和发展数学规律为目的的一种思维方式. 数学思维的特征主要是概括性、问题性和相似性.

概括性表现在数学思维对一类数学元素中非本质属性的摒弃和对其共同本质特征的反映. 这一点高度体现在数学的各个方面,尤其是我们对于一类题型的归纳,比如"恒成立问题",又如函数或不等式的表现形式很多,而我们最终可以高度概括为:"任意 $x \in D$,使得 $f(x) > A$ 恒成立"即为"$f(x)_{\min} > A, x \in D$".

问题性表现在数学的思维过程中,我们总是在不断地发现问题、表达问题、分析问题、解决问题,在解决问题的过程中去生成新知. 数系的扩充可以充分印证这一点. 为了解决"羊到底少没少"这样的远古现实数学问题,人类创造了自然数,并进行运算;"1-2 的值为多少"引出了负数,"1 除以 2 的值为多少"引出了分数,这些都是有理数;在长度衡量中,"勾股均为 1 的直角三角形的斜边为 $\sqrt{2}$,是有理数吗"又将无理数纳入数系,并拓展至实数;"$x^2=-1$ 的根"引入了虚数 i,数系拓展至复数.

相似性表现在数学思维的可迁移,比如说向量与复数. 我们可以在平面直角坐标系内用向量一对一地表示复数,复数满足向量的绝大多数性质. 但是,这种相似性不是相同,如向量 $\vec{a}^2=|\vec{a}|^2$,但是复数中 $z^2\neq|z|^2$,而是 $z\cdot\bar{z}=|z|^2(z=a+bi,a\in\mathbf{R},b\in\mathbf{R})$.

三、数学思维的分类

类比思维,数学思维按照不同的标准有不同的分类方式,主要有以下三种:

1. 按照思维活动形式分类

数学思维按照思维活动形式可分为逻辑思维、形象思维和直觉(顿悟)思维三种.

逻辑思维也称抽象思维,主要是依靠对数学的概念、判断和推理进行的思维. 这是数学思维最常见的思维活动形式,我们对一个数学问题进行概括、分析、演算等均是这种思维形式的体现.

形象思维也称理性具象思维,是在感性具体基础上,经过思维的分析和综合,达到对某数学事物多方面属性或本质的把握的目的,由抽象的逻辑起点经过一系列中介,达到思维具体的过程. 在几何类数学问题中,这种思维形式比较常见.

直觉(顿悟)思维也称感性具象思维,是在直接接触事物时感官直接感受到的数学具体.

2. 按照思维指向分类

数学思维按照思维指向可以分为集中思维(系统或聚合)和发散思维两类.

集中思维(系统或聚合)是在许多数学表达中,找出合乎逻辑的联系,从而猜想并验证得出一定的结论. 如指数函数图象与性质的推导就是从几个具体的特殊指数函数图象、性质出发,归纳推理出一般指数函数 $y=a^x$

($a>0$，$a\neq 1$)的图象与性质.

发散思维是基于一个数学元素点，由此横向、逆向进行衍生推理的数学思维. 如由平面公理 2——"过不在一条直线上的三点，有且只有一个平面"可以衍生发散出推论 1——"过两条平行线有且仅有一个平面"，推论 2——"过两条相交线有且仅有一个平面"，推论 3——"过一条直线和直线外一点有且仅有一个平面"等.

3. 按照思维智力品质分类

数学思维按照思维智力品质可分为再现性思维（反思）和创造性思维两类.

再现性思维是依靠过去的记忆而进行的数学思维. 我们把已经学过的数学知识原封不动地照搬套用，这就是属于再现性思维，如数学中的模仿性运算.

创造性思维是依靠过去的经验和知识，将它们综合组织形成了全新的知识，其带有创新性、创造性. 如在数学导数与不等式综合一类问题中，我们经常通过变形、放缩得到各种不等式.

第二节　数学思维方法的内涵特质

数学思维方法（也是形成一般科学的方法）包括观察、实验、比较、分类、分析、综合、抽象、概括、类比、归纳、演绎、联想、猜想、一般化、特殊化等.

观察法是数学思维过程必需的方法，它以感知为基础，常和其他思维方法结合在一起. 数学中许多重要的发现都源于实际观察. 例如，人们熟知的等量公理就是从对现实世界数量关系的长期观察和计算中经过分析得出的结论. 就连被誉为"纯粹之皇冠"的数论，也是在观察的基础上发展起来的一门科学.

实验法是人们根据一定的研究目的，运用一定的物质手段，在人为地控制或模拟自然现象的条件下，使自然过程或生产过程以纯粹的、典型的形式表现出来，暴露它们在天然条件下无法暴露的特征，以便进行观察、研究、探索自然界的本质及其规律的一种研究方法.

任何实验和观察都是联系在一起的，观察是实验的前提，实验是观察的证实和发展.

比较法是确定有关事物的共同点和不同点的思维方法. 数学中的比较是多方面的，包括量的大小的比较、形式结构和关系的对比、数学性质的比较等.

在解题过程中，它既是一种整体的思考方法，也经常在各个局部被加以运用.从数学概念的发展、命题的推演或证明到数学问题的解决，都渗透着比较法的运用.

分类法是以比较法为基础，按照事物性质的异同，将相同性质的对象归为一类，不同性质的对象归为不同类别的思维方法. 不同的分类标准决定了不同分类方法，无论按哪种标准分类都必须遵守分类的原则——不重不漏.

分析法是把对研究对象的整体分解为若干个部分、方面和因素，分别对其加以考查，找出各自的本质属性及彼此间的联系.

综合法是把研究对象的各个部分、方面和因素的认识结合起来，形成一个整体性认识的思维方法. 分析是综合的基础，综合是分析的整合，综合是与分析相反的思维过程，两者具有十分密切的联系.

抽象法就是把抽象出来的若干事物的共同属性归结出来进行考查的思维方法. 换言之，就是把大量生动的关于现实世界空间形式和数量关系的直观背景材料，进行去粗取精、去伪存真、由此及彼、由表及里的加工和制作，从而提炼数学概念，构造数学模型，建立数学理论的过程. 数学中的概念、关系、定理、方法、符号等都是数学抽象或再抽象的思维结果. 抽象法是数学科学的本质特点之一，因此抽象思维是数学学习的基础之一. 在数学教学中，对学生抽象思维方法的训练可以从具体事物或实际问题的数学抽象做起，逐步提高抽象度，发展学生抽象思维能力.

概括法要以抽象为基础，是抽象的发展. 概括的过程就是从个别到一般的过程，抽象度越高，概括性就越强，所得的概念和理论在运用于实际时，其迁移范围就更广. 也就是说，高度的概括对事物的理解更具有一般性，则获得的理论或方法就有更普遍的指导性.

抽象与概括是密不可分的，抽象可以仅涉及一个对象，而概括则涉及一类对象，从不同角度考察同一事物会得到不同性质的抽象，即不同的属性，而概括则必须从对多个对象的考察中寻找共同的属性. 抽象思维侧重于分析、提炼，概括思维则侧重于归纳、综合. 数学中的每一个概念都是对一类事物的各个对象抽象出其各种属性，再通过归纳、概括出各个对象的共同属性而形成的. 在解决数学问题方面，得出的数学模型、模式、总结出来的解题规律和方法都是通过分析、比较、抽象、归纳等思维环节，最后进行理论概括的结果.

类比法就是依据两个对象的已知相似性，将一个（数学）对象的特殊知识转移到另一个数学对象上去，从而获得后一个对象相关的新知识. 在数学解题过程中，当我们的思维遇到障碍时，运用类比推理，往往能实现知识的正迁移，将已学过的知识或已掌握的解题方法迁移过来，可得到新的收获.

归纳法是指通过对特例的观察和综合，去发现一般规律的方法．波利亚指出，归纳过程的典型步骤为：首先，找到某些相似性；其次，是一个推广的步骤，即把所说的相似性推广到一个明确表述的一般命题；最后，我们要对所得的一般命题进行检验．尽管由归纳法所得的结论未必可靠，但它具有由特殊到一般、由具体到抽象的认识功能，对于科学的发展也是十分有用的．正如高斯所说，他的定理许多是靠归纳发现的，证明只是一个补办的手续.

演绎法是指从一般性较大的前提出发，通过推导即"演绎"，得出一般性较小（即具体或个别）的结论的推理方法，它是从一般到特殊的思维方法．运用演绎思维进行推理，其依据是已知的事实或真命题．因此，演绎法是数学证明过程中经常使用的严格推理方法．它侧重于求解和论证，对训练学生技能、技巧有很大的作用．演绎推理结构由大前提、小前提及结论构成，通称"三段论".

联想法是由一个事物联想到与其相关的另一个事物的思维过程，它是一种由此及彼的思维方法，是直觉思维的一个重要方式．它在数学发现过程中有着广泛的应用，并发挥着重要的作用．数学思维活动中常见的联想有逆向联想、定向联想、类比联想、形似联想、相关联想等．人们通过联想使旧问题的解法重现，并在解决旧问题的方法的启发下，创造解决新问题的方法.

猜想法是对研究的对象或问题进行观察、实验、分析、比较、联想、类比、归纳等，并依据已有的材料和知识做出符合一定经验事实的推理性想象的思维方法．它是一种合情推理的，属于综合程度较高的带有一定直觉性的高级认识过程．数学猜想就是依据某些已知的事实和数学知识，对未知量及其关系所做出的一种似真推理．猜想既有一定的科学性，又有一定的假定性，在这一层面上仅仅反映了猜想思维的敏捷性、灵活性及批判性.

一般化方法是指当我们遇到某些特殊问题很难解决时，不妨适当放宽条件，把待处理的特殊问题放在一个更为广泛、更为一般的问题中加以研究，先解决一般情形，再把解决一般情形的方法或结果应用到特殊问题上，最后解决特殊问题.

特殊化方法是指对于某个一般性的数学问题，如果一时难以解决，可以先解决它的特殊情况，即从研究全体对象转变为研究这个全体中的一个对象或部分对象，然后再把解决特殊情况的方法或结论应用或推广到一般问题上，从而获得一般性问题的解答方法.

这些思维方法不是独立存在的，而是相互关联、相互依存的，在数学思维中都有着重要的价值.

一、数学思维方法有助于形成良好的数学认知结构

认知结构是指人在学习知识时,在自己头脑中对这些知识的联系和规律是如何认知的,即人在获取与应用知识时的思想、策略与方法.它有广义和狭义之分,广义的认知结构指某一学习者的观念的全部内容和组织,狭义的认知结构指学习者在某一特殊领域内的观念的内容和组织.

认知结构与知识结构是密切联系的,但两者之间也是有区别的.

知识结构是指知识和学科本身的内部联系的规律.学科的"基本结构"就是该学科的基本概念、原理和规律性的系统.教材内容基本上是知识结构的呈现.因此,学习的过程就是人类的知识结构转化为学习者认知结构的过程,这个转化就是人在建构知识和解决问题时采用的思想、策略与方法.例如,在学习各种有联系的运算法则或公式时,我们往往抓住最基本的法则或公式,通过转化及迁移的思想逐步建构.又如,学习对事物表征的认识(如认识人民币),在教学中绝不是就事论事,而是让学生学习如何通过观察、采用分类排序的方法,概括出人民币的特征,在认识特征的过程中掌握学习方法.再如,在学习估算时,我们采用从局部到整体的策略来获取估算的技能及方法.

认知结构不是天生的,而是在后天学习过程中形成的.它体现了一个人的智力发展的水平.学习同样知识结构的内容,不同的人可以用不同的思想、策略和方法去构建,同一个人在不同时期也会以不同的认知结构去建构新知.正确、合理的认知结构有助于人们有效地认知和解决问题,因此,我们的教学要努力帮助学生形成合理的认知结构.

二、数学思维方法能促进学生有意义学习

什么是有意义学习?奥苏贝尔依据学习材料与学习者之间的关系,将学习分为机械学习和有意义学习两种相对立的概念.机械学习是指学习者并不理解所学材料的含义,而只是对其死记硬背.有意义学习是指语言或符号所代表的新知识与学习者认知结构中已有的适当观念而建立起非人为和实质性联系的过程.

如何判定学习是否是有意义学习呢?

首先,新旧知识之间是通过非人为的方式联系在一起的."非人为"是指新旧知识之间、新学习材料与学生已有的认知结构之间不是人为强加的、生拉

硬扯的任意联系，而是自然内在的联系. 如三岁的小孩可以很熟练地背出九九乘法表，但他并不能理解其真正的含义，这时建立的联系是人为联系；而当他们上了小学，真正理解九九乘法表的结构及含义后，就是非人为联系.

其次，应建立实质性联系. 实质性联系就是指语言或符号所代表的新知识与学习者认知结构中的适当观念有非字面的、本质上的逻辑联系. 如"等边三角形"和"正三角形"，虽然字面表达不同，但是它们所描述的本质事物并没有改变. 其中的"适当观念"是指学生头脑中已有的知识、经验，也就是思维的生长点. 如北师大版教材中，在学习一次函数时，前面学习的函数的概念及变量的相关知识就是学生头脑中的思维生长点，也就是适当观念.

学生学习数学知识时，一是要掌握数学语言符号体系，二是要掌握数学语言符号所代表的事实、概念和原理. 通过数学的语言符号，学生获得相应认知内容，就是数学的有意义学习.

要使学习成为有意义学习，就必须要有科学的思维方法、好的思维能力、高的思维品质.

三、数学思维方法有利于学生良好思维品质的形成

数学思维品质是指学生在数学学习的过程中的思维方式和思维习惯的个性化表达形式. 数学思维品质主要表现在六个方面：深刻性、灵活性、批判性、独立性、敏捷性、系统性. 这六个方面是相互联系、相互依存的，它们是数学思维的统一体现的六个方面. 数学思维品质的培养可以促进学生数学素养的整体进步，学生数学思维品质的差异明显体现在学生思维水平的高低、智力与能力的差异上.

在学生思维能力训练的过程中，教师要注重对学生思维品质的培养. 如思维清晰、条理清楚：在遇到数学问题时，学生能有条不紊地按照一定的顺序去分析、思考；应对"疑难杂症"时，能不慌不忙地从局部到整体，再从整体到局部进行逐一攻克等. 如思维严密、有理有据：对于"字字珠玑"的数学公式、定理、法则等，除识记之外，更重要的是要探寻它的来龙去脉，了解它成立的前提条件、适用范围等. 再如思维灵活、举一反三：当复习一些具有代表性的数学问题时，要多角度地考虑、求解，进行"一题多解"的训练；也可改变条件，进行"一题多变"的训练，使学生思维灵活. 不同的思维训练方法会培养学生不同的思维品质，不同的思维品质会带给学生不同的学习习惯和效果，因此，教师要善于点拨、启发和引导，调动学生的积极性，让学生变学为思.

第三节　四种重要的数学思维方法样态

一、观察与实验

数学教学中，常常利用"数形结合"的方法，即学生通过观察图象的特征，更深层次地理解数学的本质，如在对函数性质的学习中，函数图象的变化规律、周期性、对称性可直观地反映函数的单调性、周期性等性质，学生通过观察图象，可以更加直观地感受到函数的这些性质．在教材中，函数性质的教学也都是借助函数图象进行的．

例1　曲线：$y=1+\sqrt{4-x^2}$ 与直线 l：$y=k(x-2)+4$ 有 2 个不同的交点，则实数 k 的取值范围为_____．

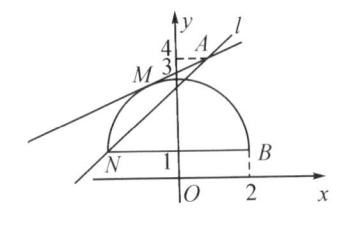

这是一道常见的函数问题，对于这类题，从代数角度直接运算是很困难的，在时间有限的考试中几乎不可能准确求解．因此，我们就需要结合函数图象进行分析与解答．显然，曲线 $y=1+\sqrt{4-x^2}$ 的形状为一个半圆，直线 l 的解析式不确定，但是过一固定点（2，4）．通过以上分析，我们就可以大致绘制出图形，如图 4-1 所示．由图可知，当直线 l 在 AM 和 AN 之间时，和半圆存在两个不同的交点．不难求解，直线 AM 的斜率为 $\dfrac{5}{12}$，此时直线与半圆相切，有且仅有 1 个交点，是临界状态；直线 AN 的斜率为 $\dfrac{3}{4}$．因此，如果直线 l 和半圆有两个不同的交点，那么直线 l 的斜率的取值范围为 $\left(\dfrac{5}{12}, \dfrac{3}{4}\right]$，即 k 的取值范围为 $\left(\dfrac{5}{12}, \dfrac{3}{4}\right]$．

图 4-1

在解决较复杂的函数的图象问题时，可以通过几何画板、超级画板等软件进行演示，以便学生更好地理解．

在对部分概念的教学中，可以通过实验让知识的传输由单方向向多方向发展，提高学生在数学课堂中的参与度．当学生全身心地投入实验中时，他们的主观能动性会得到充分的发挥．数学实验会引起学生对数学知识的探究欲和学习兴趣，因此，实验课能促进对学生独立思考能力和创新意识的培养．

例2 在关于椭圆定义的教学中，为了探究椭圆的定义，准备一根细绳，将绳子的两个端点固定，然后在中间用一支笔将小绳拉直作图．如果细绳的长度大于两端点的距离，得到的图象就是椭圆；如果细绳的长度等于两端点的距离，得到的图象是线段．然后，让学生探究椭圆的定义．

二、一般化与特殊化

1. 一般化

一般化也称普遍化，它是一种数学思维方法．

波利亚说：普遍化就是从考虑一个对象过渡到考虑包含该对象的一个集合，或者从考虑一个较小的集合到考虑一个包含该较小集合的更大的集合．

例3 设 $f(x)=\dfrac{1}{2^x+\sqrt{2}}$，利用课本中推导等差数列前 n 项和的公式的方法，求 $f(-5)+f(-4)+\cdots+f(0)+\cdots+f(6)$ 的值．

解析：课本中推导等差数列前 n 项和的公式的方法为倒序相加法，如果逐一去配对比较麻烦，因此我们可以先找到一般规律，即 $f(x)$ 和 $f(1-x)$ 的关系．

由 $f(x)+f(1-x)=\dfrac{1}{2^x+\sqrt{2}}+\dfrac{1}{2^{1-x}+\sqrt{2}}=\dfrac{\sqrt{2}}{2}$，故可由倒序相加法得到：

$$s=f(-5)+f(-4)+\cdots+f(0)+\cdots+f(6)$$
$$s=f(6)+f(5)+\cdots+f(1)+\cdots+f(-5)$$

$\therefore 2s=6\sqrt{2}$，所以 $f(-5)+f(-4)+\cdots+f(0)+\cdots+f(6)=3\sqrt{2}$．

2. 特殊化

与一般化的思维方法相反，特殊化是从原思维对象所在的范围转化为比它小的，且在被它所包含的范围内进行思维的方法．

希尔伯特说："在讨论数学问题时，我相信特殊化比一般化起着更重要的作用……这种方法是克服困难最重要的杠杆之一."

例4 已知定义域为 **R** 的函数 $f(x)=\dfrac{-2^x+b}{2^{x+1}+a}$ 是奇函数,求 a, b 的值.

解析:一般化:根据奇函数的定义 $f(-x)=-f(x)$,可得

$$f(-x)=\dfrac{-2^{-x}+b}{2^{-x+1}+a}=\dfrac{(-2^{-x}+b)}{(2^{-x+1}+a)}\dfrac{2^x}{2^x}=\dfrac{-1+b\cdot 2^x}{2+a\cdot 2^x}=-f(x)=\dfrac{2^x-b}{2^{x+1}+a},$$

根据函数相等对应的系数相等,得到 $\begin{cases}a=2\\b=1\end{cases}$.

特殊化:由于 $f(x)$ 是定义在 **R** 上的奇函数,首先想到特殊值 $f(0)=0$,故可得到 $b=1$.

根据奇函数的定义 $f(-x)=-f(x)$,特别的有 $f(-1)=-f(1)$,解得 $a=2$.

例5 如图 4-2 所示,过 $\triangle ABC$ 的重心 G 任作一直线分别交 AB, AC 于点 D, E,若 $\overrightarrow{AD}=x\overrightarrow{AB}$, $\overrightarrow{AE}=y\overrightarrow{AC}$,且 $xy\neq 0$,则 $\dfrac{1}{x}+\dfrac{1}{y}=$(   )

A. 4   B. 3   C. 2   D. 1

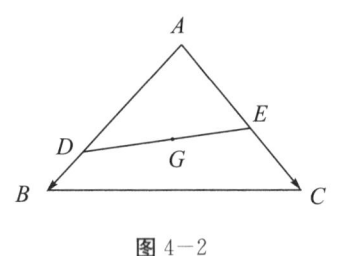

图 4-2

解析:一般化:由于 G 是 $\triangle ABC$ 的重心,则 $\overrightarrow{AG}=\dfrac{1}{3}(\overrightarrow{AB}+\overrightarrow{AC})$. 根据 $\overrightarrow{AD}=x\overrightarrow{AB}$, $\overrightarrow{AE}=y\overrightarrow{AC}$,得 $\overrightarrow{AB}=\dfrac{1}{x}\overrightarrow{AD}$, $\overrightarrow{AC}=\dfrac{1}{y}\overrightarrow{AE}$,故 $\overrightarrow{AG}=\dfrac{1}{3}\left(\dfrac{1}{x}\overrightarrow{AD}+\dfrac{1}{y}\overrightarrow{AE}\right)$,根据 D, E, G 三点共线得 $\dfrac{1}{3x}+\dfrac{1}{3y}=1$,于是有 $\dfrac{1}{x}+\dfrac{1}{y}=3$;

特殊化:对任意 x, y,只要 $xy\neq 0$,原式都成立. 则特殊情况下,取 $DE\parallel BC$ 时,即 $x=y=\dfrac{2}{3}$,此时易知 $\dfrac{1}{x}+\dfrac{1}{y}=3$.

三、分析与综合

分析与综合有各种不同的含义和形式.

1. 分析法的概述

定义 1 在证明命题时，从要证明的结论出发，并逐步寻找让它成立的充分条件，直到所需要的条件为已知条件或是一个很明显成立的事实，从而得使命题得证的方法. 分析法又被称为执果索因法或逆推法.

特点：分析法主要是将整体内容分解成若干个部分，是一个从整体到局部，从复杂到简单的过程. 对各个部分进行分析和研究，需要从问题的结论入手，首先假定所要证明的结论是成立的，再分析此命题成立的条件，将要证明的这个命题转换为判断这些条件是否能够具备的问题. 如果可以肯定这些条件都完全具备，那么可以推断原命题是成立的.

思维模式：假如 P 表示的是已知的条件，q 表示的是所要证明的结论，其思维模式和书写的格式为，要证明 q 成立，只需要证明 P_n 成立即可，也即证明 P_{n-1} 成立……即证明 P 成立即可，因为 P 是已知的条件，所以 q 也自然就成立.

实施的步骤：根据上述思维模式，先由命题的结论出发，逐步去推演探寻使得结论成立的充分条件.

注意事项：

（1）每一步追溯的条件都是能够让结论成立的充分条件；

（2）由要证明的结论出发，需要从多种角度去追寻，因此逆推的途径不唯一，在逆推的过程中需要联系已知条件去进行合理的猜想，找寻最佳的途径；

（3）必须按照分析法的做题格式严格书写，必要的文字切记不能省略.

例 6 已知 a,b,c 为正数，且满足 $abc=1$. 证明：$\frac{1}{a}+\frac{1}{b}+\frac{1}{c} \leqslant a^2+b^2+c^2$.

证明：（1）采用分析法. 已知 a,b,c 为正数，且满足 $abc=1$.

要证 $\frac{1}{a}+\frac{1}{b}+\frac{1}{c} \leqslant a^2+b^2+c^2$，

因为 $abc=1$，

就要证：$\frac{abc}{a}+\frac{abc}{b}+\frac{abc}{c} \leqslant a^2+b^2+c^2$，

即证：$bc+ac+ab \leqslant a^2+b^2+c^2$，

即证：$2bc+2ac+2ab \leqslant 2a^2+2b^2+2c^2$，

即证：$2a^2+2b^2+2c^2-2bc-2ac-2ab \geqslant 0$，

即证：$(a-b)^2+(a-c)^2+(b-c)^2 \geqslant 0$.

a，b，c 为正数，且满足 $abc=1$.

$(a-b)^2 \geqslant 0$，$(a-c)^2 \geqslant 0$，$(b-c)^2 \geqslant 0$ 恒成立.

当且仅当 $a=b=c=1$ 时，取等号.

即 $(a-b)^2+(a-c)^2+(b-c)^2 \geqslant 0$ 得证.

故 $\dfrac{1}{a}+\dfrac{1}{b}+\dfrac{1}{c} \leqslant a^2+b^2+c^2$ 得证.

2. 综合法的概述

定义 2　一般地，从已知的条件出发，利用定义、定理、公理、性质等进行一系列逻辑的推理和论证，从而推演出命题成立的方法被称为综合法. 此种方法又叫作知因索果法或顺推法.

特点：综合法主要是把事物的不同部分、与之相联系的各个方面的要素综合起来，从整体上考虑，从"已知条件"看"可知"，逐步推向"未知". 其逐步的推理事实上就是要找寻使它成立的必要条件.

实施的步骤：

（1）要清楚地分析题目中的已知条件，搜索已知的条件和需要证明的结论之间的相关联的定义、公理、定理、性质等，确定出证题的题眼.

（2）联系综合所得的信息，根据思维模式去进行推理和论证，进而证得结论成立.

注意事项：推理的过程对条理性和逻辑性的要求较强，一个环节扣着一个环节，其中关键的推理必须要有较详细的叙述，过程不能够省略，否则功亏一篑.

例 7【2020 年全国 3 卷理科 23】　设 a，b，$c \in \mathbf{R}$，$a+b+c=0$，$abc=1$. 证明：$ab+bc+ca<0$.

证明：$\because (a+b+c)^2=a^2+b^2+c^2+2ab+2ac+2bc=0$，

$\therefore ab+bc+ca=-\dfrac{1}{2}(a^2+b^2+c^2)$.

$\because abc=1$，$\therefore a$，b，c 均不为 0，则 $a^2+b^2+c^2>0$.

$\therefore ab+bc+ca=-\dfrac{1}{2}(a^2+b^2+c^2)<0$.

3. 分析法与综合法的区别

虽然分析法与综合法是数学解题中的两种方法，但它们有着显著的区别. 分析法的思路主要是从"未知"看"需知"，逐步地向"已知"靠拢，每一步的推理都是去寻找该步成立的充分条件,是一种"执果索因",主要利用的是逆推的思想. 而综合法主要是从"已知"看"可知",逐步地推向"未知",每一步的推理都是一种"知因索果",主要利用的是顺推的思想.

4. 分析法与综合法的联系

在解决一些实际问题时,常常需要将这两种方法结合起来,考虑由题中的已知条件能够得到哪些明显的结论,以及待证明的结论需要哪些条件才能够获得证明,经常是"用分析法去找寻思路,用综合法写出具体的过程". 也即是分析中有综合,综合中有分析,二者相互联系,不可分割.

分析法的显著特点是:从"未知"看"需知",再逐步地向"已知"靠拢,事实上就是要寻找让它成立的充分条件. 而综合法的显著特点是:从"已知"看"可知",再逐步地推向"未知",事实上就是要寻找让它成立的必要条件. 从其中的解题思路来看,分析法是一种执果索因,经常要寻根揭底,比较容易成功;而综合法是一种知因索果,往往都是节外生枝的,不容易达到目的. 但是从表达的形式看,分析法的叙述比较烦琐,而综合法的叙述形式简单,条理清晰. 因此,分析法有利于思考,综合法有利于表达. 在解决实际问题时,应该把分析法与综合法结合起来,首先利用分析法去思考问题,然后再用综合法去表述问题的解决步骤. 此外,有些命题的证明可使用分析综合法,根据题目的特点能够进行转化.

例8 已知函数 $f(x)=\ln x - ax$.

(1) 讨论 $f(x)$ 的单调性.

(2) 若 x_1, $x_2(x_1<x_2)$ 是 $f(x)$ 的两个零点,证明:$x_1+x_2>\dfrac{2}{a}$.

解:(1) 函数 $f(x)$ 的定义域为 $(0, +\infty)$,

$f'(x)=\dfrac{1}{x}-a=\dfrac{1-ax}{x}$.

当 $a\leqslant 0$ 时,$f'(x)>0$,所以 $f(x)$ 在 $(0, +\infty)$ 上单调递增.

当 $a>0$ 时,令 $g(x)=1-ax$,所以在 $x\in(0, \dfrac{1}{a})$,$g(x)>0$,$f'(x)>0$,$f(x)$ 单调递增;

在 $x\in(\dfrac{1}{a}, +\infty)$,$g(x)<0$,$f'(x)<0$,$f(x)$ 单调递减.

综上,当 $a\leqslant 0$ 时,$f(x)$ 在 $(0, +\infty)$ 上单调递增.

当 $a>0$ 时,在 $(0, \dfrac{1}{a})$ 上 $f(x)$ 单调递增,在 $(\dfrac{1}{a}, +\infty)$ 上 $f(x)$ 单

调递减.

(2) 证明：由 (1) 可知，要使函数 $f(x)$ 有两个零点，需 $a>0$，且 $f(x)_{\max}=f(\frac{1}{a})>0$，则 $0<a<\frac{1}{e}$.

思路1：由于 $x_1<x_2$，故 $0<x_1<\frac{1}{a}$，$x_2>\frac{1}{a}$，则 $\frac{2}{a}-x_1>\frac{1}{a}$. 由于函数 $f(x)$ 在 $(\frac{1}{a},+\infty)$ 上单调递减，要证明 $x_1+x_2>\frac{2}{a}$ 成立，即证明 $x_2>\frac{2}{a}-x_1>\frac{1}{a}$，即证明 $f(x_2)<f(\frac{2}{a}-x_1)$. 而 $f(x_2)=f(x_1)$，即证明 $f(x_1)<f(\frac{2}{a}-x_1)$. 于是构造函数 $g(x)=f(\frac{2}{a}-x)-f(x)(0<x<\frac{1}{a})$，只需要证明函数 $g(x)>0$ 在 $0<x<\frac{1}{a}$ 时恒成立即可.

令 $g(x)=f(\frac{2}{a}-x)-f(x)(0<x<\frac{1}{a})$，

则 $g'(x)=-\frac{1}{\frac{2}{a}-x}+a-\frac{1}{x}+a=\frac{-2(ax-1)^2}{ax(\frac{2}{a}-x)}<0$.

$\therefore g(x)$ 在 $(0,\frac{1}{a})$ 上单调递减. $\therefore g(x_1)>g(\frac{1}{a})=0$，

又 $f(x_1)=0$，$\therefore f(\frac{2}{a}-x_1)=\ln(\frac{2}{a}-x_1)-a(\frac{2}{a}-x_1)-f(x_1)=g(x_1)>0$.

又 $f(x_2)=0$，$\therefore x_2>\frac{2}{a}-x_1$，即 $x_1+x_2>\frac{2}{a}$.

思路2：由于 x_1，$x_2(x_1<x_2)$ 是 $f(x)$ 的两个零点，则 $\begin{cases}f(x_1)=\ln x_1-ax_1=0\\f(x_2)=\ln x_2-ax_2=0\end{cases}$，故 $x_1+x_2=\frac{\ln x_1+\ln x_2}{a}$. 要证明 $x_1+x_2>\frac{2}{a}$，即证明 $\ln x_1+\ln x_2>2$，即证明 $x_1 x_2>e^2$，即证明 $x_2>\frac{e^2}{x_1}$.

由 $f(x)=\ln x-ax=0$，即 $a=\frac{\ln x}{x}$. x_1，$x_2(x_1<x_2)$ 即为函数 $y=a$ 和函数 $g(x)=\frac{\ln x}{x}$ 的两个交点的横坐标. 由函数 $g(x)$ 在 $(0,e)$ 上单调递增，在 $(e,+\infty)$ 单调递减，故 $0<x_1<e<x_2$. 要证 $x_2>\frac{e^2}{x_1}$，即证明 $e<\frac{e^2}{x_1}<$

x_2. 而函数 $g(x)$ 在 $(e, +\infty)$ 上单调递减，即证明 $g(\dfrac{e^2}{x_1}) > g(x_2) = g(x_1)$，于是构造函数 $h(x) = g(\dfrac{e^2}{x}) - g(x)$，只需要函数 $h(x) > 0$ 在 $0 < x < e$ 时恒成立即可.

令 $h(x) = g(\dfrac{e^2}{x}) - g(x) = \dfrac{x\ln\dfrac{e^2}{x}}{e^2} - \dfrac{\ln x}{x} = \dfrac{x(\ln e^2 - x)}{e^2} - \dfrac{\ln x}{x}$. 由 $h'(x) = \dfrac{(1-\ln x)(x^2 - e^2)}{x^2 e^2} < 0$ 在 $(0, e)$ 恒成立，故 $h(x)$ 在 $(0, e)$ 上是单调递减的，而 $h(e) = 0$，则 $h(x) > 0$ 在 $0 < x < e$ 时恒成立. 所以原不等式恒成立.

思路3：由于 x_1, x_2（$x_1 < x_2$）是 $f(x)$ 的两个零点，则 $\begin{cases} f(x_1) = \ln x_1 - ax_1 = 0 \\ f(x_2) = \ln x_2 - ax_2 = 0 \end{cases}$，故 $a = \dfrac{\ln x_2 - \ln x_1}{x_2 - x_1}$. 要证明 $x_1 + x_2 > \dfrac{2}{a}$，即证明 $x_1 + x_2 > \dfrac{2(x_2 - x_1)}{\ln x_2 - \ln x_1}$，即证明 $\ln x_2 - \ln x_1 > \dfrac{2(x_2 - x_1)}{x_1 + x_2}$，即证明 $\ln\dfrac{x_2}{x_1} > \dfrac{2(\dfrac{x_2}{x_1} - 1)}{\dfrac{x_2}{x_1} + 1}$.

令 $\dfrac{x_2}{x_1} = t(t > 1)$，即证明 $\ln t > \dfrac{2(t-1)}{t+1}$.

于是构造函数 $g(t) = \ln t - \dfrac{2(t-1)}{t+1}$，只需要证明函数 $g(t) > 0$ 在 $t > 1$ 时恒成立即可.

令 $g(t) = \ln t - \dfrac{2(t-1)}{t+1} = \ln t + \dfrac{4}{t+1} - 2$，求导得 $g'(t) = \dfrac{1}{t} - \dfrac{4}{(t+1)^2} = \dfrac{(t-1)^2}{t(t+1)^2} > 0$ 在 $t > 1$ 时恒成立，故 $g(t)$ 在 $t \in (1, +\infty)$ 上单调递增，而 $g(1) = 0$，故 $g(t) > 0$ 在 $t > 1$ 时恒成立，于是原不等式得证.

四、猜想与证明

猜想是指由直觉或某些数学事实推测某个判断或命题是否成立的一种创造性思维方法. 数学猜想是对研究对象或问题现象进行反复观察、验证、类比、归纳、概括等提出来的，是从特殊到一般，从个性到共性的数学研究方法. 猜想是培养学生学习兴趣、发展学生逻辑推理能力的重要环节. 经过有效引导的猜想，可以提升学生的学习水平. 数学证明是在一个特定的公理系统中，根据一定的规则或标准，由公理和定理推导出命题的过程. 证明是猜想的验证，它是锻炼学生逻辑推理能力的重要环节,也是对前期猜想的有效修正.证明通过客观的求证和有效的总结,达到对数学知识认识的再升华.

例9【2020年全国3卷理科17】 设数列 $\{a_n\}$ 满足 $a_1=3$,$a_{n+1}=3a_n-4n$.

(1) 计算 a_2,a_3,猜想 $\{a_n\}$ 的通项公式并加以证明;

(2) 求数列 $\{2^n a_n\}$ 的前 n 项和 S_n.

解:(1) 由题意可得:$a_2=3a_1-4=9-4=5$,$a_3=3a_2-8=15-8=7$.

学生根据已学习等差数列和等比数列的概念很容易由数列 $\{a_n\}$ 的前三项猜想数列 $\{a_n\}$ 是以3为首项,2为公差的等差数列,即 $a_n=2n+1$.这里对该猜想的证明,我们采用数学归纳法.

①当 $n=1$ 时,$a_1=3$ 成立;

②假设 $n=k$ 时,$a_k=2k+1$ 成立.

那么 $n=k+1$ 时,$a_{k+1}=3a_k-4k=3(2k+1)-4k=2k+3=2(k+1)+1$ 也成立.

则对任意的 $n \in \mathbf{N}^*$,都有 $a_n=2n+1$ 成立.

(2) 证明:由(1)可知,$a_n \cdot 2^n = (2n+1) \cdot 2^n$

$S_n = 3 \times 2 + 5 \times 2^2 + 7 \times 2^3 + \cdots + (2n-1) \cdot 2^{n-1} + (2n+1) \cdot 2^n$ ①

$2S_n = 3 \times 2^2 + 5 \times 2^3 + 7 \times 2^4 + \cdots + (2n-1) \cdot 2^n + (2n+1) \cdot 2^{n+1}$ ②

由①-②得:$-S_n = 6 + 2 \times (2^2 + 2^3 + \cdots + 2^n) - (2n+1) \cdot 2^{n+1} =$

$6 + 2 \times \dfrac{2^2 \times (1-2^{n-1})}{1-2} - (2n+1) \cdot 2^{n+1} = (1-2n) \cdot 2^{n+1} - 2$,

即 $S_n = (2n-1) \cdot 2^{n+1} + 2$.

例10 已知函数 $f(x) = \ln x + \dfrac{1-x}{ax}$,其中 a 为大于零的常数.

(1) 若函数 $f(x)$ 在区间 $[1,+\infty)$ 上单调递增,求 a 的取值范围.

(2) 求函数 $f(x)$ 在区间 $[1,2]$ 上的最小值.

(3) 证明:对于任意 $n \geqslant 2$,$n \in \mathbf{N}^*$,都有 $\ln n > \dfrac{1}{2^2} + \dfrac{1}{3^2} + \cdots + \dfrac{1}{n^2}$ 成立.

分析:对于前两问是比较容易得到答案的.对于第(3)问,观察所要证明的不等式,发现大于符号的右边是数列 $\{a_n\}$ 的前 n 项和 S_n,其中数列 $\{a_n\}$ 的通项公式为 $a_n = \dfrac{1}{n^2}$.因此,我们假想,如果大于符号的左边也是某个数列的前 n 项和 T_n,设其为数列 $\{b_n\}$,要证明 $T_n > S_n$,即证明 $b_n > a_n$ 即可. 已知一个数列的前 n 项和, 如何求通项呢? 利用 $b_n=\begin{cases} T_1, & n=1 \\ T_n-T_{n-1}, & n\geqslant 2 \end{cases}$, 得到

$$b_n=\begin{cases} \ln 1, & n=1 \\ \ln n-\ln(n-1), & n\geqslant 2 \end{cases}$$

问题转化为证明 $\ln n-\ln(n-1)>\dfrac{1}{n^2}$, 即 $\ln\dfrac{n}{n-1}>\dfrac{1}{n^2}$, 在 $n\geqslant 2$ 时是否成立. 由第 (1) 问得 $a\geqslant 1$, 当 $a=1$ 时, 有 $f(x)=\ln x+\dfrac{1}{x}-1=\ln x+\dfrac{1-x}{x}$ 在 $[1,+\infty)$ 上单调递增, 且 $f(1)=0$, 故 $\ln x+\dfrac{1-x}{x}>0$, 即 $\ln x>\dfrac{x-1}{x}$ 在 $(1,+\infty)$ 上恒成立. 此时, 我们可以猜想令 $x=\dfrac{n}{n-1}$, 由 $n\geqslant 2$ 知 $x\geqslant 1$, 即为

$$\ln\dfrac{n}{n-1}>\dfrac{\dfrac{n}{n-1}-1}{\dfrac{n}{n-1}}=\dfrac{1}{n}.$$

而 $n\geqslant 2$ 时, $\dfrac{1}{n}\geqslant\dfrac{1}{n^2}$ 显然成立, 于是该不等式得到证明.

解析: (1) $a\geqslant 1$.

(2) 略.

(3) 证明: 易知当 $a=1$ 时, $f(x)=\ln x+\dfrac{1}{x}-1$ 在区间 $[1,+\infty)$ 上单调递增.

故当 $n\geqslant 2$ 时, $\because \dfrac{n}{n-1}>1$, $\therefore f(\dfrac{n}{n-1})>f(1)$, 即 $\ln\dfrac{n}{n-1}+\dfrac{n-1}{n}-1>0$, 化简可得: $\ln\dfrac{n}{n-1}>\dfrac{1}{n}$ 对于任意的 $n\geqslant 2$, $n\in\mathbf{N}^*$ 恒成立, 则

$$\ln n=[\ln n-\ln(n-1)]+[\ln(n-1)-\ln(n-2)]+\cdots+(\ln 3-\ln 2)+$$
$$(\ln 2-\ln 1)+\ln 1>\dfrac{1}{n}+\dfrac{1}{n-1}+\cdots+\dfrac{1}{3}+\dfrac{1}{2}>\dfrac{1}{2^2}+\dfrac{1}{3^2}+\cdots+\dfrac{1}{(n-1)^2}+\dfrac{1}{n^2}$$

$\therefore$ 对于任意的 $n\geqslant 2$, $n\in\mathbf{N}^*$, 都有 $\ln n>\dfrac{1}{2^2}+\dfrac{1}{3^2}+\cdots+\dfrac{1}{(n-1)^2}+\dfrac{1}{n^2}$ 成立.

上述例题的基本思路利用充分条件, 而非充要条件, 进行大胆的猜想. 当我们解题寻找充要条件时碰到困难, 不妨勇敢尝试、大胆假设、猜想、观察、构造, 继而去证明我们的猜想. 大胆探索, 开拓创新, 这也是推动数学发展的

一种重要的思维方法.

在教学中,教师应力求培养与提高学生发现问题、提出问题、解决问题的能力,归纳与总结、类比与推理、引申与联想的能力及探索精神、创新意识,教师应采用从特殊到一般、再回到特殊(从实际到理论,再回到实际)的研究方法去思考、探索问题. 学生应从具体问题出发,在教师的指导下,结合已有的知识与经验,通过自主学习,进行大胆的猜想与判断,并设法寻找合理的方法或充足的依据进行创造性的活动与尝试,及时进行阶段性的总结与评价,从而不断地改进学习方式和提升学习的能力.

第四节　数学思维品质样态

一、思维的广阔性

思维的广阔性是指思维活动作用的广泛和全面程度,它表现为思路开阔,能全面地分析问题,多方位地思考问题,多角度地研究问题.

学生学习的知识是前人思维的结果,但学习知识不是简单的接收,而是必须把知识消化、吸收并纳入自己已有的知识系统,形成新的知识结构. 因此,在教学中,教师要善于结合学生所学的知识启迪学生发现所学知识与现实生活的联系,利用经验中的信息及其特征加以加工,找出人脑中已储存的信息和对经验反复抽象输入信息的网点,从而激起广阔的思维.

数学知识是由大量的概念、定理及公式等组成的,这样的知识结构就决定了该学科的思维品质必然具有广阔性. 以高中立体几何为例,我们在学习空间点、线、面位置关系时,基本主线是线线、线面、面面关系. 具体到各种位置关系后,又会涉及概念、判定定理、性质定理等,这就是思维的广阔性的体现. 如果学生在学习过程中抓住知识的实质,前后联系,不断深入,形成体系,那么就可以很容易地掌握这部分知识.

在教学过程中,为了培养学生思维的广阔性,我们常可采用一题多解的方式,启发和引导学生从不同角度、不同思路,运用不同的方法和不同的运算过程,解答同一道数学问题. 虽然一题多解属于解题策略的问题,但心理学研究表明,在解决问题的过程中,如果主体所接触到的不是标准化的模式化问题,就需要有一种创造性思维的解题策略. 如下面这个简单的向量问题,我们可以从不同角度入手.

例1 已知点 A，B，C 满足 $|\overrightarrow{AB}|=3$，$|\overrightarrow{BC}|=4$，$|\overrightarrow{CA}|=5$，则 $\overrightarrow{AB}\cdot\overrightarrow{BC}+\overrightarrow{BC}\cdot\overrightarrow{CA}+\overrightarrow{CA}\cdot\overrightarrow{AB}=$ _____．

解析：

方法一：如图 4-3 所示，根据题意可得 $\triangle ABC$ 为直角三角形，且 $\angle B=\dfrac{\pi}{2}$，$\cos A=\dfrac{3}{5}$，$\cos C=\dfrac{4}{5}$．

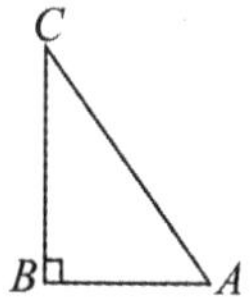

$\therefore \overrightarrow{AB}\cdot\overrightarrow{BC}+\overrightarrow{BC}\cdot\overrightarrow{CA}+\overrightarrow{CA}\cdot\overrightarrow{AB}=\overrightarrow{BC}\cdot\overrightarrow{CA}+\overrightarrow{CA}\cdot\overrightarrow{AB}=4\times 5\cos(\pi-C)+5\times 3\cos(\pi-A)=-20\cos C-15\cos A=-20\times\dfrac{4}{5}-15\times\dfrac{3}{5}=-25$．

图 4-3

方法二：如图 4-4 所示，建立平面直角坐标系．
则 $A(3,0)$，$B(0,0)$，$C(0,4)$．
$\therefore \overrightarrow{AB}=(-3,0)$，$\overrightarrow{BC}=(0,4)$，$\overrightarrow{CA}=(3,-4)$．
$\therefore \overrightarrow{AB}\cdot\overrightarrow{BC}=-3\times 0+0\times 4=0$，$\overrightarrow{BC}\cdot\overrightarrow{CA}=0\times 3+4\times(-4)=-16$，$\overrightarrow{CA}\cdot\overrightarrow{AB}=3\times(-3)+(-4)\times 0=-9$．

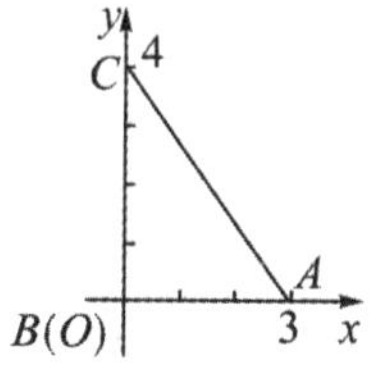

图 4-4

$\therefore \overrightarrow{AB}\cdot\overrightarrow{BC}+\overrightarrow{BC}\cdot\overrightarrow{CA}+\overrightarrow{CA}\cdot\overrightarrow{AB}=-25$．

方法三：$\overrightarrow{CA}$ 在 $\overrightarrow{BC}$ 上的投影为数量 CB，$\overrightarrow{CA}$ 在 $\overrightarrow{AB}$ 上的投影为数量 BA，因此 $\overrightarrow{BC}\cdot\overrightarrow{CA}=-\overrightarrow{BC}^2=-16$，$\overrightarrow{CA}\cdot\overrightarrow{AB}=-\overrightarrow{AB}^2=-9$，$\overrightarrow{AB}\cdot\overrightarrow{BC}=0$．

$\therefore \overrightarrow{AB}\cdot\overrightarrow{BC}+\overrightarrow{BC}\cdot\overrightarrow{CA}+\overrightarrow{CA}\cdot\overrightarrow{AB}=-25$．

方法四：$\overrightarrow{AB}\cdot\overrightarrow{BC}+\overrightarrow{BC}\cdot\overrightarrow{CA}+\overrightarrow{CA}\cdot\overrightarrow{AB}=0+\overrightarrow{CA}\cdot(\overrightarrow{BC}+\overrightarrow{AB})=\overrightarrow{CA}\cdot\overrightarrow{AC}=-\overrightarrow{AC}^2=-25$．

方法五：$\because \overrightarrow{AB}+\overrightarrow{BC}+\overrightarrow{CA}=0$，

将其两边平方可得 $\overrightarrow{AB}^2+\overrightarrow{BC}^2+\overrightarrow{CA}^2+2(\overrightarrow{AB}\cdot\overrightarrow{BC}+\overrightarrow{AB}\cdot\overrightarrow{CA}+\overrightarrow{BC}\cdot\overrightarrow{CA})=0$，

故 $\overrightarrow{AB}\cdot\overrightarrow{BC}+\overrightarrow{AB}\cdot\overrightarrow{CA}+\overrightarrow{BC}\cdot\overrightarrow{CA}=-\dfrac{1}{2}(\overrightarrow{AB}^2+\overrightarrow{BC}^2+\overrightarrow{CA}^2)=-25$．

可以看出，此题的五种解答方法完全是从不同的视角切入，采用不同的知识加以解决，突出了思维的广阔性．一题多解是诸多解题策略的综合运用．在教学中，对学生积极、适宜地进行一题多解的训练有利于充分调动学生思维的积极性，提高学生综合运用已学知识解决问题的技能和技巧，有利于锻炼学生思维的灵活性，促进学生知识与智慧的增长，有利于开拓学生的思路，引导学生灵活地掌握知识之间的联系，培养学生思维的广阔性.

二、思维的灵活性

思维的灵活性是指善于根据客观实际情况的变化而及时改变原来的工作计划或解决问题的思路，并提出新的符合实际情况的思路和方案的思维特征.

思维的灵活性是一种很重要的品质，这是由于客观事物总是处于不断运动、变化之中的. 思维的灵活性表现为：不囿于过时的方案，善于根据实际情况的变化灵活地改变原有的方案，采用新的方法、途径去解决问题.

数学思维的灵活性表现在能对具体问题做具体分析，善于根据情况的变化及时调整原有的思维过程与方法，灵活地运用有关定理、公式、法则解决问题.

在日常教学中，关于思维灵活性的数学问题我们随时都会遇到，有些问题如果用常规思路去思考往往会很复杂，但如果进行灵活转化，就会变得很简单.

例2 椭圆 $C: \dfrac{x^2}{a^2}+\dfrac{y^2}{b^2}=1(a>b>0)$ 的左焦点为 F，若 F 关于直线 $\sqrt{3}x+y=0$ 的对称点 A 是椭圆 C 上的点，则椭圆 C 的离心率为（　　）

A. $\sqrt{2}-1$　　　B. $\sqrt{3}-1$　　　C. $\sqrt{5}-2$　　　D. $\sqrt{6}-2$

对于这个问题，如果我们设点 $F(-c,0)$，求它关于直线 $\sqrt{3}x+y=0$ 的对称点，再将其代入椭圆方程得到等量关系式求解，那就太复杂了. 此题如果抓住几何关系，利用椭圆定义可以快速解决. 这就是思维的灵活性的体现.

思维的灵活性决定于高级神经活动过程的灵活性，但这种灵活性不是固定不变的，而是能够通过教育或自我教育得到发展或发生变化的. 思维的灵活性也受制于个体. 如有的人在生活中总是使用一种固定不变的方式去处理问题，便会形成某种思维定式，阻碍思维的灵活性的发挥. "因地制宜""量体裁衣"是思维灵活性的表现，而"削足适履""按图索骥"则是思维缺乏灵活性的表现. 思维的灵活性与思维的深刻性相结合，表现为机智、敏锐、富有独创性. 在教学中，教师应该引导学生从不同角度分析问题，寻找突破口，尝试以不同切入点解决问题.

三、思维的独创性

思维的独创性是创造性思维的主要特征之一，其经常表现为在解决问题的过程中，能有独特、新异的发现，提出新的见解，产生意想不到的效果．具体表现有：①新发明的创造，新的理论、新的艺术作品的产生；②对个体而言，就是通过独立思考产生新的思想和见解．

案例：关于不等式$\sqrt{\dfrac{a^2+b^2}{2}} \geqslant \dfrac{a+b}{2}$的证明．

以家庭作业的形式布置给学生，并要求分别用代数方法和几何方法进行证明．大家都觉得代数方法没什么难度，解决过程也大同小异．但对于几何方法，同学们就有很多不同的思路．下面选取了以下具有代表性的五种方法进行展示．

1. 观察分析我们要证明的不等式，其等价于$\dfrac{a^2+b^2}{2} \geqslant \left(\dfrac{a+b}{2}\right)^2$．

证明：式中出现了$\dfrac{a^2}{2}$，$\dfrac{b^2}{2}$，不等式的左边是两个直角边分别为a，b的等腰直角三角形的面积之和．所以，构造了如图4-5所示的图形．

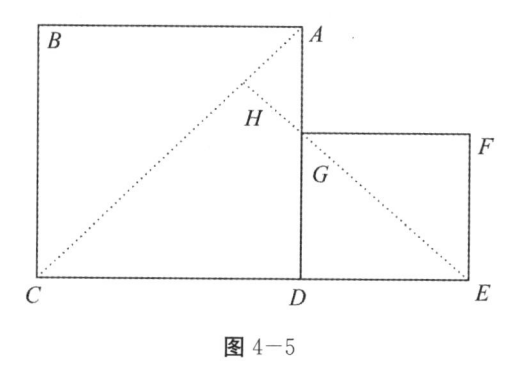

图4-5

作线段CDE使得$CD=a$，$DE=b$．由对称性不妨设$a>b$，在CD同侧作正方形$ABCD$，在DE同侧作正方形$DEFG$，则知G必在AD上．连接AC，EG，设EG的延长线交AC于H，则$S_{\triangle ADC}=\dfrac{a^2}{2}$，$S_{\triangle DEG}=\dfrac{b^2}{2}$．

$\triangle CEH$为等腰直角三角形，斜边$CE=a+b$，$\therefore S_{\triangle CEH}=\left(\dfrac{a+b}{2}\right)^2$．

由图4-5可知：$S_{\triangle CDA}+S_{\triangle DEG} \geqslant S_{\triangle CEH}$，当且仅当$H$与$A$重合，即$a=$

b 时取 "=", 即 $\sqrt{\dfrac{a^2+b^2}{2}} \geqslant \dfrac{a+b}{2}$.

2. 如果我们把 a, b, $\dfrac{a+b}{2}$ 作为线段来思考呢?

如图 4-6 所示,在梯形 ABCD 中,EF 是中位线,过 F 作 AD,BC 的垂线,分别交 AD 的延长线和 BC 于点 G,H,则有 AG=EF=BH.

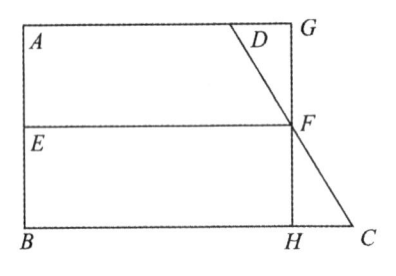

图 4-6

证明：由 △DFG≌△CFH, 得 CH=DG.

于是 $\dfrac{AD^2+BC^2}{2} = \dfrac{(AG-DG)^2+(BH+HC)^2}{2} = EF^2+CH^2 \geqslant EF^2$.

当且仅当梯形 ABCD 为长方形时取 "=".

∴ $\sqrt{\dfrac{AD^2+BC^2}{2}} \geqslant EF$.

若设 $BC=a$, $AD=b$, 则 $EF=\dfrac{a+b}{2}$.

∴ $\sqrt{\dfrac{a^2+b^2}{2}} \geqslant \dfrac{a+b}{2}$, 当 $a=b$ 时取 "=".

3. 如图 4-7 所示,在圆 C 中,AB 是圆的任意一条直径,过圆心 C 作 CD⊥AB 交圆 C 于点 D.

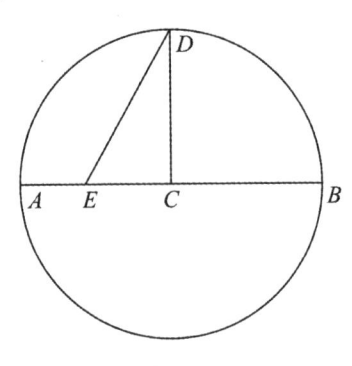

图 4-7

证明：E 是 AC 上任意一点，并设 $AE=a$，$EB=b$.

连接 DE，则有 $CE=CA-AE=\dfrac{a+b}{2}-a=\dfrac{b-a}{2}$，$CD=\dfrac{a+b}{2}$.

∴ $DE=\sqrt{CE^2+CD^2}=\sqrt{\left(\dfrac{b-a}{2}\right)^2+\left(\dfrac{b+a}{2}\right)^2}=\sqrt{\dfrac{a^2+b^2}{2}}$.

而在直角△CDE 中，

∵ $DE>DC$，

∴ $\sqrt{\dfrac{a^2+b^2}{2}}\geqslant\dfrac{a+b}{2}$. 当 $a=b$ 时取 "=", 即当 C 与 E 重合时取 "=".

4. 如图 4-8 所示，AB 是过圆心 C 的割线，设 $AE=a$，$AB=b$.

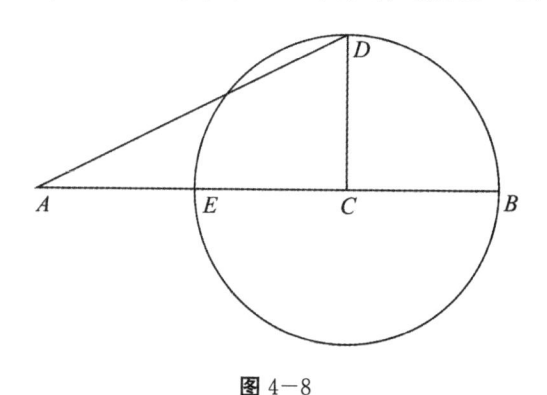

图 4-8

证明：过点 C 作 AB 的垂线交圆 C 于点 D，连接 CD.

则有 $BE=AB-AE=b-a$.

$CD=\dfrac{BE}{2}=\dfrac{b-a}{2}$.

$AC=AE+CE=\dfrac{b-a}{2}+a=\dfrac{a+b}{2}$.

又 $AD=\sqrt{AC^2+CD^2}=\sqrt{\left(\dfrac{b-a}{2}\right)^2+\left(\dfrac{b+a}{2}\right)^2}=\sqrt{\dfrac{a^2+b^2}{2}}$.

而在直角△CDA 中，∵ $DA>AC$，∴ $\sqrt{\dfrac{a^2+b^2}{2}}\geqslant\dfrac{a+b}{2}$. 当 $a=b$ 时取 "=", 即当 A 与 C 重合时取 "=".

5. 如图 4-9 所示，正方形 $ABCD$ 中，设该正方形的边长为 $a+b$，在其内部取一点 G 满足条件：过 G 做 AB，AD 的垂线，垂足分别为 E，F，且有 $EB=AF=b$，$AE=DF=a$.

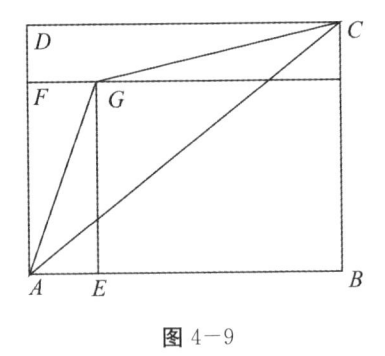

◆ 基于融合技术的数学高品质课堂建构

图 4-9

证明：由勾股定理得 $GA=GC=\sqrt{a^2+b^2}$，$AC=\sqrt{2}(a+b)$.

在 △GAC 中，∵ $GA+GC>AC$，

∴ $\sqrt{\dfrac{a^2+b^2}{2}} \geqslant \dfrac{a+b}{2}$，当 $a=b$ 时，即 G 为 AC 中点时取"$=$".

可以看出，学生通过富有创造性的思维构造不同的图形解决问题，每种证明方法都借助了独特的图形，这是典型的创造性思维案例.

四、思维的深刻性

思维的深刻性就是不停留在事物的表面现象上，能够洞察事物的本质及各事物之间的相互关系，能从事物的联系上理解事物的本质，掌握事物发展的规律，能从研究的材料（已知条件、解法、结果）中揭示被掩盖的某些个别事物的特殊性．思维的深刻性表现为能分清主次，揭示推理的逻辑结构，鉴别证明或解法是否合理和严谨，在一定程度上可以克服和减少思维中的表面化.

比如，在进行直线和圆锥曲线位置关系的教学过程中，教师要引导学生形成一般性的思维习惯和过程，掌握解直线与圆锥曲线位置关系问题的一般方法：

(1) 解焦点弦（过圆锥曲线焦点的弦）的长的有关问题，注意应用圆锥曲线的定义和焦半径公式；

(2) 已知直线与圆锥曲线的某些关系，求圆锥曲线的方程时，通常利用待定系数法；

(3) 针对圆锥曲线上的点关于某一直线的对称问题，利用经过圆锥曲线上的两点的直线与对称直线垂直，则圆锥曲线上两点的中点一定在对称直线上，再利用根的判别式或中点与曲线的位置关系求解.

又如在进行抛物线的教学时，有很多与焦点弦相关的结论，证明这些结论

的核心就是要联列直线和抛物线方程，充分利用坐标法和韦达定理即可.

例3 已知 AB 是抛物线 $y^2=2px$ ($p>0$) 的焦点弦，F 为抛物线焦点，$A(x_1, y_1)$，$B(x_2, y_2)$，求证：

(1) $y_1 y_2 = -p^2$，$x_1 x_2 = \dfrac{p^2}{4}$；

(2) $|AB| = x_1 + x_2 + p = \dfrac{2p}{\sin^2 \theta}$（$\theta$ 为直线 AB 与 x 轴的夹角）；

(3) $S_{\triangle AOB} = \dfrac{p^2}{2\sin \theta}$；

(4) $\dfrac{1}{|AF|} + \dfrac{1}{|BF|}$ 为定值.

解析：(1) $\because y^2 = 2px$ ($p>0$) 的焦点为 $F(\dfrac{p}{2}, 0)$，当 k 存在时，设直线方程为 $y = k(x - \dfrac{p}{2})$ ($k \neq 0$).

由 $\begin{cases} y = k(x - \dfrac{p}{2}) \\ y^2 = 2px \end{cases}$，消去 x，得：$ky^2 - 2py - kp^2 = 0$. ①

$\therefore y_1 y_2 = -p^2$，$x_1 x_2 = \dfrac{(y_1 y_2)^2}{4p^2} = \dfrac{p^2}{4}$.

当 k 不存在时，直线方程为 $x = \dfrac{p}{2}$.

这时 $y_1 = p$，$y_2 = -p$，则 $y_1 y_2 = -p^2$，$x_1 x_2 = \dfrac{p^2}{4}$.

因此，总有 $y_1 y_2 = -p^2$，$x_1 x_2 = \dfrac{p^2}{4}$ 成立.

(2) 由抛物线定义得：$|AF|$ 等于点 A 到准线 $x = -\dfrac{p}{2}$ 的距离.

$\therefore |AF| = x_1 + \dfrac{p}{2}$，同理 $|BF| = x_2 + \dfrac{p}{2}$.

$\therefore |AB| = |AF| + |BF| = x_1 + x_2 + p$. ②

又 $\because \theta \neq 90°$ 时，$y = k(x - \dfrac{p}{2})$，

$\therefore x = \dfrac{y}{k} + \dfrac{p}{2}$.

$\therefore x_1 + x_2 = \dfrac{1}{k}(y_1 + y_2) + p$.

由方程①知：$y_1+y_2=\dfrac{2p}{k}$，

$\therefore x_1+x_2=\dfrac{2p}{k^2}+p$. ③

将③代入②，得：$|AB|=\dfrac{2p}{k^2}+2p=2p(1+\dfrac{1}{k^2})=2p(1+\dfrac{1}{\tan^2\theta})=\dfrac{2p}{\sin^2\theta}$.

当 $\alpha=90°$时，$|AB|=|y_1-y_2|=2p=\dfrac{2p}{\sin^2\theta}$.

综上所述，$|AB|=x_1+x_2+p=\dfrac{2p}{\sin^2\theta}$.

(3) $S_{\triangle AOB}=S_{\triangle AOF}+S_{\triangle BOF}=\dfrac{1}{2}|OF|\cdot|AF|\cdot\sin(\pi-\theta)+$

$\qquad\dfrac{1}{2}|OF|\cdot|BF|\cdot\sin\theta$

$=\dfrac{1}{2}|OF|\cdot\sin\theta\cdot(|AF|+|BF|)$

$=\dfrac{1}{2}\cdot|OF|\cdot|AB|\cdot\sin\theta=\dfrac{1}{2}\cdot\dfrac{p}{2}\cdot\dfrac{2p}{\sin^2\theta}\cdot\sin\theta=\dfrac{2p}{\sin^2\theta}$.

(4) $\dfrac{1}{|AF|}+\dfrac{1}{|BF|}=\dfrac{1}{x_1+\dfrac{p}{2}}+\dfrac{1}{x_2+\dfrac{p}{2}}=\dfrac{x_1+x_2+p}{x_1x_2+\dfrac{p}{2}(x_1+x_2)+\dfrac{p^2}{4}}$.

又 $\because x_1x_2=\dfrac{p^2}{4}$，代入上式得：$\dfrac{1}{|AF|}+\dfrac{1}{|BF|}=\dfrac{2}{p}=$常数.

在数学教学过程中，对于概念中的重点字、词，教师要进行强调，并讲清它们的含义；对于数学定理、公理中的条件和结论，教师要彻底讲清楚，让学生深刻理解所学的知识，对所学的知识追根究底，能够透过现象看本质，抓住问题的本质所在；对于数学中相关联的内容，教师要引导学生学会对比和类比，加深他们对所学知识的理解，同时也有助于学生记忆所学知识.

第五章　深度学习促进学生思维的课堂

第一节　深度学习的内涵特质

所谓深度学习，就是指在教师引领下，学生围绕着具有挑战性的学习主题，全身心地积极参与、体验成功、获得发展的有意义的学习过程．在这个过程中，学生掌握学科的核心知识，理解学习的过程，把握学科的本质及思想方法，形成积极的内在学习动机、高级的社会性情感、积极的态度、正确的价值观，成为既具有独立性、批判性、创造性又具有合作精神且基础扎实的优秀的学习者，成为未来社会历史实践的主人．

第二节　目前数学课堂困境的表现

一、虚假学习造成"学困生"不断增加

虚假学习就是"假装学习"，即学生根本没有真正进入学习状态，采用各种"伪装"的方式来蒙蔽老师，进而逃避学习．

虚假学习的学生对学习的内容缺少兴趣，不掌握学习的方法，跟不上教师教学的节奏，但为了避免教师的惩罚，他们会采用"假装学习"的方式来逃避．他们往往会表现出非常遵守纪律：坐姿非常端正，对教师察言观色，与教师高度配合，紧跟教师的步调，不对老师的教学进度造成任何干扰．但是，如果仔细观察这些学生，会发现他们假装勾画、假装阅读教材、不懂装懂等一系列"自我伪装"的行为．教师在上课的过程中，会感到非常顺利，对学生的表现也比较满意，教学进度就越来越快．到了"考试"阶段，这种虚假学习的学

生通过成绩就会暴露出来.

在以教师讲授为主的课堂上,教师也很难发现学生的问题,教师对于学生的学习状态往往都是不知情的,因此他们没有办法解决学生的问题;学生完不成学习任务,而且每一节课几乎都有大量的新的学习任务,他们越来越感到无能为力,越来越害怕学习.同时,学生还要承受来自教师、家长甚至同学的批评或惩罚,不堪重负的"学困生"越来越难以承受,直至最后直接放弃.这些学生都尽量坐在教室的最后面,隐藏自己,逃避课堂活动,不参与,不兴奋,仅仅待在课堂上而已.他们不能及时完成作业,而且很少参加课外活动,在班级中通常被孤立.

在对不同学段的学生进行课堂观察的过程中,我们发现"学困生"逐年增加的现象,"隐性学困"不断转化为"显性学困".来自小学大量的"隐性学困"进入了初中,当提高了学习任务的难度和要求后,这些学生的真实学习能力就暴露出来.普通初中二、三年级的学生开始放弃"伪装",表现出完全放弃.

二、浅表学习的"伪学优生"变成"学困生"

学生浅表学习的情况在课堂中也非常普遍.浅表学习是指以完成外在任务、以机械记忆和反复操练为主,缺少深度思维加工的学习.因此,学习成果多以复制为主,难以迁移和深化.

浅表学习的学生把教师所讲的话都认认真真记录下来,即使教师讲错了,学生也不会提出质疑,如同一台不知疲倦的"复印机".

在小学阶段,浅表学习的学生成绩一般是比较好的,也可能是教师眼中的"学优生".但随着学年的不断升高,特别是到了初中二年级以后,就开始出现学习困难和成绩下降的趋势.到了高中阶段,学习任务的难度进一步提高,这些学生会表现出学习成绩"断崖式下跌",学习状态急转直下.

"伪学优生"的产生主要是由于学习内容的挑战性不高,学习方法不当造成的.1956年,本杰明·布鲁姆(Benjamin Bloom)将教学目标分为"知识、理解、应用、分析、综合、评价"六个层次,而他的学生洛·安德森对这六个层次进行了重新修订,将其归纳为"记忆、理解、应用、分析、评价、创造".其中"记忆、理解、应用"被称为"低层次目标",而"分析、评价、创造"被称为"高层次目标"."创造"作为教育目标的最高层次,具有最高的动力价值,即以最高层次的"创造"作为教育目标取向,相应的其他五个层次目标将会在"创造"的目标下达成;但如果仅仅以"记忆、理解、应用"这些低层次的教育目标为导向,就无法达成高层次的教育目标.而学校长期进行的以知识传递为取向的教育就是以"记忆、理解"为主要策略,难以产生高品质的思维成果,所以"伪学优生"才会不断蜕变,最后甚至沦为"学困生".

课堂教学实践表明:高中学生在生理发展和心理特征上的差异是客观存在的.学生对数学的兴趣和爱好,对数学知识的接受能力的差异也是客观存在的.尤其是初、高中学生的素质参差不齐,能力差异较大,这势必会对高中阶段的数学教学带来极大挑战.仔细分析实践结果,其前半部分就是在阐述学生数学素养的差异(如对数学的兴趣和爱好的差异),后半部分则是在阐述学生数学能力的差异(如对数学知识的接受能力的差异).那么,二者可以转化吗?答案是肯定的,且方式也不唯一.如果在高中数学教学中仍采用"一刀切",不顾学生水平和能力的差异,沿用过去统一的教材、统一的要求、统一的方法来授课,会造成"优生不优,差生更差"的现象,不利于学生的充分发展,甚至会出现严重的两极分化,这根本不符合新课程教育的要求.于是,"分层教学"应运而生,这就要求教师的教要适应学生的学,并承认学生是有差异的,因此教学也应有一定的差异,强调教师的"教"一定要适应学生的学.教学中针对不同层次学生的实际情况,在教学目标、内容、途径、方法和评价上进行区别对待,使各层次的学生都能在各自原有的基础上得到较好的发展.

例如,在导数教学中,求函数极值、函数最值是导数解题教学的核心内容,建议引导学生研究并识记 8 个超越函数的图象与最值,并深度研究幂函数 $x^\alpha(\alpha=-1,\frac{1}{2},1,2,3)$ 与 e^x,$\ln x$,$\sin x$,$\cos x$ 的杂交函数.如下:

$(x\ln x)_{\min}=-\frac{1}{e}(x>0)$,$(xe^x)_{\min}=-\frac{1}{e}$,$\left(\frac{\ln x}{x}\right)_{\max}=\frac{1}{e}(x>0)$,$\left(\frac{e^x}{x}\right)_{\min}=e(x>0)$,$\left(\frac{x}{\ln x}\right)_{\min}=e(x>1)$,$\left(\frac{x}{e^x}\right)_{\max}=\frac{1}{e}$,$\left(\frac{\sin x}{x}\right)_{\min}=-\frac{2}{3\pi}(0<x\leqslant 2\pi)$,$\left(\frac{\cos x}{x}\right)_{\min}=-\frac{1}{\pi}$.

例 1 已知函数 $f(x)=ax^2\ln x+b(x-1)$,曲线 $y=f(x)$ 过点 (e, e^2-e+1),且在点 $(1, 0)$ 处的切线方程为 $y=0$.

(1) 求 a,b 的值.

(2) 证明:当 $x\geqslant 1$ 时,$f(x)\geqslant (x-1)^2$.

(3) 若当 $x\geqslant 1$ 时,$f(x)\geqslant m(x-1)^2$ 恒成立,求 m 的取值范围.

解:(1) 由题意可知,$f(e)=e^2-e+1$,即 $ae^2+b(e-1)=e^2-e+1$.

$f'(x)=a(2x\ln x+x)+b$,由 $f'(1)=0$ 得 $a+b=0$.

即 $ae^2-a(e-1)=e^2-e+1$，解得 $a=1$，$b=-1$.

(2) 即证 $x^2\ln x-x+1\geqslant(x-1)^2(x\geqslant 1)$.

方法一：最值法. 构造函数 $g(x)=x^2\ln x-x+1-(x-1)^2(x\geqslant 1)$.

即证 $g_{\min}(x)\geqslant 0$.

$g'(x)=2x\ln x-x+1$，$g''(x)=2\ln x+1\geqslant 1>0$.

则 $g'(x)$ 在 $[1,+\infty)$ 上单调递增.

$\therefore g'(x)\geqslant g'(1)=0$. 则 $g(x)$ 在 $[1,+\infty)$ 上单调递增，即 $g(x)\geqslant g(1)=0$.

即证得 $x^2\ln x-x+1\geqslant(x-1)^2$.

综上所述，$f(x)\geqslant(x-1)^2$.

方法二：分析法. 即证 $x^2\ln x-x+1\geqslant(x-1)^2(x\geqslant 1)$，即证 $x^2\ln x\geqslant x^2-x$.

即证 $\ln x\geqslant 1-\dfrac{1}{x}$，此不等式证明方法较多，下面介绍放缩法.

由对数均值不等式（考试中自己先证明这个引理，否则阅卷时要扣 2 分）：

$\dfrac{a+b}{2}>\dfrac{a-b}{\ln a-\ln b}>\sqrt{ab}$ ($a>0$，$b>0$，$a\neq b$).

左式 $\Leftrightarrow \ln x>\dfrac{2(x-1)}{x+1}(x>1)$，$\ln x<\dfrac{2(x-1)}{x+1}(0<x<1)$.

即证 $\ln x\geqslant\dfrac{2(x-1)}{x+1}\geqslant\dfrac{x-1}{x}(x\geqslant 1)$.

当 $x=1$ 时，恒成立.

当 $x>1$ 时，即证 $\dfrac{2}{x+1}\geqslant\dfrac{1}{x}$.

即证 $2x\geqslant x+1$，也即证 $x\geqslant 1$，显然成立.

即证得 $x^2\ln x-x+1\geqslant(x-1)^2$.

综上所述，$f(x)\geqslant(x-1)^2$.

(3) 即证 $x^2\ln x-x+1\geqslant m(x-1)^2(x\geqslant 1)$ 恒成立.

当 $x=1$ 时，恒成立.

当 $x>1$ 时，分离参数得 $\dfrac{x^2\ln x-x+1}{(x-1)^2}\geqslant m(x>1)$.

同学答题至此，做不下去了，我们思考一下，还能怎样解决这个问题？

最后，该同学用导数的常规解法，即分类讨论参数，然后求出最值来处理，解法烦琐！

试看续解：记 $h(x)=\dfrac{x^2\ln x-x+1}{(x-1)^2}(x>1)$.

当 $x \to 1$ 时，$h(x) \to \dfrac{0}{0}$.

由洛必达法则（可以作出简图辅助分析）：

$$\lim_{x \to 1^+} h(x) = \lim_{x \to 1^+} \dfrac{2x\ln x + x - 1}{2(x-1)} = \lim_{x \to 1^+} \dfrac{2\ln x + 3}{2} = \dfrac{3}{2}.$$

下面需证明 $h(x)$ 在 $(1, +\infty)$ 上单调递增，则 $h(x) > \lim\limits_{x \to 1^+} h(x) = \dfrac{3}{2}$，则 $m \leqslant \dfrac{3}{2}$.

由 $h'(x) = \dfrac{-2\ln x + x^2 + x - 2}{(x-1)^3}(x>1)$. 记 $\varphi(x) = -2\ln x + x^2 + x - 2$，则 $\varphi'(x) = -\dfrac{2}{x} + 2x + 1 = \dfrac{2x^2 + x - 2}{x}$.

由 $x>1$，则 $\varphi'(x)>0$，则 $\varphi(x)$ 在 $(1, +\infty)$ 上单调递增，$\varphi(x) > \varphi(1) = 0$，则 $h'(x) > 0$.

则 $h(x)$ 在 $(1, +\infty)$ 上单调递增，则 $h(x) > \dfrac{3}{2}$.

综上所述，m 的取值范围是 $\left(-\infty, \dfrac{3}{2}\right]$.

另外，也可以用隐零点的解法处理，读者不妨一试！

第三节　产生课堂困境的原因

随着学段的升高，"学困生"的比例不断增加，这与我们的课堂教学生态与方法有极大关联.

一、学生真实的学习历程——缓慢而复杂

学习在什么情况下会真实地发生？它是从问题情境出发，以解决问题为导向的复杂的思维和互动过程. 思维产生的"学习的历程"是一种事件的序列链条. 在这一生产过程中，从反思到探究，再到批判性思维，最后得到比个人信仰和想象更为具体的"可以证实的结论". 思维不是自然发生的，它是由"难题和疑问"引发的，而正是"解决方案的需要"，维持和引导着反思性思维的整个过程.

学生的学习动机最初产生于"学习困境"，在不同情境下可能表现为"迷

思概念""两难困境",这种不能解决、不能突破、不能澄清的状态就是"认知冲突",这是一种强烈的心理矛盾状态,并引发学生探究冲动,不断寻求解决方案,这个过程是冲突、理解、分析、试错、验证、修正、重构等一系列的心理过程.学习者完成头脑中的思维过程后还要通过交流互动,去寻求验证或寻求新的解决方案,并通过倾听他人完善自己的方案,从而更好地解决认知冲突,并从中体会到学习的成就感和乐趣,这就产生了新的学习动机,从而使学习不断持续和深化,这是课堂教学真正的价值所在,也是课堂教学的基本规律和原则.

二、高速而压缩化的课堂教学造成学生普遍"学习困难"

课堂教学过程往往是高速的、极度压缩化的,具体表现在如下六个方面:

第一,从教学目标的角度看,以知识体系的传授为逻辑起点,较少考虑学生的学习需求,对知识进行打包、压缩,直接教授学生.

第二,从教学内容的角度看,很多教科书的知识与学生的生活差距很大,较少考虑学生已有知识的起点和知识背景.

第三,教学内容非常庞杂、信息量很大,在教师本身专业能力不足的情况下,很难进行区分、筛选和归纳,因此只会让学生大量地进行刷题.

第四,从教学的进度来看,每节课的教学进度几乎都与学生的学习进度之间有较大落差.

第五,从教学设计的角度看,教师往往是从如何教学的角度进行教学设计的,而较少从促进学生的学习角度进行学习设计.

第六,从教学方法的角度看,以教师讲授为主,学生几乎不主动参与,所有过程都由教师支配,学生只负责被动接受,这样只会让学生的学习能力不断衰退.思考的惰性使学习无法深入,学生真正的学习能力得不到提升.

当然,数学教学应注意解决好以下三个问题:

(1)课堂渗透,不是灌输.要把掌握数学知识和渗透数学思想方法同时纳入学生学习目标,把数学思想方法教学的要求融入惯性思维.

(2)关注数学思想方法的心路历程.可以介绍数学史和数学文化知识.

(3)数学化思考问题的习惯.可以在数学活动中进行经验积累与沉淀.

例如,导数与不等式(放缩法)的教学片段.课前印发学案,组织学生学习、证明,然后在课堂上和教师共同研究、汇报、展示与交流.

注意知识要点的储备与整理:

(1)放缩法:要证$A<B$,先放缩,即$A\leq C$,且$D\leq B$,再证$C<D$.

常用的放缩不等式：泰勒展开式（如 $e^x \geq x+1$，$\ln x \leq x-1$），或下列 8 个超越函数的最值放缩.

$(x\ln x)_{\min} = -\dfrac{1}{e}(x>0)$，$(xe^x)_{\min} = -\dfrac{1}{e}$，$\left(\dfrac{\ln x}{x}\right)_{\max} = \dfrac{1}{e}(x>0)$，$\left(\dfrac{e^x}{x}\right)_{\min} = e(x>0)$，$\left(\dfrac{x}{\ln x}\right)_{\min} = e(x>1)$，$\left(\dfrac{x}{e^x}\right)_{\max} = \dfrac{1}{e}$，$\left(\dfrac{\sin x}{x}\right)_{\min} = -\dfrac{2}{3\pi}$（$0<x\leq 2\pi$），$\left(\dfrac{\cos x}{x}\right)_{\min} = -\dfrac{1}{\pi}$.

建议识记图象（或能作出图象）. 另外，不等式的一边若为 $kx+b$，其中 k，b 为常数，则此式为另一函数的切线（切线放缩法证明不等式或利用切线找切点求出参数的取值范围）.

（2）对数均值不等式（考试时需要证明）：$\dfrac{a+b}{2} > \dfrac{a-b}{\ln a - \ln b} > \sqrt{ab}$（$a>0$，$b>0$，$a\neq b$）.

左式 $\Leftrightarrow \ln x > \dfrac{2(x-1)}{x+1}(x>1)$，$\ln x < \dfrac{2(x-1)}{x+1}(0<x<1)$.

右式 $\Leftrightarrow \ln x < \dfrac{1}{2}\left(x-\dfrac{1}{x}\right)(x>1)$，$\ln x > \dfrac{1}{2}\left(x-\dfrac{1}{x}\right)(0<x<1)$.

例 2【2016 山东理 22】 已知 $f(x) = a(x-\ln x) + \dfrac{2x-1}{x^2}, a\in \mathbf{R}$，$f(x)$ 的导数为 $f'(x)$.

(1) 讨论 $f(x)$ 的单调性.

(2) 当 $a=1$ 时，证明：$f(x) > f'(x) + \dfrac{3}{2}, x\in[1,2]$.

首先，教师介绍、教学、解读标准答案.

解：(1) $f'(x) = a\left(1-\dfrac{1}{x}\right) - \dfrac{2x-2}{x^3} = \dfrac{(x-1)(ax^2-2)}{x^3}$.

当 $a\leq 0$ 时，$x\in(0,1)$，$f'(x)>0$，$f(x)$ 单调递增；$x\in(1,+\infty)$，$f'(x)<0$，$f(x)$ 单调递减；

当 $a>0$ 时，$f'(x) = \dfrac{(x-1)(ax^2-2)}{x^3} = \dfrac{a(x-1)\left(x-\sqrt{\dfrac{2}{a}}\right)\left(x+\sqrt{\dfrac{2}{a}}\right)}{x^3}$.

① 当 $0<a<2$ 时，$\sqrt{\dfrac{2}{a}}>1$，当 $x\in(0,1)$ 或 $x\in\left(\sqrt{\dfrac{2}{a}},+\infty\right)$ 时，

$f'(x)>0$，$f(x)$ 单调递增；当 $x\in\left(1,\sqrt{\dfrac{2}{a}}\right)$ 时，$f'(x)<0$，$f(x)$ 单调递减.

② 当 $a=2$ 时，$\sqrt{\dfrac{2}{a}}=1$，在 $x\in(0,+\infty)$ 时，$f'(x)\geqslant 0$，$f(x)$ 单调递增.

③ 当 $a>2$ 时，$0<\sqrt{\dfrac{2}{a}}<1$，当 $x\in(0,\sqrt{\dfrac{2}{a}})$ 或 $x\in(1,+\infty)$ 时，$f'(x)>0$，$f(x)$ 单调递增；当 $x\in(\sqrt{\dfrac{2}{a}},1)$ 时，$f'(x)<0$，$f(x)$ 单调递减.

(2) 当 $a=1$ 时，$f(x)=x-\ln x+\dfrac{2x-1}{x^2}$，$f'(x)=\dfrac{(x-1)(x^2-2)}{x^3}=1-\dfrac{1}{x}-\dfrac{2}{x^2}+\dfrac{2}{x^3}$.

于是 $f(x)-f'(x)=x-\ln x+\dfrac{2x-1}{x^2}-(1-\dfrac{1}{x}-\dfrac{2}{x^2}+\dfrac{2}{x^3})=x-\ln x-1+\dfrac{3}{x}+\dfrac{1}{x^2}-\dfrac{2}{x^3}$，$x\in[1,2]$.

令 $g(x)=x-\ln x$，$h(x)=-1+\dfrac{3}{x}+\dfrac{1}{x^2}-\dfrac{2}{x^3}$，$x\in[1,2]$，

则 $f(x)-f'(x)=g(x)+h(x)$.

由 $g'(x)=1-\dfrac{1}{x}=\dfrac{x-1}{x}\geqslant 0$，得 $g(x)$ 的最小值为 $g(1)=1$.

又 $h'(x)=-\dfrac{3}{x^2}-\dfrac{2}{x^3}+\dfrac{6}{x^4}=\dfrac{-3x^2-2x+6}{x^4}$.

设 $\theta(x)=-3x^2-2x+6$，$x\in[1,2]$，则 $\theta(x)$ 在 $x\in[1,2]$ 上单调递减.

由 $\theta(1)=1>0$，$\theta(2)=-10<0$，由零点定理，必有 $x_0\in[1,2]$，使得 $\theta(x_0)=0$. 且 $1<x<x_0$ 时，$\theta(x)>0$，$h(x)$ 单调递增；$x_0<x<2$ 时，$\theta(x)<0$，$h(x)$ 单调递减. 又 $h(1)=1$，$h(2)=\dfrac{1}{2}$，则 $h_{最小值}(x)=h(2)=\dfrac{1}{2}$.

则 $f(x)-f'(x)=g(x)+h(x)>g(1)+h(2)=1+\dfrac{1}{2}=\dfrac{3}{2}$.

综上所述，$f(x)>f'(x)+\dfrac{3}{2}$ 对于任意的 $x\in[1,2]$ 成立.

接着，教师让学生思考：如何用放缩法证明？

如泰勒展开式粗放缩 $\ln x\leqslant x-1$（考试时需要证明，请读者自行完成）.

学生甲：得 $-\ln x\geqslant 1-x(x>0)$，即证明：

$$x-\ln x-1+\dfrac{3}{x}+\dfrac{1}{x^2}-\dfrac{2}{x^3}\geqslant x+1-x-1+\dfrac{3}{x}+\dfrac{1}{x^2}-\dfrac{2}{x^3}>\dfrac{3}{2}.$$

学生乙：证明 $3x^3-6x^2-2x+4<0(1\leqslant x\leqslant 2)$. 怎么办？

记 $h(x)=3x^3-6x^2-2x+4<0(1\leqslant x\leqslant 2)$.

注意到：$h(x)=3x^2(x-2)-2(x-2)=(x-2)(3x^2-2)<0(1\leqslant x\leqslant 2)$ 成立，当 $x=2$ 时，$-\ln x>1-x$.

学生若不会或不能分解因式，又怎么办？

先试根 $x=2$，可以介绍待定系数法，也可以介绍短除法（此方法更佳）.

当然，还可以引导学生研究，并用导数法解决：

学生丙：$h(1)=-1<0$，$h(2)=0$. 又当 $x=2$ 时，$-\ln x>1-x$.

由 $h'(x)=9x^2-12x-2=0(1\leqslant x\leqslant 2)$，得 $x=\dfrac{2+\sqrt{6}}{3}\in(1,2)$.

则 $h'(x)<0(1<x<\dfrac{2+\sqrt{6}}{3})$，$h'(x)>0(\dfrac{2+\sqrt{6}}{3}<x<2)$.

引导学生作出简图并观察，且 $h_{极小值}(x)=h(\dfrac{2+\sqrt{6}}{3})<h(1)<0$. 则 $h(x)\leqslant 0$ $(1\leqslant x\leqslant 2)$ 成立.

再如，由对数均值不等式细放缩 $\ln x<\dfrac{1}{2}(x-\dfrac{1}{x})(x>1)$（考试时需证明）也可以证明.

怎样证明？读者不妨一试.

第四节 课堂变革的方向——促进学生深度学习

学生虚假学习、浅表学习的问题不解决，课堂教学的困境就会越陷越深. 要走出困境，课堂教学必须要向促进学生深度学习的方向转变.

一、深度学习模型重构

从动机情感上来看，深度学习是一种全身心的投入、令人身心愉悦充实的学习状态，学习者常常是不知疲倦的；从认知的角度上看，深度学习是思维不断深化的过程，是思维向高阶思维阶段（分析、评价、创造）发展，自发的创造的过程；从人际关系的角度来看，深度学习者对自己的学习充满信心，且能够与他人有效沟通合作，共同克服困难解决问题.

深度学习的核心目标是"自主创造"，在认知领域主要表现为高阶思维和问题解决；在动机情感领域主要表现为全身心投入和自控策略；在人际关系领域主要表现为自我接纳和有效协作. 深度学习如同"螺旋桨",是一个人成长和发展的巨大动力系统.

与浅表学习相比,采用深度学习的学生记住信息的时间更持久,获得的分数更高,对学习过程更满意. 此方法能提高批判思维能力且能更快地整合与表达信息.

二、促进学生深度学习的课堂变革方案

深度学习的学习者是沉浸学习之中,精神高度集中,内心愉悦充实,处于一种"迷恋"和"忘我"状态的,因此深度学习者常常忘记了时间和自身的疲劳,并能够持续下去.

教育教学质量的提升要从教育资源集中的外延式发展向提高课堂教学质量的内涵发展转变. 课堂作为学生学习和发展的重要场域,要为学生提供安心而适宜的学习环境,并通过高品质的学习设计及协同合作的学习关系的建立,从根本上提升学生的学习品质.

1. 教师的倾听让学生的学习真实地发生

首先,教师主讲课堂仍然占主流,教师将已知的知识通过讲授的方式传递给学生,在讲授的过程中,更多地考虑学科的逻辑而难以考虑到学生的学习历程,学生一直处于被动的状态,只能应对和配合,难以形成主动的学习动机;其次,课堂座位多采用"秧田式"的座位方式,学生全部面对教师,学生与学生之间互相分隔,较少产生互动,因此课堂氛围比较僵化. 要让学习真实地发生,就要让课堂处于一种安全的氛围之中,让学生呈现一种真实自然的学习状态. 教师要呈现出"倾听"的身心状态和"柔软"的身体姿态,改变僵化的课堂氛围. 只有教师真正理解学生并关怀学生时,学生才能学到更多的"基础知识",并展现出更高的创造力和问题解决能力. 教师以"倾听"学生为第一要务,首先要倾听学生的学习需求,了解学生的探究兴趣;其次要倾听学生的学习困难,了解学生的"迷思概念"和"认知冲突",并以此为起点进行学习设计;再次要倾听学生观点的独特性和价值,并将这些观点串联起来.

要促进学生的深度学习,就要让学生能够有自主学习的机会. 如果学生总是被告知什么是正确的,什么是错误的,他们可以做什么,他们不可以做什么,他们就不能发展自身的判断力,不能发展自身的独立性和责任感. 因此,要把学习的机会真正交到学生的手中,就要真正理解学生的复杂学习历程,教师的课堂教学就需要体现对学生学习规律的充分尊重、理解、支持和助力.

首先，从教学过程与教学节奏上看，教师要给学生充分的自主学习的时间，并且让学生形成相互协同合作的关系，让学生有充分的思考、交流、试错和修订的时间，在学生的思考遇到困难或无法深入时，教师再去进行点拨、指导．因此教学节奏要慢下来，教学环节要尽可能简化，这样学生才会有充分的自主学习与协同合作的时间．另外，从教学设计与策略选择上看，应改变凭经验教学或按照教学参考书来教学的常规做法，要通过细致的课堂观察和深入的教学质量分析，充分了解学生的学情，特别是学生的学习困难到底产生于何处，从学生的学习困难入手，进行"逆向"的学习设计，从而对学生的学习提供有针对性的帮助．

2. 课堂学习以高品质的学习设计培育学生高阶思维

要实现学生的深度学习，就要进行高品质的学习设计，这是课堂教学质量的重要保障．所谓"学习设计"，就是为了学习者能有效地开展学习活动，从学习者的角度为其设计学习计划、活动和系统，学习设计是为学习者系统规划学习活动的过程，为学生的学习提供一个活动脚本．

学习设计必须要遵循学习者的学习起点、认知风格和学习历程，揣摩和研究学生学习知识的基本历程：学习的起点是什么，需要经历怎样的学习过程，会遇到什么困难，可能会提出什么问题，会采用什么样的学习方式和策略，最可能在哪些方面得到发展等，并通过有效的学习设计将学习活动引向深入．

当前的课堂普遍存在着"过多过快"的倾向，主要有以下表现：首先，教学目标过多、过杂，教师分不清教学目标的主次，不明确各教学目标之间的关系，在教学过程中教师常常会出现迷失教学目标的情况，由于教学目标设计不当，无法完成既定目标，从而不断加快教学进度，以完成目标；其次，设计过多的教学环节，每个环节都只预留1～2分钟的时间，学生几乎没有时间去思考，为了不影响教学进度，教师往往采用提问学优生或自问自答的方式来推进，从而出现教学进程远远超过学生学习历程，学生学习目标无法达成的情况；再次，为了让学生掌握更多的"基础知识"，教师采用不断重复、复习学生已知知识的方式进行巩固，课堂中的大量时间都放在夯实基础知识上，学生面对、解决挑战性问题的时间和空间较少，课后作业也往往是对已学知识的反复"刷题"，这使得学生的"学习"一直处在"记忆、理解"低阶思维的训练阶段，而缺少高阶思维的挑战．

学习设计要遵循少即是多的原则，教师要有明确而清晰的教学目标，并将其转化为学习目标和学习任务，学习任务要"少而精"．只有这样才能使学生聚焦核心问题并进行探究，才可能将更多的课堂时间用于学生主动地学习，才能给学生完整的学习历程，并且经历完整的思维过程.

确定最为核心的学习任务，需要教师对学科本质进行充分的研究，深刻理解知识内容和相互之间的关系，同时充分理解学生的原有知识基础、生活经验、学习困难与认知策略等，从而找到两者之间最为恰当的结合点，并将其巧妙地设计成学习任务. 同时，学习设计要考虑如何营造学习方法的指导、学具的研发、学习者之间的互动关系及学习过程中新内容的生成与利用等问题.

让学生们对学习内容感兴趣，掌握学习的方法、与他人互动的方式，提高学生发现问题、解决问题的能力等，使其成长为成熟的学习者.

学习设计要以促进学生"探究未知"为出发点，进行"逆向思维"，根据确定的学习主题设计出具体问题，并设计评价标准和"脚手架"，鼓励学生动手操作实践. 学生遇到困难时教师应进行指导，让学生完善自己的学习成果. 强调学生在具体的任务或挑战性情境中去主动探究，而不是对已掌握的知识进行反复的复习和巩固.

对"未知"的好奇和对问题解决的渴求是学生进行深度学习的重要动机. 因此，学习设计要贴近学生的生活经验，并形成具有挑战性的研究课题，通过自主学习、协同合作的方式让学生进行持续地探索.

为了让学习设计更加清晰、明确，并使学生的学习过程、学习结果得到更具形象化的呈现，可以采用共同备课，并通过制定"三单"——预习任务单、学习任务单和作业任务单的方式来进行.

下面以"圆锥曲线的定义复习课"为例，探究如何利用"三单"模式引导学生进行深度学习，促进学生思维发展.

本课是学生在学习了《高中数学选修 2－1》（人教版新课标 A 版）第二章"圆锥曲线与方程"后设计的一节复习课.

这节课的教学目标是学生通过回顾教材中圆锥曲线的不同形式的定义和求轨迹方程的一般步骤，能归纳小结圆锥曲线的统一定义（一动点与两定点的距离，一动点与一定点、一定直线的距离关系），并能从圆与圆相切的问题中抽象出动点的几何特征，由圆锥曲线的定义判断动点的轨迹，从而求出轨迹方程，体会数形结合、分类讨论等思想，提高学生归纳推理的能力，发展学生严密的逻辑思维.

本课以问题为主线，设计"问题串"，让学生运用多元的数学学习方式进行数学学习能力的培养，如发现问题、提出问题、分析问题、解决问题的能力. 结合学生学习数学的一般心理过程、思维习惯和思维规律，在学生原有认知结构的基础上，精心组织教学活动，发展学生的认知结构. 学生的学习过程遵循一定的顺序，如从已知到未知、从简单到复杂、从具体到抽象、从感知到理解、从定性到定量、从模仿到创造、从实验到理论和从理论到实验、从特殊到一般和从一般到特殊等，并设置了"三单"学习过程.

第一阶是前置学习，即预习任务单——解决原生问题.

预习任务单是让学生了解基础知识和基本方法，可以通过预习任务单的引导由学生在课前完成. 在"圆锥曲线的定义复习课"中，设计了如下的预习任务单.

问题1：求下面常见的点的轨迹.

(1) 平面内到定点 A 的距离等于定长 r 的点的轨迹是_____.

(2) 平面内到两定点 A，B 的距离之比为1的点的轨迹是_____.

(3) ①平面内，到两个定点 F_1 和 F_2 的距离的和等于常数 $2a$ ($a>0$) 的点的轨迹是_____；

②平面内，到两个定点 F_1 和 F_2 的距离的差的绝对值等于常数 $2a$ ($a>0$) 的点的轨迹是_____；

③平面内，与两个定点 A 和 B 的连线的斜率的乘积等于常数 m($m \neq 0$，$m = -\dfrac{b^2}{a^2}$) 的点的轨迹是_____.

(4) 平面内到定点 F 的距离与到定直线 l($F \notin l$) 的距离之比等于正常数 e 的动点 P 的轨迹. 当 $e>1$ 时是_____；当 $e=1$ 时是_____；当 $0<e<1$ 时是_____.

(5) 如图5-1所示，点 M 在直线 DP 上，且 $\dfrac{|DM|}{|DP|}=k(k>0$，且 $k \neq 1)$.

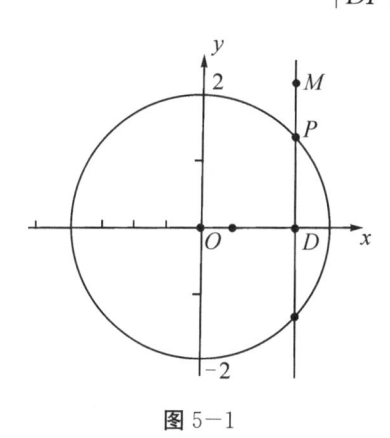

图 5-1

当点 P 在圆 $x^2+y^2=4$ 上运动时，求点 M 的轨迹方程，并说明轨迹的形状.

设计意图：将教材中分散的圆锥曲线的相关定义（含例题、习题中给出的）罗列出来，以问题形式引导学生回顾圆锥曲线的各种形式的定义，意在引发学生思考：

(1) 圆锥曲线定义的实质是什么？（距离关系）

(2) 定义中的距离有哪些条件限制？（学生常常忽略这个条件）

问题2：由问题1，你能归纳出圆锥曲线定义的共同特征吗？

设计意图：在学生思维最近发展区内提出问题，使学生面对适度的学习困难，主动思考、积极提问、实践探究，努力发现圆锥曲线定义的本质特征．如果学生在此出现学习困难，恰好可以激发学生的学习欲望，形成主动的学习动机．

问题3：回顾求点的轨迹方程的一般步骤：

(1)＿＿＿＿＿；(2)＿＿＿＿＿；(3)＿＿＿＿＿；(4)＿＿＿＿＿；(5)＿＿＿＿＿．

其中，最关键的步骤是第＿＿步，最易漏掉的步骤是第＿＿步．

设计意图：引导学生回顾求点的轨迹的一般步骤，强调重点和易错点，为课堂解决求轨迹方程的问题提供通性通法．

问题4：热身练习．

已知动点 P 在 x 轴的上方，它到点 $A(0,2)$ 的距离比它到直线 $y=-1$ 的距离大1，求动点 P 的轨迹方程．

设计意图：学以致用，对问题1和2进行实战演练，在题目中有意添加了"点 P 在 x 轴的上方"的条件，检测学生是否会规避易错点．

前置学习有两个目的：一是为学生后续的深度建构做好准备，二是为教师后续的学习引导提供依据．这里的原生问题是指学生在前置学习中所发现和提出的最初始的问题——是否可以将圆锥曲线的定义统一起来？在求圆锥曲线的轨迹方程的过程中需要注意哪些问题？

解决原生问题的前置学习包括如下三个环节：

(1) 浅层加工，即学习内容的整体感知和初步理解，如"圆锥曲线的定义复习课"中的问题1．

(2) 自主发现，即在浅层加工的基础上，发现和提出自己的问题，如"圆锥曲线的定义复习课"中的问题2、3、4．

(3) 分享交流，即分享自己发现和提出的问题，同时寻求同学或教师的帮助解决这些问题，如"圆锥曲线的定义复习课"中的问题2、3、4．

在"圆锥曲线的定义复习课"中，学生通过前置学习即预习任务单，解决了原生问题——圆锥曲线有哪些定义（或如何得到）？由原生问题的解决，引发学生思考并提出新的问题——共生问题1，求出方程后未检验；共生问题2，这么多种定义，是否可以归纳总结出这些定义的共同特征，以便更好地掌握圆锥曲线的定义呢？在和同学、老师的分享过程中，引发自己的思考和探究欲望，自然而然地渴望进入到第二阶的学习.

第二阶是深度建构，即学习任务单——解决共生问题.

学习任务单是在课堂上集中精力去探索学生难以独立完成的"挑战性课题"，并通过学生之间的学习成果共享及教师的点拨、修订不断地对其进行深化研究. 什么是共生问题呢？共生问题是指在学生自主发现问题的基础上，由师生共同建构出来的等待学生去解决的核心问题. 解决共生问题的深度建构包括如下三个环节：

（1）独立尝试，即由学生个体解决问题（如"圆锥曲线的定义复习课"中学习任务单中的例1），或小组独立尝试解决核心问题（如"圆锥曲线的定义复习课"中学习任务单中的例1的探究问题1~5）；

（2）协作探究，即通过师生之间的深度交流去分析问题和解决问题，追究背后的原因和事理（如"圆锥曲线的定义复习课"中学习任务单中的例2和变式训练）；

（3）归纳整合，即在问题解决之后，教师引导学生归纳和总结解决问题的方法、策略与思想等，帮助学生建立起自己新的认知结构（如"圆锥曲线的定义复习课"中学习任务单中的反思小结）.

在"圆锥曲线的定义复习课"中，为了解决前置学习中的共生问题1和问题2，我设计了如下的学习任务单.

典例剖析

案例一：学习任务单.

例1（一题多解） 在平面内，已知两定点 A，B，$|AB|=8$，动点 P 使得直线 AP 与直线 BP 相互垂直，求动点 P 的轨迹方程.

问题探究：

不改变例1中"已知两定点 A，B，$|AB|=8$"的条件，探究以下问题：

问题1：如何改变 $|AP|$ 与 $|BP|$ 的关系，使得点 P 的轨迹是直线？

问题2：如何改变 $|AP|$ 与 $|BP|$ 的关系，使得点 P 的轨迹是射线？

问题3：如何改变$|AP|$与$|BP|$的关系，使得点P的轨迹是线段？

问题4：如何改变$|AP|$与$|BP|$的关系，使得点P的轨迹是椭圆？

问题5：如何改变$|AP|$与$|BP|$的关系，使得点P的轨迹是双曲线？

设计意图：①例1由学生独立完成后，在班内进行分享，通过一题多解，发展学生多角度思考问题的能力，揭示图形的几何特征与方程的关系；②在预习任务单中，学生出现了共生问题1，即求出方程后未检验，没有去掉不满足条件的点，因此，在例1中设计了P与A，B不重合的隐含条件，让学生经历分析、试错、验证、修正、重构等一系列心理过程，提高学生严密的逻辑思维能力；③小组合作完成问题探究，通过问题探究，进一步加深学生对例题中限制条件的理解，突显数学概念的严密性，引导学生探究解决共生问题2，归纳总结出圆锥曲线各种定义的共同特征——"一动点与两定点"的距离的关系，从而达到引导学生深度学习，促进学生思维发展的目的.

例1启发全体学生开展独立思考，自主探究，提高学生的参与度，帮助学生逐步学会恰当处理"预设"与"生成"的关系. 教师机智运用反馈调节机制，根据课堂实际适时调整教学进程；问题探究采取小组合作的学习方式，以培养其主动参与、合作共享的意识和行为，解决学生遇到的学习困难，为学生提供反思学习的机会，培养学生认知能力，引导学生对照同学的结果检查自己的思考结果，归纳小结小组结果；以小组为单位在全班进行交流，分享探究结果，通过师生、生生、生师间的多元互动过程促进学生思维发展，激发学生创新意识.

例2 （1）已知$\odot A$：$(x+4)^2+y^2=121$和$\odot B$：$(x-4)^2+y^2=1$.

（1）动圆P与$\odot A$和$\odot B$都内切，求动圆圆心P的轨迹方程.

（2）已知$\odot A$：$(x+4)^2+y^2=25$和$\odot B$：$(x-4)^2+y^2=1$，动圆P与$\odot A$和$\odot B$都外切，求动圆圆心P的轨迹方程.

设计意图：①学以致用，例2是对圆锥曲线定义的应用，是对圆锥曲线定义问题的升华. 此例题意在引导学生用定义法求解动点的轨迹方程：让学生画图，从圆的相切问题中抽象出"一动点与两定点"，从已知条件判断出"一动点与两定点"的距离特征，并得出动点的轨迹，最后求出动点的轨迹方程并检验. 有学生在找出等量关系后，直接列方程，然后化简方程，最后得出动点的轨迹方程. 这种方法显然较定义法繁杂，由此让学生体会数学结合思想在解析几何中的重要性. ②对例2中的两个问题求解得出轨迹方程后都需要检验，再次考查学生思维的严密性，解决前置学习中的共生问题1.

变式训练

已知$\odot A$：$(x+4)^2+y^2=25$和$\odot B$：$(x-4)^2+y^2=1$，动圆P与$\odot A$和$\odot B$都相切，求动圆圆心P的轨迹方程.

设计意图：①将例2中的"内切""外切"改为"相切"，检测学生是否掌握了用定义法求解点的轨迹方程的方法，是否注意检验点的范围，从而使得前置学习中的共生问题1再次得到强化. ②引导学生深度学习，促进学生思维发展. 例2中的两个问题，一个"都内切"得出了动点的轨迹是椭圆（去掉了一个定点），而另一个"都外切"得出了动点的轨迹是双曲线的一支（去掉了一个顶点），学生可能会猜想：一个动圆与两个定圆同时相切时，动圆的圆心的轨迹是否有这样的规律，即"都内切"时轨迹与椭圆相关，"都外切"时轨迹与双曲线相关. 学生通过变式训练得出的结果可否定上面的猜想，从而激发学生进一步的探究欲望，渴望寻求这类问题的规律，促进学生思维发展.

在例2和变式训练的教学过程中，教师要给学生充分的自主学习时间，并且让学生形成相互协同合作的关系，让学生有充分的思考、交流、试错和修订的时间，在学生的思考遇到困难或无法深入时，教师再去进行点拨、指导，因此教学节奏要慢下来，教学环节要尽可能简化，这样学生才会有充分的自主学习与协同合作的时间，以促进学生深入思考，提高学生的思维能力.

反思总结

这一环节让学生自己反思总结他们在这堂课中的收获. 出现了什么困难？如何去解决？

设计意图：学生通过课堂学习任务单的深度建构，回顾自己的深度学习过程，聚焦圆锥曲线的定义，在探究共生问题—解决共生问题—发现新问题—探究新问题的过程中，总结自己的得失，促进思维发展.

深度建构在状态上指向学生主动参与学习，如"圆锥曲线的定义复习课"中，学生是在前置学习中生成了共生问题1、2，激发了学生主动参与学习；在内容上指向知识背后的深层意义，即学科知识的本质内涵，如"圆锥曲线的定义复习课"中的"一动点，两定点"距离关系；在过程上指向学生的深切体验和高阶思维，如"圆锥曲线的定义复习课"中，学生经历回顾原始定义—生成共生问题—探究统一定义—运用定义解决问题—生成新问题—再思考—再探究的过程，从而促进学生思维的发展；在结果上指向学生对意义的理解和实践的创新.

第三阶是评价反思，即作业任务单——解决衍生问题.

作业任务单是学生在课后进行延伸拓展的学习、变式训练和反思等的一种方式. 这样可以更为有效地利用课后的学习时间，并使学生的学习形成一种不断深化的正向循环关系，以保证学生的深度学习，促进学生的思维发展. 评价反思是指由教师或其他学生对学生的迁移应用情况进行评价，进而促进学生的自我反思. 衍生问题既可以是教师为了促进学生的迁移应用而专门设计的问题，也可以是学生在深度建构和评价反思过程中自我生成的问题. 解决衍生问题的评价反思包括如下三个环节：

（1）迁移应用，即将深度建构起来的知识和技能迁移应用于新的问题情境，如"圆锥曲线的定义复习课"的作业任务单中的拓展提升问题；

（2）学习评价，即对学生的迁移应用情况进行评论和鉴别，如"圆锥曲线的定义复习课"的作业任务单中的基础检测；

（3）自我反思，即引导学生对自我的认知进行反思和调节，如"圆锥曲线的定义复习课"的作业任务单中的生成问题再探究.

在"圆锥曲线的定义复习课"中，按照学习设计要遵循少即是多的原则，在第二阶段——深度建构的过程中，学习任务单中主要解决了"一动点与两定点"的距离关系及用定义法求动点的轨迹方程的问题. 将知识的迁移应用、学习评价和自我反思放到了第三阶，并设计了如下的作业任务单.

基础检测

案例二：作业任务单.

（1）在 $\triangle ABC$ 中，B 和 C 的坐标分别为（-3,0）和（3,0），且三角形周长为16，则点 A 的轨迹方程是_____.

（2）①（教材第49页第7题）如图5-2所示，圆 O 的半径为定长 r，A 是圆 O 内一个定点，P 是圆上任意一点. 线段 AP 的垂直平分线 l 和半径 OP 相交于点 Q，当点 P 在圆上运动时，点 Q 的轨迹是_____.

②（教材第62页第5题）如图5-3所示，圆 O 的半径为定长 r，A 是圆 O 外一个定点，P 是圆上任意一点. 线段 AP 的垂直平分线 l 和半径 OP 相交于点 Q，当点 P 在圆上运动时，点 Q 的轨迹是_____.

图 5-2　　　　　　　　　　　图 5-3

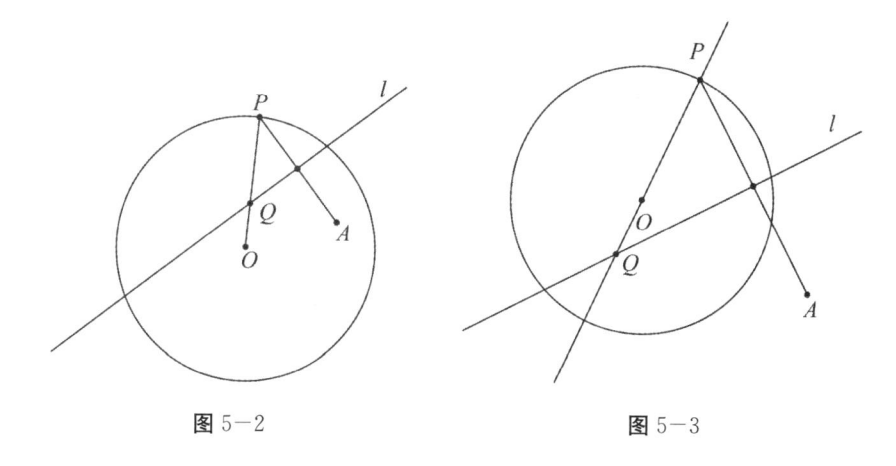

（3）点 M 到点 $F(4,0)$ 的距离比它到直线 $x+5=0$ 的距离小 1，则点 M 的轨迹方程为＿＿＿＿＿＿＿＿＿＿＿．

（4）已知定点 $F(2,0)$ 和定直线 $l：x=0.5$，不在 x 轴上的动点 P 与点 F 的距离是它到定直线 l 的距离的 2 倍，则点 P 的轨迹是＿＿＿＿＿＿．

设计意图：基础检测由学生独立完成，检测学生对圆锥曲线定义及用定义法求动点的轨迹（或轨迹方程）的掌握情况，同时提醒学生注意轨迹（形）与轨迹方程（数）的区别．

拓展提升

某检验员通常用一个直径为 2 cm 和一个直径为 1 cm 的标准圆柱，检测一个直径为 3 cm 的圆柱．为保证质量，有人建议再插入两个合适的同号标准圆柱．这两个标准圆柱的直径应为多少？

设计意图：将深度建构起来的知识和技能迁移应用于新的问题情境——生活实际问题，体现圆锥曲线定义的应用价值．

生成问题再探究

通过这节课课前、课中的学习，我们得出了圆锥曲线的定义实际上可以归纳为：

（1）圆通过拉伸或压缩可得到椭圆．

（2）圆、椭圆、双曲线可以统一成一动点与两定点斜率乘积为定值的点的轨迹．

(3) 由距离的关系可以得到圆锥曲线：

①圆的定义是一动点与一定点的距离关系；

②椭圆、双曲线是一动点与两定点的距离的关系；

③椭圆、双曲线、抛物线统一成一动点与一定直线的距离的关系.

生成新问题：

圆是否可以由"一动点和两定点"的距离关系确定呢？

探究新问题：

在预习任务单中，将问题1中（2）"平面内到两定点A，B的距离之比为1的点的轨迹"做以下变式：

（1）平面内，已知两定点A，B，$|AB|=8$，动点P到两定点A，B的距离之比为$\frac{1}{3}$，动点P的轨迹是什么呢？

（2）平面内，已知两定点A，B，$|AB|=8$，动点P到两定点A，B的距离之比为3，动点P的轨迹是什么呢？

（3）平面内，已知两定点A，B，$|AB|=8$，动点P到两定点A，B的距离之比为$k(k>0$，且$k\neq 1)$，动点P的轨迹是什么呢？

解决新问题：

（1）平面内到两定点A，B的距离之比为$k(k\neq 0)$的点的轨迹是什么？

（2）结合学习任务单的例1，你能归纳出由"一动点与两定点"的距离关系能得到我们学过的哪些常见图形呢？

归纳小结：线段、直线、射线、圆、椭圆、双曲线都可以由一动点与两定点的距离关系产生.

设计意图：总结归纳，从特殊到一般，产生"衍生问题"——阿波罗尼斯圆. 引导学生再思考、再探究、解决新问题、再反思、完善总结，通过这样的深度学习，促进学生思维发展.

在"圆锥曲线的定义复习课"的作业任务单中，笔者依据课程标准、教材与教学目标精心设计了基础性作业——基础检测，是全班学生的必做作业；增加了探究性、实践性、综合性作业——拓展提升，供大部分学生选做；增加了探索性作业——生成问题再探究，供学有余力的学生选做. 在课堂教学的延伸阶段进一步把握对核心知识、核心能力的积累和训练，从而以作业优化的方式保障学生关键能力的提升，促进学生的思维发展.

"三单"深度学习引导模式，即"问题主线，三阶递进".

"问题主线"是指从前置学习到深度建构再到评价反思，以问题作为贯穿整个学习过程的主线,其目的是让学生在持续的问题解决过程中展开学习.

"三阶递进"具体表现在如下两个方面:一是问题的三个层次,即从原生问题到共生问题再到衍生问题;二是过程的三个层次,与问题的三个层次相对应,分别展开前置学习(独立学习水平)、深度建构(协作学习水平)、评价反思(反思学习水平)三个具有层次性的学习.

作为深度学习的基本模式,问题解决学习的实践前提是将书本知识改造为等待学生去解决的问题.在课堂中,教师都会对学生提出问题,大量的问题是习题式问题,因而不利于学生展开真正意义上的问题解决学习.根据中小学教师的大量课堂实践经验可知,有利于促进学生展开问题解决学习的问题至少需要满足如下三个条件:

一是精妙和巧妙,即设计出能够有效触及学生心灵深处和触发学生学习兴趣、情感与思维的问题.

二是鲜活和灵活,即设计出尽量真实且具有探究空间的问题.

三是综合和整合,即设计出能够统摄学习目标、学习内容和学习过程的问题.

例如,"圆锥曲线中直线过定点问题初探""三单"教学设计如下.

(1) 教学内容和内容解析.

本堂课利用《高中数学选修 $2-1$》(人教版新课标 A 版)教材中的一道习题,通过层层设问,引导学生在一道习题的证明过程中通过一次次的局部修改得到一系列问题的证明和思考,从而深入探究直线与抛物线相交后,抛物线过定点的特征,进而猜想逆命题成立.再由特殊到一般,变动直角顶点位置.最后类比椭圆和双曲线,得到相应结论.整个教学设计让课堂向课后延伸,让思维自由绽放.

以后学生在圆锥曲线问题中遇到垂直问题、定点问题会积累一定经验,对学生数学思维的提高有所启发和帮助.引导学生突破思维,学会解题,把机械的做题转变为深刻理解概念的内涵及外延,以及对解题过程进行归纳、总结、拓展、感悟.

(2) 教学目标和目标解析.

圆锥曲线的内接直角三角形问题及直线过定点问题是高考的高频考点,内接直角三角形问题的本质为向量数量积为零或斜率乘积等于 -1(斜率存在的情况下),直线过定点问题会用到逻辑推理、先猜后证等方法.这两个问题涉及的知识面广,题目带有一定的综合性和灵活性,对学生思维能力要求较高.

本课以一道习题的步步变形来引导学生展开思考,帮助学生突破思维障碍，让学生在课堂上多思考．本节课的学习，能够激发学生顽强的探究精神和严肃认真的科学态度，激发学生更大的数学热情．体会数学各个内容之间的联系，使学生学会整合已有知识去解决问题．本节课的教学力争让学生充分理解数学知识本身是复杂的，教师通过本节课了解从认知语境的角度对学生教学的规律，从收获体验知识生成的角度对学生进行教学，从而引导学生学习和进行深度学习．

（3）学生学情分析．

从知识储备来说，高三学生已经掌握了圆锥曲线的基本知识．从能力储备来说，学生基本具备"通过观察、操作、抽象概括等活动来获得数学结论"的能力，并具有一定的抽象概括和合情推理归纳的能力．另外，该班学生的数学基础较扎实，思维较活跃，具有一定的探究活动经验．

（4）教学策略与教法、学法．

本节课学生通过一道抛物线的习题、小组探讨及自主思考有所发现，激发了学生的学习兴趣．在整个过程中，有大量的学生参与小组探索，体现了建构主义理论——"学习是学生主动建构知识的过程"，强调学生的主动性．若数学概念的提出脱离了学生熟悉的背景，缺少了学生的主动参与，那数学课堂没有一丝活跃的气氛．因此教师在讲授知识的过程中，要注重培养学生的自主学习能力和合作探究能力，这样学生才能以更大的热情投入学习中去，才能够实现深度学习．

本课将采用"问题驱动"式教学基本模式，在探究中提出问题，在独立思考与合作交流中解决问题，在解决问题之后再提出新的问题，以问题带动学习．教师的教法则注重活动的安排和问题的引导，通过问题引导学生观察、分析、类比、归纳、演绎．相应地，学生的学法则注重独立探究、合作交流、实践发现．

教具：多媒体（投影仪）、PPT课件、几何画板．

学具：草稿本、直尺、铅笔、画图和演示用的A4纸学案．

（5）教学重点和难点．

教学重点：抛物线内接直角三角形问题的变形及直线过定点问题．

教学难点：根据教师问题的层层递进，引导学生思考的层层深入．

(6)教学过程见表 5-1.

表 5-1

教学环节	教师活动	学生活动	设计意图
课前预习（预习任务单）	直线 $y=x-2$ 与抛物线 $y^2=2x$ 相交于点 A，B，O 是坐标原点，求证：$OA \perp OB$.	学生课前独立证明：设 $A(x_1, y_1)$，$B(x_2, y_2)$，由 $\begin{cases} y=x-2 \\ y^2=2x \end{cases} \Rightarrow y^2=2(y+2)$，$\Rightarrow y^2-2y-4=0$. $y_1+y_2=2$，$y_1 y_2=-4$. $\because \overrightarrow{OA} \cdot \overrightarrow{OB} = x_1 x_2 + y_1 y_2 = \dfrac{y_1^2}{2} \cdot \dfrac{y_2^2}{2} + y_1 y_2 = 0$，$\therefore OA \perp OB$.	问题前置，利用课前预习单，以教材中的习题为起点，立足于课本，开始发散探索延伸之旅.让学生对知识先有自己的基础认识，然后在课堂上继续去发现教师对同一内容的不同理解.从而更好地学习教师分析问题、解决问题的方法.
课上问题探究（学习任务单）	问题 1：抛物线的顶点只对这一条弦的张角是直角吗？	根据该抛物线关于 x 轴的对称性可以得到不只一条这样的弦，如下图所示，直线斜率互为相反数时也成立. （图）	几何画板动态演示，直观呈现直线关于 x 轴对称的情况.让学生进行对比，在直观感受的同时根据抛物线的对称性发现 $y=-x+2$ 与 $y=x-2$ 均让抛物线的顶点对弦的张角是直角.
	问题 2：通过直观观察，看看这些弦有没有共同特点呢？	发现两条直线都过 x 轴上同一点 $(2,0)$.	提问的同时通过几何画板动态演示，让学生通过动画发现直线会绕着 x 轴上一定点旋转
	问题 3：过 x 轴上同一点 $(2,0)$ 的弦是否就能满足 $OA \perp OB$ 呢？猜想 1：只要是过 $(2,0)$ 的弦都满足 $OA \perp OB$.	通过思考，可以再找到一条比较特殊的直线 $x=2$，此时，易证交点 $A(2,2)$，$B(2,-2)$ 也满足 $OA \perp OB$. 学生在第一次证明过程的基础上，稍做改动即可证明. 证明：设 $A(x_1, y_1)$，$B(x_2, y_2)$，由 $\begin{cases} x=ty+2 \\ y^2=2x \end{cases} \Rightarrow y^2=2(ty+2) \Rightarrow y^2-2ty-4=0$，$\therefore y_1+y_2=2t$，$y_1 y_2=-4$. $\because \overrightarrow{OA} \cdot \overrightarrow{OB} = x_1 x_2 + y_1 y_2 = \dfrac{y_1^2}{2} \cdot \dfrac{y_2^2}{2} + y_1 y_2 = 0$，$\therefore OA \perp OB$. 在证明过程中，发现 $y_1 y_2$ 的值没有发生变化，所以垂直结论不变.	利用学习任务单在之前的证明过程上进行改动，每一次都在原证明上进行适当合理的改动，即可证明得到新的结论. 让学生善于动脑，发现特殊情况，从而去猜想可能出现的一般性情况，并动手证明.

续表5-1

教学环节	教师活动	学生活动	设计意图
课上问题探究（学习任务单）	问题4：上面猜想的逆命题成立吗？ 猜想2：直线与抛物线 $y^2=2x$ 相交于点 A，B，O 是坐标原点，且 $OA \perp OB$，则直线过定点 $(2, 0)$.	学生在上一次证明的基础上，继续稍做改动即可证明：只需将直线方程中的2变成 m，作相应修改即可证明. 证明：设 $A(x_1, y_1)$，$B(x_2, y_2)$， 由 $\begin{cases} x=ty+m \\ y^2=2x \end{cases} \Rightarrow y^2=2(ty+m) \Rightarrow y^2-2ty-2m=0$. $\therefore y_1+y_2=2t$，$y_1 y_2=-2m$. $\because \vec{OA} \cdot \vec{OB}=x_1 x_2+y_1 y_2=\dfrac{y_1^2}{2} \cdot \dfrac{y_2^2}{2}+y_1 y_2=0$， $\therefore \dfrac{1}{4} \times 4m^2-2m=0$. $\therefore m=0$ 或 2（舍去 $m=0$）. $\therefore x=ty+2$，恒过定点 $(2, 0)$.	从学生实际出发，创设一个一级让学生可以拾级而上的问题串，问在知识本质处，问在经验生长处，问在思路点拨处，给学生创造竞争和成功的机会，让不同层次的学生按问题的坡度都能够"跳一跳，够得着"，从而增强学生学习数学的自信心，学生对成功的体验绝对是提高兴趣的最佳强化物.
	问题5：我们能不能把抛物线一般化？ 猜想3：直线与抛物线 $y^2=2px$ 相交于点 A，B，O 是坐标原点，且 $OA \perp OB$，则直线过定点 $(2p, 0)$.	只需将抛物线方程中 $2x$ 改成 $2px$，后面作相应修改即可证明. 证明：设 $A(x_1, y_1)$，$B(x_2, y_2)$， 由 $\begin{cases} x=ty+m \\ y^2=2px \end{cases} \Rightarrow y^2=2p(ty+m) \Rightarrow y^2-2pty-2mp=0$， $\therefore y_1+y_2=2tp$，$y_1 y_2=-2mp$. $\because \vec{OA} \cdot \vec{OB}=x_1 x_2+y_1 y_2=\dfrac{y_1^2}{2p} \cdot \dfrac{y_2^2}{2p}+y_1 y_2=0$， $\therefore \dfrac{1}{4p^2} \times 4m^2 p^2-2mp=0$. $\therefore m=0$ 或 $2p$（舍去 $m=0$）. $\therefore x=ty+2p$，恒过定点 $(2p, 0)$.	
	问题6：如果直角顶点是抛物线上除原点的任意一点，还有上面的性质吗？	学生自己提出假设并证明：假设直线与抛物线 $y^2=2x$ 相交于点 A，B，$M(x_0, y_0)$ 是抛物线上任意一个定点，且 $MA \perp MB$，则直线过定点（　　）. 答案：定点坐标为 $(x_0+2p, -y_0)$.	

续表5-1

教学环节	教师活动	学生活动	设计意图
课后拓展作业（作业任务单）	思考1：$M(x_0, y_0)$是抛物线上任意一个定点，如果直线MA和MB的斜率乘积不再是-1，而是其他定值，甚至是斜率之和、之差、之商为定值，结论又会怎样呢？	学生完成以下作业题目： (1) 已知抛物线$y^2=4x$，过$M(1,2)$作两直线l_1，l_2分别与抛物线交于A，B两个不同的点，且l_1，l_2两直线斜率k_1，k_2满足$k_1k_2=2$. 求证：直线AB过定点. 答案：直线AB过定点坐标为$(-1,-2)$. (2) 已知抛物线$C：y^2=2px(p>0)$上的一点$M(2,m)(m>0)$，M到焦点F的距离为$\frac{5}{2}$，A、B是抛物线C上异于M的两点，且$MA \perp MB$. ①求p和m的值；②问直线AB是否恒过定点？若过定点，求出这个定点的坐标；若不过定点，请说明理由. 答案：直线AB过定点坐标为$(4,-2)$.	让学生由被动学习者变为主动探索者，让学生发散思维、拓展能力. 让课堂从课前延伸到课后，让学生思维自由绽放.
	思考2：如果背景不再是抛物线，而是椭圆或双曲线，又会如何？有没有相似的结论？	(3)（2007 山东理21）已知椭圆C的中心在坐标原点，焦点在x轴上，椭圆C上的点到焦点的距离的最大值为3，最小值为1. ①求椭圆C的标准方程；②若直线$y=kx+m$与椭圆C相交于A，B两点（A，B不是左右顶点），且以AB为直径的圆过椭圆C的右顶点. 证明：直线AB过定点，并求出该定点的坐标. 答案：直线AB过定点坐标为$(\frac{2}{7},0)$.	

（7）教学反思.

高中数学课堂教学要加强引导学生学习基本知识，理解基本概念，深挖教材例题、练习等，让学生会学习、善研究、勤思考，能举一反三，多思多想，以达到深度学习的目的.

整节课让学生理解数学本质和内涵，掌握数学的思想方法，培养学生数学学科的核心素养，激活其活力和张力，促使其自主生长.

引领学生学会推广引申，在解决问题后重新剖析问题的实质，可以使学生较轻松地抓住问题的关键和本质. 在解决一个或几个问题后，抛砖引玉，启发学生进行联想，从中挖掘问题之间的内在联系，探索问题的一般规律，从而达到举一反三的效果，可进一步提高学生的抽象思维和逻辑思维能力，让学生真正拥有数学素养.

以后，学生在圆锥曲线问题中若再遇到垂直问题、定点问题，就会有一定的经验. 这也提醒教师在新课程改革的情况下，有时需要慢下来引导学生思考．数学的核心在于思维、在于过程，并不仅限于一个结果．

出色的设计能激活学生进一步探究数学新理念，实现课程资源价值的超水平发挥．数学学习过程是师生共同探索的过程，是教师适应新课程、新教法的过程，也是学生开拓新理念、新思维的过程．

新课程改革是一场教育理念的革命，在"以学生发展为本"思想的统领下，让学生在学习数学的过程中能够找到满足其自身需要和所达层次的个性化学习方案．

考试怎么考？学生怎么学？教师怎么教？是十分严肃的问题．在以后的教学中，应精心设计、贯彻落实以培养数学核心素养为目的的教学计划．在重视学生学习结果的同时，更应注重学生的探究过程及学生在探究过程中的感受和体验，即数学化的活动经验．鼓励学生主动参与问题交流、思维碰撞活动，着力培养学生的思维能力和数学素养，这也正是创生课堂寻找"落地生根"的策略和途径．在教学中，坚持立德树人，坚持问题导向，坚持科学有效，大胆放手，让学生真正参与课堂学习，关注学生的"学得"，让学生自主提炼学习的流程、方法、思想．在平时就重视对学生的数学素养和能力的培养，这样才能帮助学生掌握获取知识的途径和方法，进而求达"习得"．

第六章　融合技术的现代高品质数学课堂建构

《基础教育课程改革纲要（试行）》指出应大力推进信息技术在教学过程中的普遍应用，促进信息技术与学科课程的整合，逐步实现教学内容的呈现方式、学生的学习方式、教师的教学方式和师生互动方式的变革，充分发挥信息技术的优势，为学生学习和发展提供丰富多彩的教育环境和有力的学习工具.《国家中长期教育改革和发展规划纲要（2010—2020年）》对教育信息化已做了全面部署，要求以教育信息化促进教育内容、教学手段和方法的现代化. 信息技术的广泛应用正在对数学教育产生深刻的影响. 因此，在数学教学中，应用信息技术是时代发展的必然要求.

在数学教学中，信息技术的优势表现为快捷的计算功能、丰富的图形呈现与制作功能、大量数据的处理功能、提供交互式的学习和研究环境等. 因此，教师必须改变自己的教学习惯，注重信息技术与数学课程的深度融合，恰当地使用信息技术，发挥信息技术的优势，利用信息技术呈现以往在教学中难以呈现的课程内容，帮助学生更深层次地认识和理解数学的本质，鼓励学生运用信息技术体验和探究知识的发生与发展，优化课堂教学，转变教学与学习的方式，建构融合技术的现代高品质数学课堂，最终实现培养学生数学核心素养的目的.

第一节 以融合技术的现代高品质数学课堂促进学生深度学习

一、融合技术的现代高品质数学课堂以落实全面育人为宗旨，以促进学生深度学习、发展学生高阶数学思维、培育学生数学核心素养为目的

融合技术的现代高品质数学课堂是在信息技术的支撑下，站在更高层面上，以落实全面育人为宗旨，从教学设计和教学环境方面来干预深度学习策略，鼓励学生运用信息技术体验和探究知识的发生与发展，充分发挥信息技术作为学习工具的功能，促进学习者与学习环境的互动，拓展学习者的认知能力，有效促进学习者深度学习．其不仅要发展学生的高阶数学思维能力，而且要指向立德树人，指向发展学生核心素养，指向培养全面发展的人才．

高阶思维是深度学习的核心，是在较高层次的认知水平上发生的心智活动或认知能力．其主要包括问题解决能力、元认知能力与创造性思维能力．而随着时代的发展，全球化、网络化对学习者的能力提出了更高的要求，高阶思维能力逐渐从传统的认知领域（问题解决能力、元认知能力、创造性思维能力）扩大到人际领域（团队协作能力与沟通交流能力）．融合技术的现代高品质数学课堂应鼓励学生运用信息技术体验和探究知识，经历知识的发生和发展过程，同时了解运用数学解决问题的思考过程，使学生更好地认识数学的本质；还应鼓励学生通过小组协作与同学进行有效的交流互动，不断地纠正并完善自己的认知，学会学习，以达到培养学生高阶思维能力和数学学科核心素养的教学目标．

二、打通学科心理、教育和技术的桥梁，并深入数学学科内容本质

教育的目的是促进人的发展，"发展"二字不容忽视，核心素养的生命力应在于"发展"二字．从学科心理怎么过渡到教育学？这个时候需要信息技术来支撑．因此，教育技术是连接教育学、心理学和技术的桥梁．但是，教育与信息技术的融合，如果还是停留在表面的生动、数学现象的简单演示等，信息

技术始终是个外部的媒介,不能促进学生的深度学习并发挥它的真正功能.因此,信息技术与数学学科的融合应该深入学科内容本身,既要考虑数学内容的特点,又要考虑信息技术的特点与局限性,把握好两者的有机结合,引导学生深入思考,帮助学生更深层次地认识和理解数学的本质,促进学生深度学习和数学思维的发展.

深度学习是引领"发展"的第一动力,深度学习在高品质数学课堂的框架体系之中也是时代发展的必然选择.因此,我们在智慧教育的背景下,更要以现代信息技术的融合构建高品质数学课堂,利用信息技术来加工数学信息、帮助学生深度理解抽象概念、掌握学习方法、构建数学知识体系并迁移应用到真实情境中解决复杂数学问题,促进学生的深度学习.在深化课程改革思想的指引下,我们以提出问题—解决问题—反思提升—运用反馈四个环节推进高品质数学课堂建设,并找准信息技术融合创新素养培育的着力点.例如,运用网络画板,使抽象问题直观化——从视觉感知到头脑感知,促使学生创新思维能力的提升;妙用信息技术,使推理问题程序化——让创新学习有"法"可依,有"章"可循,在提高解题效率的同时培养了学生的高阶思维.这样,融合技术的现代高品质数学课堂构建既是顺应时代潮流的改革,也是促进师生教与学方式改革的重要举措,更是一线数学教师的共同追求,能极大促进学生深度学习.

(一)提出问题——情境引入,探寻知识的发生

提出问题即提出和理解核心任务:教师营造情境提出问题,学生领会任务,进入情境.我们将资源丰富多彩的现代信息技术融入数学课堂,将与问题情境有关的文字、图像、图形、声音、视频、动画等呈现给学生,将高中数学课程内容抽象的情境创设为生动、形象、多样化、接近实际的问题情境,这样的信息技术融合为高品质数学课堂奠定了基础.课堂上随着核心任务的提出,学生了解了本节课的学习价值和目标任务,进而产生较强的学习内驱力.信息技术所带来的强烈外部刺激,使学生融入问题情境中.正是这种感受的新颖性,使学生产生一种积极的心理体验,并迅速转化为求知欲望和创新需求,激发学生创新的动机,为学生探寻知识的发生提供了一个良好的境遇,形成了深度学习的奠基阶段.

例如,在"函数单调性"概念教学中.我们知道函数是研究事物运动变化规律的数学模型,而生活中许多运动变化现象都具有规律.从这一已有概念认知切入,可设计如下的情境引入.

设计一:借助屏幕分享等功能让学生观察"上楼梯"的视频,提出问题:

◆ 基于融合技术的数学高品质课堂建构

在上楼梯时（图6-1），人的位置（因变量）是如何随台阶（自变量）的变化而变化的？

图6-1

设计二：新疆乌鲁木齐属于远离海洋的内陆地区，一天的温差较大，气温随时间的变化比较明显．借助网络搜索该地某一天气温 T 随时间 t 的变化图像（图6-2）．提出问题：气温 T 在这一天里发生了怎样的变化？

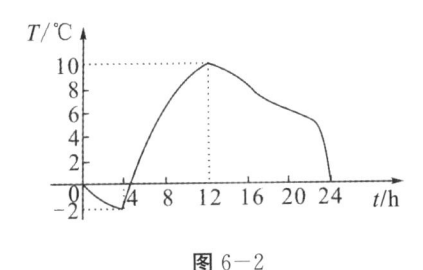

图6-2

这样贴合学生生活实际的问题情境导入能更好地激发学生的求知欲，而这种欲望正是深度学习的基础．同时，这也让学生理解到数学知识的获得离不开生活．在数学教学中，若能把"纯粹"的数学知识与学生在日常生活中熟悉的、具体的事物相联系，就会有利于抽象的数学概念具体化、形象化．

（二）解决问题——主动实践，体验知识的生长

解决问题即进行核心任务的解决活动：教师进行定向引导、适当协助，学生独立操作、交流合作．在信息技术情境下引导学生将提出问题作为深度学习的起点，学生需要做广泛、深刻、跳跃性的主动实践，发现和解决自己未发现或未解决的问题，从问题思考过程和解决问题的切入点体验知识的生成过程．然而，高中生的思维特点是从形象思维逐渐向抽象思维过渡，而这种抽象思维还带有很强的具体形象性，特别是高中数学本身具有许多数学内容的抽象性及大量重复且复杂的数据处理的枯燥性等特征，这往往会阻碍对学生深度学习的培养．课堂上可借助信息技术作用于数学教学，化静为动，动静结合，使静态的知识动态化，直观生动地展示知识与方法的变化，缩短客观知识和隐形的思想方法与学生之间的距离，更好地帮助学生体验知识与思想内在的关联，促进

学生新的认知结果的形成,进而形成深度学习的发展阶段.信息技术还具有动态变化的特点,可将数形思想有机结合起来,把曲线运动的变化趋势展示在学生面前,把不易理解的问题直观化,使得学生由形象的认识过渡到抽象的认识高度,诱发学生的创新思维,这也培养了学生解决问题的直觉思维能力,符合高品质数学课堂的一个重要指标——深度学习.

例如,在"函数单调性"教学中,教师可利用屏幕分享的功能,借助几何画板绘制这六种图象,这可以克服手绘图象的不精确性;然后可对每一种图象选点并度量坐标,生成点的动画,让学生观察该点横纵坐标的增减规律及关系,即让学生直观感受随着自变量的变化,函数值是如何变化的.在此基础上,设计问题串,以追问的方式引导学生用数学符号语言描述这种变化关系,体验函数单调性概念的生长过程.

又如在"导数的几何意义"教学中,学生在核心任务的引领下,动手画出一系列特殊位置的割线并进行探究,直观感知割线PP_n及割线PP_n斜率的变化趋势,初步感受由割线逼近切线、产生切线的过程.学生产生了疑问:如何自由选取图象上的一个定点P和一个动点P_n,割线PP_n是否也无限逼近切线呢?教师引导学生借助GeoGebra软件进行动态演示.通过直观感知,学生不仅验证了"割线无限逼近切线"的过程,而且深刻体验到"将割线趋于确定位置的直线定义为切线",进一步体会这种定义适用于各种曲线,从而反映了切线的直观本质.这样利用信息技术助力数学课堂不仅培养了学生的直觉思维,也突出了教学重点,更为学生深度学习发展进行了很好的铺垫.

为使学生体验充分,需要利用平板电脑动态展示探究过程,因此教师设计了学生借助GeoGebra软件动态展示进行几何验证的过程,让学生再次体验了整个过程.运用信息技术感知知识形成过程,信息技术所带来的强烈的外部刺激,使学生处于一种强烈的感受之中,并融入问题情境中.在解决问题过程中,为了诱发学生的创新思维,教师把曲线运动的变化趋势展示在学生面前,把不易理解的问题直观化,使得学生由形象的认识过渡到抽象的认识高度,这也培养了学生解决问题的直觉思维能力.在这一阶段进行思维碰撞的同时,达成了思维互补和互促,让数学思维的广度和深度得到拓展.

(三)反思提升——梳理要点,促成知识的建构

反思提升是对问题理解及问题解决过程中的体验进行有目的的反思和提升的过程.该环节生成的知识、方法等新知都是基于学生自己参与的问题解决活

◆ 基于融合技术的数学高品质课堂建构

动及其对活动结果的反思得来的.在反思提升环节,教师应充分利用信息技术的优势,再现学生知识的构建过程,让学生明确问题解决及创新思维的路径,更好地启发学生加强对所学知识的纵横联系,充分发挥学科固有的逻辑关联,系统地引导学生对新知、新法之间及与已有知识方法之间的关联体验.在此基础上,学生在获得新知时,也能大胆质疑,对所学知识作引申甚至提出疑问.因为这样的"疑问"或"问题"能促使学生第二次思维的升华,这就凸显了学生的创造性思维.课堂上将提出的问题系统解决,形成"问题解决—问题再发现—问题再解决—问题指导实践"的思维流程,进而迸发出创造性思维,这也培养了学生创造性的思维,形成了高品质的数学课堂.

例如,在"函数单调性"教学中,依据学生在解决问题中梳理的要点,归纳函数单调性的概念,借助 PPT,插入 SmartArt 的层次结构设计函数单调性概念的思维导图,帮助学生厘清关系,抓住重难点,有效促成概念的建构.

对于概念中"定义域 I 内的某个区间 D"的理解,通过几何画板再次绘制函数 $g(x)=\dfrac{2}{x}$ 的图象(图 6-3),演示三种取法:① x_1,$x_2 \in (-\infty, 0)$;② $x_1 \in (0, +\infty)$,$x_2 \in (-\infty, 0)$;③ x_1,$x_2 \in (0, +\infty)$.这样可让学生厘清单调性概念中定义域与单调区间的关系及区别(单调区间是定义域的子集,定义域为并集,多个单调区间若符合单调性定义方可写成并集,否则分开列举).

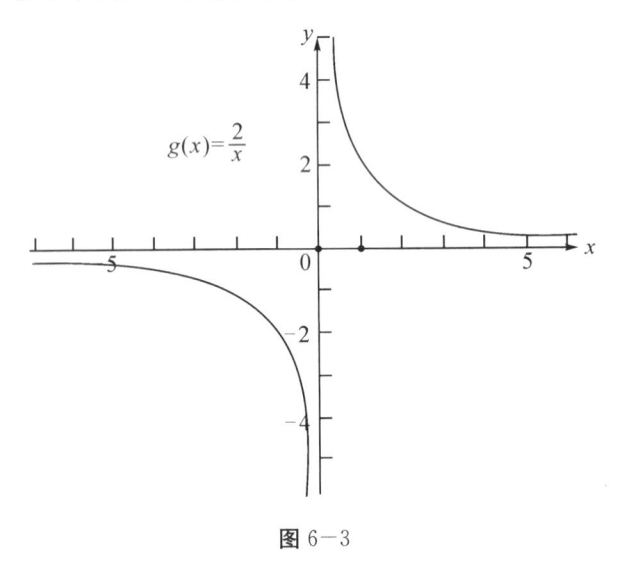

图 6-3

对于关系式"$x_1 < x_2$,$f(x_1) < f(x_2)$"的理解,通过几何画板再次绘制函数 $y=2x+1$ 的图象,生成点的动画,从中感受增函数的自变量与函数值的

同向变化规律，从而延伸为数学关系式：$(x_1-x_2)(f(x_1)-f(x_2))>0$ 或 $\dfrac{f(x_1)-f(x_2)}{x_1-x_2}>0$. 二者均可说明函数的单调递增性，通过类比亦可延伸刻画减函数的数学关系式.

又如，在"导数的几何意义"教学中，学生通过 GeoGebra 软件将曲线某一点附近的图象放大得到一个近景图，图象放得越大，这一小段曲线看起来就越像直线. 在这一过程中，学生在利用信息技术验证探究的问题基础上提出新的问题，将曲线定点 P 处的局部"放大、放大、再放大"，形象而逼真地再现在某点附近的很小区域内，可以用切线近似代替曲线来研究问题. 其实学生已经出现了"以直代曲"的思想，平板真可谓做到了"动态直观消除神秘，启发点拨贯通曲直". 这样，信息技术助力培养了学生的想象思维，从而突破了教学难点. 同时，教师运用放大功能，将数轴的单位长度放大，使割线、切线与曲线无限逼近，但无论怎么放大，它们也不会重合. 这正是"无限逼近，但永不重合"的极限思想，也是 $f'(x_0)=\lim\limits_{\Delta x\to 0}\dfrac{f(x_0+\Delta x)-f(x_0)}{\Delta x}$ 的代数意义：Δx 无限趋近于 0，但又不是 0 的真实写照（图 6-4）.

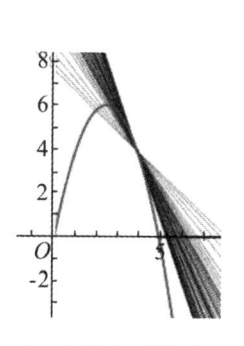

(a) 点从左无限逼近

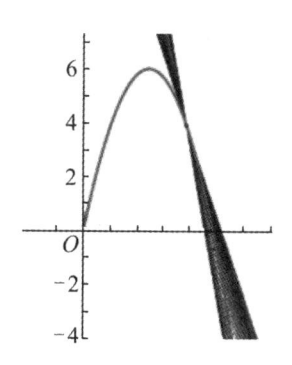

(b) 点从右无限逼近

(c) 放大 20 倍后无限逼近

(d) 放大 50 倍后无限逼近

图 6-4

教师运用先进的教学方法、数学教学技术，学生的创新思维才可能真正得到训练和培养，学生的数学直观、数学推理等核心素养才能真正得到发展．这充分体现了创新思维的高品质数学课堂特点——"解放双手、运用技术"．

（四）运用反馈——及时检测，促进知识的内化

在运用反馈过程中，将信息技术融入课堂，有助于学生运用本节课生成的新知、新法解决新情境的新问题．在新问题中，学生可以获得新的成就感．这不仅拓展了学生对知识方法做进一步思考的空间，而且加强了新情境与已学数学知识的联系，进一步激发学生的后续学习动力，有利于培养学生的创新思维和创新能力．这是让学生理解知识、掌握知识并形成技能的基本途径，又是运用知识拓展思路、发展智能的重要手段．

高品质数学课堂的深度学习强调"着意迁移应用"和"面向问题求解"．在深度厘清数学概念后，需要引导学生将已有的概念迁移到新情境中解决问题．

在"函数的单调性"教学中，我们设置了这样的问题：物理学中的玻意耳定律 $P=\dfrac{k}{V}$（k 为正常数）告诉我们，对于一定量的气体，当体积 V 减小时，压强 P 将增大．请使用函数的单调性证明之．该问题旨在巩固单调性的证明方法，并加强对概念的理解、表述和应用．此题不仅涉及学生对概念本身的掌握情况，还涉及证明过程的规范性．因此，要求学生在作业纸上完整解答，并拍照上传，由教师借助图片编辑功能进行相应的批注并纠错，并通过学习平台回传给学生，展示规范的解答过程．这不仅能帮助学生厘清概念，还能养成良好的作答习惯．教师依据运用反馈中对题型的解答情况，实时掌握学生对函数单调性概念理解的差异，利用一些简单的软件（如 Excel）进行统计，并进行等级分类，以便在课后网络教育平台进行学习提升［如布置个性化手册（错题变式推送，重点题型举一反三等）、利用录屏软件（如 Camtasia 软件、EVCapture 软件）制作题型的微讲解视频］．

应用现代信息技术助力高品质数学教学是一种高效率的现代化教学手段，不仅能让学生在高品质数学课堂学习中始终保持兴奋、愉悦、渴求上进的心理状态，又能通过创设创新思维的问题情境，让具体画面与抽象数学内容紧密联系，突破传统的教学方法．同时，学生运用信息技术感知知识的形成过程，有助于其探寻知识的产生，并在此基础上产生新的问题，体验知识的生长，形成

正确完整的知识体系．因此，信息技术的融合对学生主体性的发挥，创新思维、创新意识和探索精神的培养起着重要作用，达成了深度学习的效果．作为教师，应该有效利用信息技术融入高品质课堂，为学生创设和提供参与机会，激发学生的知识构建和生成过程，给他们一个自主的空间，让他们主动探究，主动发现知识、掌握知识并运用知识，让他们的数学思维能力、探索精神、创新意识在数学教学中得到充分的发展，从而达成高品质课堂教学深度学习的目标．

第二节 融合技术的现代高品质数学课堂的建构策略

一、利用信息技术从教学设计与教学环境方面干预学习策略

学习策略是学习者在学习活动中有效学习的程序、规则、方法、技巧及调控方式．它既可以是内隐的规则系统，也可以是外显的操作程序及步骤．随着知识时代的发展，对学习策略的掌握已经成为衡量学习者是否学会学习的标准．学习者对学习策略的掌握和运用，显著正向影响学习者的问题解决能力、元认知能力、团队协作能力等高阶思维．因此，利用信息技术从教学设计与教学环境方面对学习策略进行干预是十分必要的．

教师方面，课前利用网络平台发布学习任务．在学习任务的设计上，注重任务的复杂性及任务与数学情境的连接度，并体现核心素养的三个水平及其在情境与问题中的反映．这需要学生有一定的自主学习能力．在学习资源的设计上，注重学习材料的丰富性，要求学生有一定的信息收集处理能力，并能通过微课程学习、预习测验等环节解决部分学习任务．课中教师利用在线教育平台中学生学习的数据报告，汇聚共性问题．在学习模式的选择上，教师可选择基于问题解决的学习模式，采用合作探究等方式，鼓励学习者在问题解决过程中不断调整学习策略．课后教师利用在线平台的评价功能以作业形式检测学生的学习效果，促进学生的自我反思和调节，引导学生对深度学习策略的选择与运用．

学生方面，应让学生认识到信息技术在给我们带来方便的同时不能替代艰苦的学习和人脑精密的思考，学生应有意识地选择深度学习策略．鼓励学生利用信息技术的认知工具、评价工具等通过认识策略和元认知策略来对自身的学习过程和思维活动进行监控和调节，以便及时发现并修正学习中存在的问题和

不足,加深学习者对深层知识和复杂概念的理解掌握,进而建构知识并用来解决实际问题,最终促进深度学习,达成发展数学思维和数学学科核心素养的教学目标.

二、利用信息技术创设合适的情境、提出合适的数学问题

数学的高度抽象性导致数学学习对象的抽象性、数学思维的复杂性. 借助信息技术可使学习对象形象化,为概括数学概念、原理提供具体的背景支持. 因此,信息技术与数学教学的融合应该把握数学的本质,创设合适的情境、提出合适的数学问题,最大限度地激发学生的学习兴趣和探索欲望,真正调动学生的各个感官,引发学生思考与交流,形成和发展数学学科核心素养. 情境包括现实情境、数学情境、科学情境. 每种情境可以分为熟悉的、关联的、综合的三个水平. 数学问题是指在情境中提出的问题,分为简单问题、较复杂问题、复杂问题. 因此,在利用信息技术创设情境、提出问题的过程中,应体现数学学科核心素养的三个水平及其在情境与问题中的反映.

案例一:简单曲线的极坐标方程.

情境与问题:播放笛卡尔的相关视频,介绍生活中美妙的曲线,并用几何画板画笛卡尔心型曲线 [图 6-5 (a)]、蝴蝶曲线 [图 6-5 (b)]. 这些优美的曲线所对应的方程不仅非常简洁,而且它们是用极坐标 (ρ,θ) 的等量关系表示的. 那么,什么是简单曲线的极坐标方程?如何求曲线的极坐标方程?由此,引出课题.

$$\rho = a(1-\sin\theta) \qquad \rho = (1-4\cos\theta)\sin\theta$$

笛卡尔心形曲线 蝴蝶曲线
(a) (b)

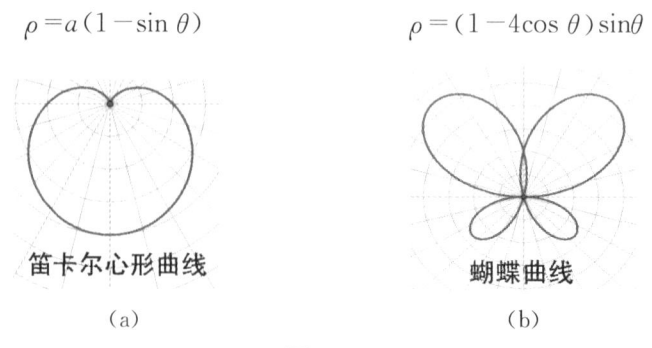

图 6-5

提出问题:探究下列简单曲线上任意一点的极坐标 (ρ,θ) 满足的条件.

(1) 在极坐标系中,圆心坐标为 $C(a,0)(a>0)$,半径为 a 的圆.

(2) 在极坐标系中,经过极点且从极轴到直线的角是 $\dfrac{\pi}{4}$ 的直线.

（3）通过解决上述问题，你能类比曲线与方程的定义，得到极坐标系下曲线方程的定义吗？试总结极坐标系下曲线方程的求解步骤．

评注：优美的画面和音乐、美妙的曲线吸引了学生的注意力，富有文化气息的广告创意调动了学生的积极性，暗藏其中的故事情节激发了学生的思考和好奇心，情景创设为引入概念铺垫了良好的氛围．用几何画板绘制心形曲线、蝴蝶曲线，对学生的思维进行刺激，调动学生的学习兴趣，将学生的思维快速聚焦到曲线的极坐标公式的特点上：点的极坐标(ρ, θ)的等量关系、形式简洁、优美．

案例二：函数单调性．

在"函数单调性"概念教学中，我们知道函数是研究事物运动变化规律的数学模型，而生活中许多运动变化现象都具有规律性．

三、利用信息技术体验和探究知识的发生与发展，促进"四基"的发展

用数学解决问题，特别是解决实际问题，需要经历数据收集和处理、试验解题方案、验证猜想、调试数学模型、考查特例、推广到更一般的情形等过程．教师应鼓励学生在信息技术的支持下进行自主尝试、探究活动，以提高学习效率，较系统地经历知识的形成过程，建构数学知识，提高数学思维能力，形成相应的学科素养的知识与技能．

案例三：统计．

背景：为了提高全体学生的体质健康水平，让更多的学生走进操场，积极参加体育锻炼，教育部决定从2007年开始，在全国范围内开展"全国亿万青少年学生阳光体育运动"，使大部分学生能做到每天锻炼一小时，于是掀起了一场学生体育锻炼的热潮．

请结合我校学生体育锻炼的现状探究：

我校学生体育锻炼的时间是否达到"使大部分学生能做到每天锻炼一小时"的目标？

为了解决这个问题，笔者通过实习作业对我校学生的日锻炼时间进行了数据的收集和整理．

实习作业见表6-1．

◆ 基于融合技术的数学高品质课堂建构

表6-1

题目	对西北中学学生每天体育锻炼时间的调查步骤
具体要求	（1）以我校全体高中生的体育锻炼时间为总体，选择恰当的抽样方法获取样本． （2）借助平板电脑、计算器、计算机等处理数据并对数据进行初步分析． （3）探究我校学生日锻炼时间的平均水平，大部分人的日锻炼时间集中在哪个时段？位于中间水平的日锻炼时间又是多少？ （4）根据收集整理的数据，思考我校学生体育锻炼的时间达到"使大部分学生能做到每天锻炼一小时"的目标了吗？ （5）请各小组组长将收集数据、整理数据、分析数据的过程制作成PPT或视频，在课前给同学们交流与展示．

评注：实业作业中的第（1）、（2）、（3）小问是反映核心素养水平一的问题，要求学生能根据实际问题的需要，选择恰当的抽样方法获取样本，利用信息技术用相关的统计图可视化样本数据，并给出其特征和统计规律的感性表述；从样本数据中提取需要的数字特征，通过样本来估计总体，达到用数据分析的方法解决简单的实际问题的目的．第（4）小问是反映核心素养水平二的问题，要求学生能结合具体问题，运用统计的知识，综合应用数据可视化和样本数据的数学特征的特点对实际问题作出合理的决策．这一案例蕴含了学生逻辑推理和数据分析素养的发展要求．

四、利用信息技术学习工具的功能促进深度学习

深度学习理论认为，在课堂教学中，教师应引导学生根据自己的实际情况选择相应的学习方法来提高学习效率，学会利用新技术促进自身学习，并对新知识进行批判性的思考．因此，深度学习不仅需要学生认知、情感和行为的投入，而且需要外部技术条件的支撑．

基于信息技术的学习工具主要包括效能工具、信息获取工具、认知工具、情境创设工具、交流工具和评价工具．在时代背景下，基于信息技术的学习工具可以作为支持和促进学习者与学习环境互动的中介，拓展学习者的认知能力，有效促进学习者的深度学习能力和核心素养的发展．因此，在利用信息技术探究的过程中，应体现核心素养的水平及其在情境与问题、知识与技能、思维与表达、交流与反思四个方面的反映．图6-6为利用信息技术促进高中数学深度学习的策略．

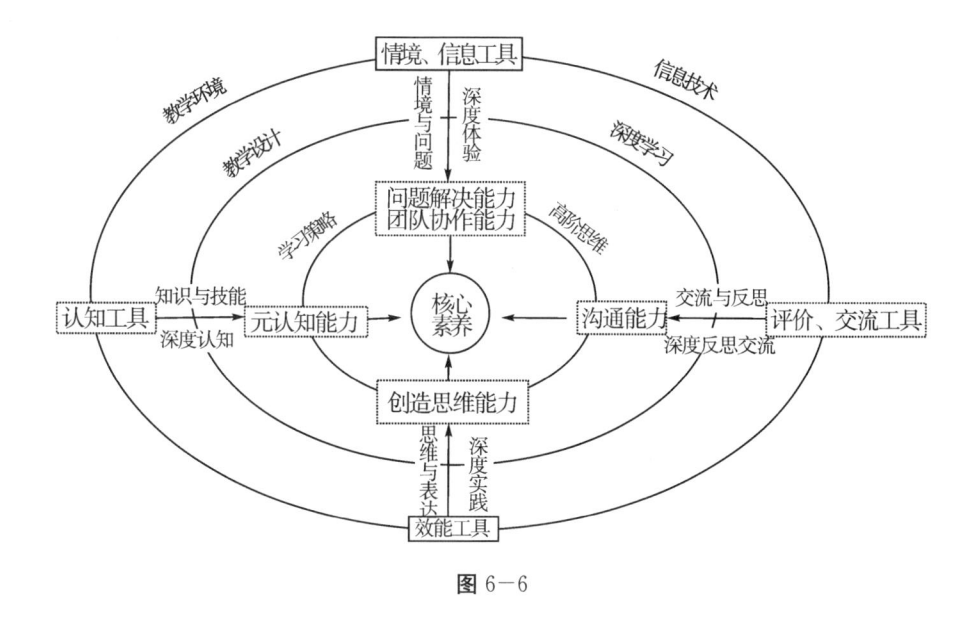

第六章 融合技术的现代高品质数学课堂建构

图 6-6

（1）运用基于信息技术的情境创设工具、信息获取工具促进深度体验，提高学生问题解决的能力.

案例四：两个变量的线性相关.

情境与问题：请在QQ问卷中，输入你的身高、体重，然后根据汇总后的数据以小组为单位探讨以下四点问题.

①利用信息技术（如 Excel 软件、图形计算器等）作出这些数据的散点图.

②根据散点图判断体重与身高是否线性相关？

③如果要用一个函数模型来近似地描述这两个变量之间的相关关系，你会选择哪个常见的函数类型？

④请根据自己的直觉在散点图中作一条直线，让这条直线在整体上最接近样本点，并求出该直线方程.

请各小组组长将整理、处理数据的文件上传到班级QQ群，并在课前给同学们展示.

成果展示：

说明：课前已让学生通过预习作业的方式对我班同学的身高与体重进行了数据的收集，并借助平板电脑、Excel、Geogebra、几何画板等对数据进行了初步处理，同时寻找了最佳拟合直线.

小组一：利用 Excel 软件来分析数据，认为使得直线两侧的点的个数基本

◆ 基于融合技术的数学高品质课堂建构

相同的直线是最接近样本点的直线（图6-7）.

工具：笔记本电脑、Excel软件.

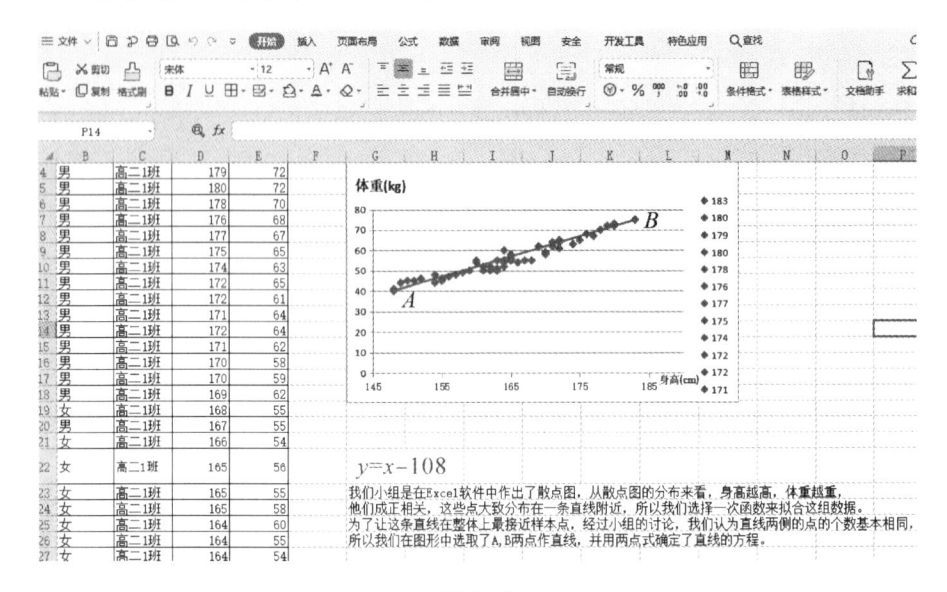

图6-7

小组二：选取了中间几组点确定了5条直线方程，再分别求出各直线的斜率、截距的平均数，将这两个平均数当成回归直线方程的斜率和截距，确定了这条直线（图6-8）.

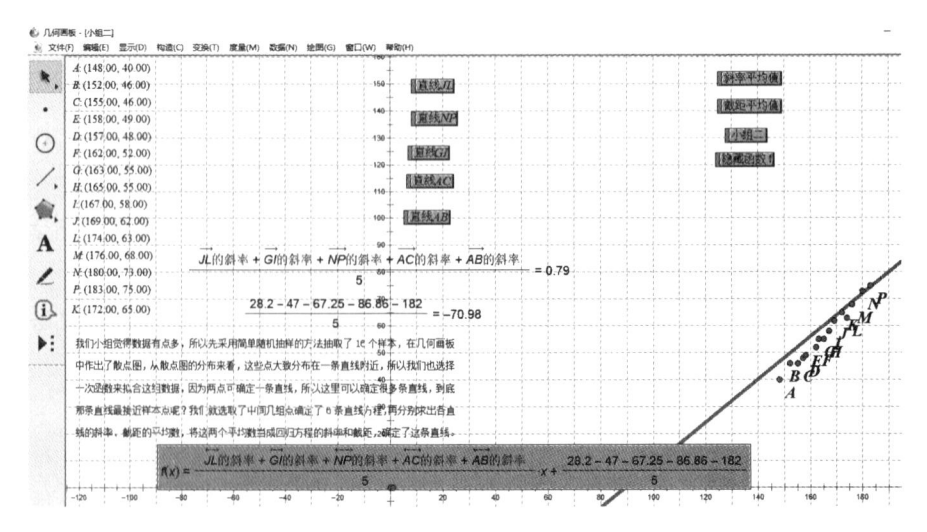

图6-8

工具：笔记本电脑、几何画板.

小组三：直接用 Geogebra 软件中的最佳拟合直线功能，求出数据的线性回归方程（图 6-9）.

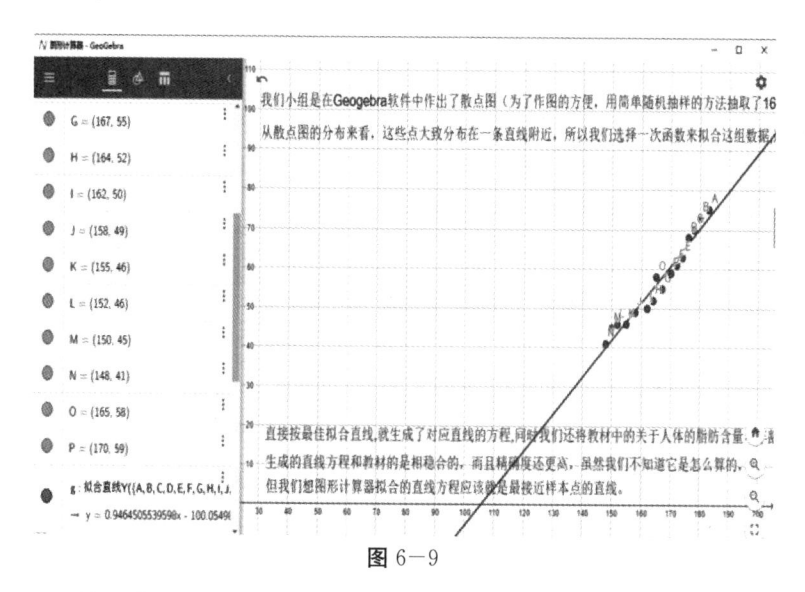

图 6-9

工具：笔记本电脑、Geogebra 软件.

小组四：回归直线是过散点最多的直线（图 6-10）.

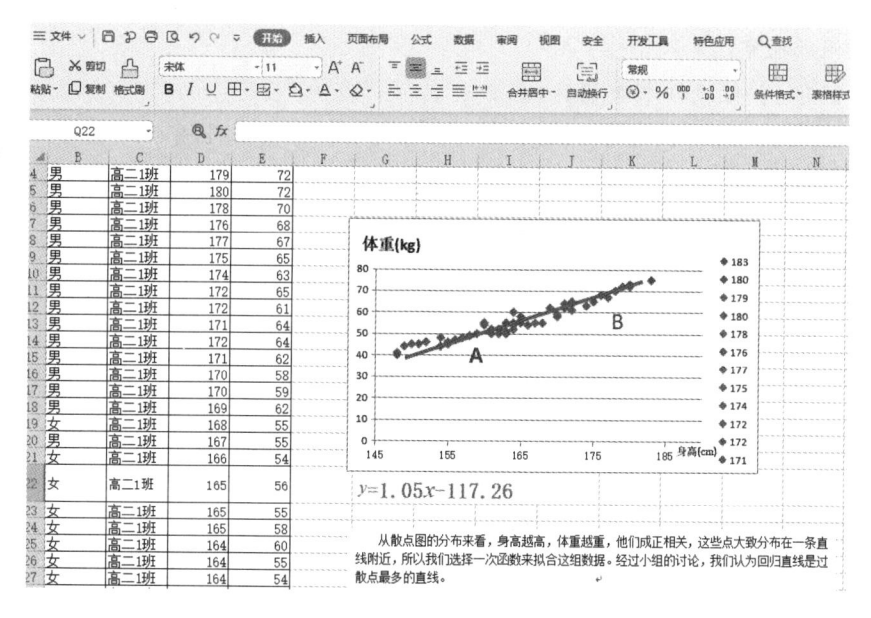

图 6-10

◆ 基于融合技术的数学高品质课堂建构

工具：笔记本电脑、Excel 软件.

小组五：……

思考：到底哪条直线才是最接近样本点的呢？为什么？

媒体应用：

①通过班级 QQ 群、QQ 问卷收集学生的身高、体重数据，实现数据的实时上传与共享，并将汇总后的数据实时下发给学生.

②鼓励学生运用信息技术处理和分析数据，体验和探究最佳拟合直线，帮助学生更深层次地感悟知识的发生与发展.

③几何画板针对抽象动态问题，进行了一个模拟展示，并提供直观验证的佐证，为接下来的理论证明作铺垫.

评注：情境与问题中的第①、②小问是反映核心素养水平一的问题，要求学生能根据实际问题的需要，利用信息技术用相关的散点图可视化数据，给出其特征和统计规律的感性表述；第③、④小问是反映核心素养水平二的问题，要求学生在熟悉的情境中，发现问题并将其转化为数学问题，建立数学模型，进行数据分析. 不同的处理方案，引发了学生的认知冲突，促使对"最接近"这个标准用数学语言进行定量刻画，进而实现"几何"与"代数"的转化，逐步发展学生的数据分析、直观想象、数学抽象的核心素养.

(2) 运用基于信息技术的认知工具促进深度认知，提高学生元认知能力.

问题探究：

问题1：假设样本数据为 (x_1, y_1)，(x_2, y_2)，…，(x_n, y_n)，回归直线方程为 $\hat{y}=bx+a$，如何用数学的方法来刻画"从整体上看，各点与回归直线的距离和最小"？

学生一：数的角度

$$d_1+d_2+\cdots+d_n$$
$$=\frac{|bx_1+a-y_1|}{\sqrt{b^2+1}}+\frac{|bx_2+a-y_2|}{\sqrt{b^2+1}}+\frac{|bx_n+a-y_n|}{\sqrt{b^2+1}}$$
$$=\frac{1}{\sqrt{b^2+1}}(|\hat{y}_1-y_1|+|\hat{y}_2-y_2|+\cdots+|\hat{y}_n-y_n|)$$
$$=\frac{1}{\sqrt{b^2+1}}\sum_{i=1}^{n}|\hat{y}_i-y_i|$$

点到直线距离之和最小 ➡ 偏差绝对值之和最小

学生二：形的角度

图 6-11 为学生二从形的角度进行分析的过程.

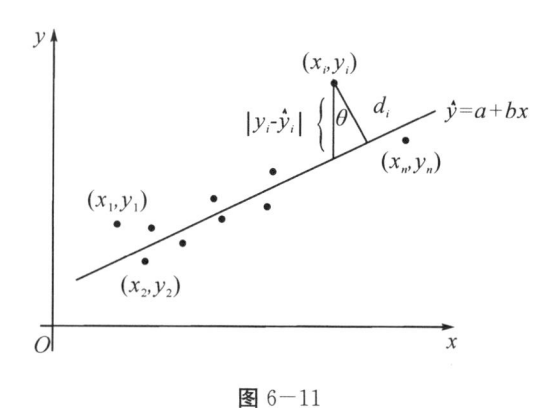

图 6-11

$d_i = |y_i - \hat{y}_i| \cos \theta$.

追问 1：能否直接求偏差之和的最小值？

追问 2：绝对值的计算很不方便，有没有更好的处理办法呢？

类比标准差的概念，将偏差绝对值之和最小转化为偏差平方和最小：

$$\sum_{i=1}^{n} d_i \xrightarrow{\text{数形}} \sum_{i=1}^{n} |y_i - \hat{y}_i| \xrightarrow{\text{类比标准差}} \sum_{i=1}^{n} |y_i - \hat{y}_i|$$

问题 2：当 a, b 取什么值时，$Q = (y_1 - bx_1 - a)^2 + (y_2 - bx_2 - a)^2 + \cdots + (y_n - bx_n - a)^2$ 最小？

为了解决这个问题，课前通过预习作业第 4 题，学生已经研究了三个特殊样本的偏差平方和最小. 同时，让学生利用网络查阅了线性回归直线方程及最小二乘法原理的相关资料，并将资料上传到班级 QQ 群，与同学们分享.

预习作业第 4 题：

假设有三个样本点 $(-1, -1), (1, 1), (2, 3)$，对应的回归直线方程为 $\hat{y} = bx + a$. 当 a, b 为何值时，$Q(a, b) = [-1 - (-b + a)]^2 + [1 - (b + a)]^2 + [3 - (2b + a)]^2$ 有最小值.

思考：将三个特殊的样本换成更一般的 n 个样本，能否用同样的方法来确定 a, b 的值呢？

媒体应用：利用同屏功能将学生的成果展示在大屏幕上，让学生分享自己的成果，促进生生、师生之间的交流；通过几何画板作图，辅助证明，同时利用电子思维导图将探讨的过程可视化，让学生在自主探索与合作交流中不断地比较自己与他人理解的差异，不断纠正自己的认识，从而建构完整的知识体系，促进学生深度学习，提高学生元认知能力.

评注：问题1是反映核心素养水平二的问题，要求学生能够在关联的情境中抽象出一般的数学概念和规则，发现问题并将其提出或转化为数学问题，能够发现图形与数量的关系，从数与形两个角度将点与直线的距离和最小转化为各点与直线偏差绝对值之和最小. 问题2是反映核心素养水平三的问题，要求学生能够在综合的情境中，发现其中蕴含的数学关系，并通过预习作业，从具体到抽象，从特殊到一般，了解式子结构的特点，进一步体会最小二乘法的数学本质.

(3) 运用基于信息技术的效能工具促进深度实践，提高学生创造思维能力.

运用实践：

例1 教材原型：《高中数学必修3》（人教A版）第95页B组第二题.

根据同学们收集的我班同学身高和体重的数据，以及课前作的散点图完成以下问题：

①利用信息技术（如Excel软件、图形计算器等）求出回归直线方程.

②假设我们的抽样是合理的，若我班班长身高为175 cm，则他的体重大约为多少？

学生一：运用Excel软件中自动求和、求平均数等功能套用公式求回归直线方程（图6-12）.

工具：笔记本电脑、Excel软件.

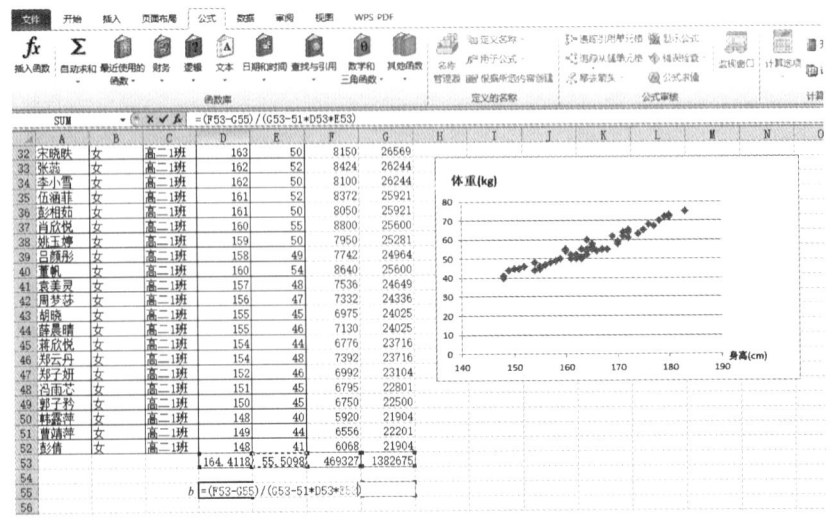

图6-12

学生二：运用 Excel 软件中添加趋势线功能，直接求回归直线方程（图 6-13）.

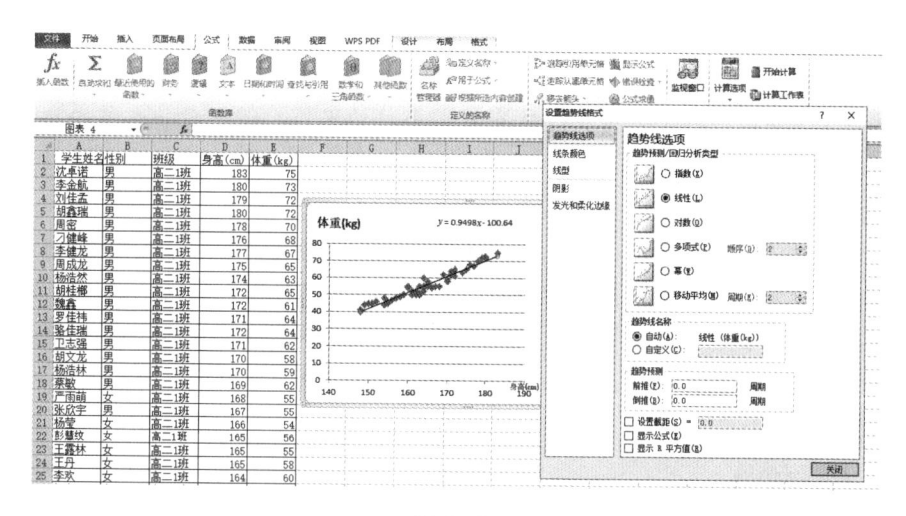

图 6-13

工具：笔记本电脑、Excel 软件.

学生三：运用 Geogebra 软件最佳拟合直线功能，直接求出数据的线性回归方程（图 6-14）.

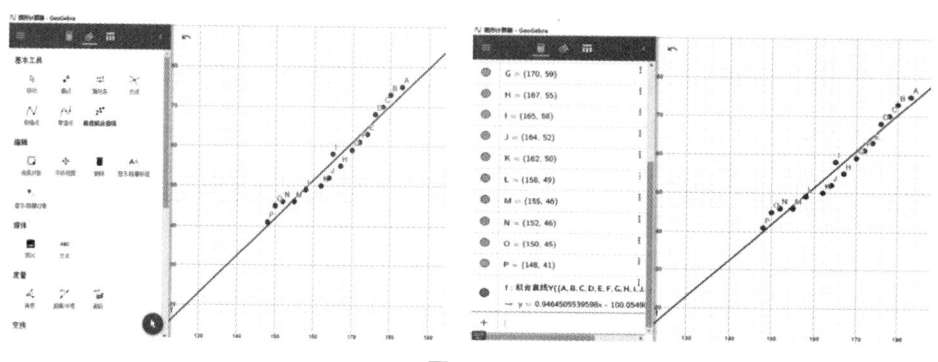

图 6-14

工具：笔记本电脑、Geogebra 软件.

追问 1：班长的体重一定是多少？

追问 2：同样是身高与体重的关系，为什么抽取的样本数据不一样，回归直线方程会有所不同？

追问 3：假设测某位同学的身高时，总共测量了 n 次，每次的测量值分别为 x_1，x_2，x_3，…，x_n，我们一般认为其身高为多少？你能用最小二乘法的思想说明原因吗？

媒体应用：利用信息技术让学生较为系统地经历数据收集、整理、分析的过程；利用信息技术（如 Excel 软件、图形计算器等）代替烦琐的作图与复杂的运算，求线性回归方程并对实际问题进行分析和预测，使学生有更多的时间用于数学的实质性思考，有机会从事高水平数学思维、理解数学本质的活动，感受统计在实际问题中的应用价值，真正实现学生深度参与统计的完整过程，促进深度实践，提高学生创造思维能力．

评注：例 1 和追问 3 是反映核心素养水平三的问题，要求学生能够在综合的情境中，发现其中蕴含的数学关系，能够在实际情境中，清晰、准确地表达数学建模的过程，并根据模型对实际问题进行预测和分析；能通过追问进一步理解统计的随机性，体会最小二乘法的思想及统计思维与确定思维的差异．

（4）运用基于信息技术的交流工具、评价工具促进深度交流和反思，提高学生沟通交流能力．

反思交流：

①通过本节课的学习，你的困惑解决了吗？

②你能用数学的方法刻画"从整体上看，各点与此直线的距离最小"，并体会最小二乘法的思想吗？

③求线性回归方程有哪些方法？

④你能利用信息技术（如 Excel 软件、图形计算器）求线性回归方程并对实际问题进行分析和预测吗？

媒体应用：运用"智学网"（图 6－15）在课前通过自学导航、预习检测对学生的困惑、预习检测中反馈的信息进行了数据的统计和分析，可视化呈现学生的学习问题，更加精准反应学生的问题，促进学生认知的反思和调节；通过电子思维导图将本课的思路可视化．

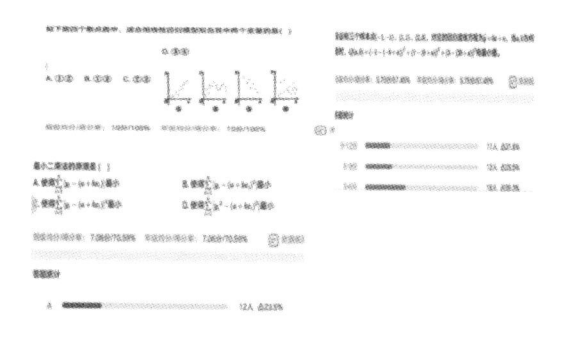

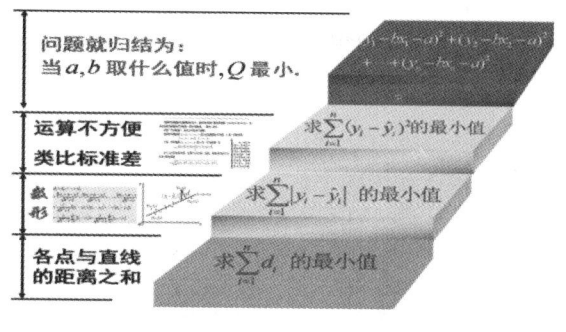

图 6-15

评注：利用多媒体展示探讨的过程，能帮助学生系统感受统计的完整过程，体会统计的思想，丰富和完善学生的认知结构，促进学生的深度反思和交流，提高沟通交流能力.

第三节 融合技术的现代高品质数学主题教学

一、融合技术的现代高品质数学主题教学的内涵及意义

以课时为单位的课时教学设计,对于合理地把握每节课的教学活动进程,优化教学活动具有重要意义. 但其自身也存在不足,如易使学生所学的知识被割裂,不利于形成一个完整的知识链条和结构体系. 在这种情况下,虽然学生掌握了很多学科知识,但并没有建构起有关知识的体系框架,这不仅影响学生对于知识的整体性理解,而且也使学生不能充分把握知识之间的内在关联,从而阻碍了学生基于知识脉络进行拓展延伸. 主题教学设计倡导将教学内容置于主题的整体内容中,更多地关注教学内容的本质、蕴藏的思想及对学生素养的培养,对于改变教师过分关注具体知识点的倾向,拓展其教学视野及提高其教学效率等有重要作用.

因此,融合技术的现代高品质数学主题教学是以主题为单位,对数学教学进行系统设计,从教学内容选择到教学环境选择,实现信息技术与数学课程的双重整合. 其通过信息技术与数学课程的深度融合,突出数学教学主线,凸显数学的内在逻辑和思想方法;通过以核心内容为基础的主题式学习方式,关注教学内容的本质,站在数学体系的角度,思考数学对社会、科学、技术发展的作用,提升学生数学学科核心素养.

二、融合技术的现代高品质数学主题教学的设计原则

数学主题教学设计是在整体思维指导下,从提升学生数学学科核心素养的角度出发,使设计视野从课时过渡到主题,设计过程由静态过渡到动态. 在信息技术环境下,高中数学主题教学应遵循整体性原则和动态生成原则.

1. 整体性原则

(1) 教学内容的整体性.

数学主题教学设计要将碎片化的数学知识与思想方法进行模块式整合,从整体上把握教学内容,确保知识结构的完整性,明确主题内容在课程标准及整个阶段中的定位与要求.

(2) 教学目标的整体性.

数学主题教学设计应在主题整体思维的统领下,从主题教学的整体目标出发,将教学活动的每一步、每一个环节都放到教学活动的大系统中进行考量,而不是片面的突出或强调某一点.

(3) 信息技术融合的整体性.

信息技术环境下的数学主题教学不是简单地将信息技术作为外部媒介应用于教学,而是高层次的融合. 我们必须改变传统的单一辅助教学的观点,从数学课程的整体来考虑信息技术的功能与作用,创建数字化的学习环境,创设学生主动学习的情境,创造让学生最大限度地接触信息技术的条件,深入学科内容本身,让信息技术帮助学生更深层次地认识和理解数学的本质,成为学生强大的认知工具,促进学生深度学习和高阶思维的发展.

2. 动态生成原则

(1) 教学设计的动态发展.

数学主题教学设计不可能一蹴而就,也不可能一劳永逸,它是一个不断改进和完善的动态发展过程. 在主题教学实施的过程中,教师要针对前期教学中出现的问题或涌现出的新想法,对原有的教学方案加以调整和完善;在教学设计实施以后,教师要根据教学的情况进行反思和改进,这样既可用于自己下一轮的教学,也可为下一届的教师的教学服务,使教学设计一直处于动态改进完善状态之中.

(2) 课堂知识的动态生成.

数学主题教学是一个探索和再创造动态生成的过程. 在信息技术环境下,要充分发挥信息技术的优势开展数学实验、数学探索等活动,通过组织"探索—猜想—验证提升"的认知环境教学,把研究型学习贯彻到日常的课堂教学中. 计算机可以使学生从复杂的计算、绘图中解脱出来,使其更加专注于数学方法的体验,从而易于把数学学习提升到一般科学方法的高度. 因此,学生不仅可以更好地理解数学的本质、建构数学知识的意义,还能体会数学知识的动态生成过程,这样更有利于学生高阶思维的发展及数学学科核心素养的形成.

三、融合技术的现代高品质数学主题教学样态

教师可以根据教学内容及学生学习情况选择数学主题教学内容. 它以重要的数学概念或核心数学知识为主线组织,或以数学思想方法为主线组织,或以

数学学科核心素养、基本能力为主线组织．通常可采用知识类主题、方法类主题和素养类主题来组织数学主题教学．

（1）知识类主题，可采用"单元复习"引导学生建构知识体系，以"微专题"的形式认识数学知识的本质．

知识类主题可以是基于教材编排的章节主题，也可以是基于教学内容在结构上的联系重新组合的跨章节的主题，多以知识的逻辑联系加以组织，呈现出一种递进的关系．前者可采用"单元复习"的形式，引导学生建构知识体系；后者可采用"微专题"的形式引导学生发现数学知识的内在联系，认识数学的本质．

案例一：圆锥曲线单元复习．

目的：在学习了椭圆、双曲线、抛物线的定义及标准方程、几何性质后，回归教材，通过对教材中习题、练习、例题的归纳、猜想和探究，再一次对圆锥曲线的定义进行认识，促进学生全面理解圆锥曲线的本质属性．

问题情境：

问题1：点$M(x, y)$与定点$F(4, 0)$的距离和它到直线$l: x = \dfrac{25}{4}$的距离的比是常数$\dfrac{4}{5}$，求点M的轨迹方程．

变式：点$M(x, y)$与定点$F(5, 0)$的距离和它到直线$l: x = \dfrac{16}{5}$的距离的比是常数$\dfrac{5}{4}$，求点M的轨迹方程．

问题2：设点A，B的坐标分别是$(-5,0),(5,0)$．直线AM，BM相交于点M，且它们的斜率之积是$-\dfrac{4}{9}$，求点M的轨迹方程．

变式1：点A，B的坐标分别是$(-5,0),(5,0)$．直线AM，BM相交于点M，且它们的斜率之积是$\dfrac{4}{9}$，求点M的轨迹方程．

变式2：点A，B的坐标分别是$(-1,0),(1,0)$．直线AM，BM相交于点M，且直线AM的斜率与直线BM的斜率的差是2，求点M的轨迹方程．

媒体应用：利用几何画板对抽象动态问题进行模拟展示，为学生的归纳与猜想提供直观验证的佐证．

评注：数学单元复习课的教学以内容主题为基础，提炼知识结构、方法结构，形成网络节点．本案例中教师整体把握教材中阐述的圆锥曲线各概念之间的因果关系，抓住教材中所阐述的圆锥曲线各个概念的共性和个性，从系统的角度，通过对教材中例题、练习、习题等题目的整合与重组，使学生经历了知识结构的重现、再创和主动建构的过程，促进学生建构完整的知识体系．

(2) 方法类主题可通过"一题一课""多题化一"方式的数学探究活动来帮助学生建构发散性网络知识体系，抽象通性通法．

方法类主题是以数学思想方法为主线，通过数学思想方法统领数学知识，让学生在知识体系的基础上构造数学思想方法体系．因此，可采用"一题一课"的形式，通过一题多解、一题多变，帮助学生建构同类问题的发散性思想方法体系；也可采用"多题化一"的形式，通过探究、对比，让学生发现数学知识的内在联系，抽象解决同类问题的通性通法．

案例二：利用导数研究函数零点问题．

目的：零点问题的处理方法不仅可以处理方程根，也可以解决函数图象交点问题，同时函数零点的处理思想也可以拓展并延伸到不等式恒成立的问题中．因此，在学生学习了导数这一概念，并能利用导数研究简单函数的单调性、最值等问题的基础上，进一步以"一题一课"的形式，从数与形两个角度来探讨如何利用导数讨论函数零点的问题．

问题情境：

问题1：设函数 $f(x)=\ln x-ax+1$，讨论该函数的零点个数．

（请同学们尝试用不用的方法讨论该函数的零点个数，并主动将答案与同学们分享．）

方案一：将 $f(x)=\ln x-ax+1$ 的零点个数转化为 $y=f(x)$ 与 x 轴的交点个数，直接利用导数研究 $y=f(x)$ 的图象．

方案二：将 $f(x)=\ln x-ax+1$ 的零点个数转化为方程 $f(x)=\ln x-ax+1=0$ 的实根个数，通过分离常数，研究 $y=a$ 与 $y=\dfrac{\ln x+1}{x}$ 的图象交点个数．

方案三：将 $f(x)=\ln x-ax+1$ 的零点个数转化为方程 $f(x)=\ln x-ax+1=0$ 的实根个数，通过分拆成两个基本初等函数，将之转化为 $y=\ln x$ 与 $y=ax-1$ 的图象交点个数；

媒体应用：教师提取具有代表性的解答，通过投屏呈现在电子白板上，让学生在自己的解答得到肯定的同时，分享自己的成果，促进生生、师生之间的交流．

通过几何画板作图，并对比学生自己画的图象，引导学生结合函数的定义域、关键点和关键线，更准确地画出函数的图象.

变式 1：讨论方程 $\ln x - ax + 1 = 0$ 的根的个数.

变式 2：讨论函数 $y = \ln x$ 与 $y = ax - 1$ 的图象交点个数.

变式 3：对 $\forall x > 0$，有 $\ln x - ax + 1 < 0$ 恒成立，求 a 的取值范围.

媒体应用：利用电子白板、PPT，将函数零点、方程根、函数图象交点之间的内在关联显性化；利用电子思维导图将零点问题与不等式恒成立问题对比呈现，让学生更易发现它们之间的联系.

评注：本案例采用"一题一课"的形式，让学生在自主探索和合作交流的过程中经历利用导数对函数性质的研究来解决函数零点问题的过程；在反思总结中建构常见函数零点问题的处理方法和数学思想，并将零点问题的处理方法推广到方程根和函数图象交点问题；通过一题多解、一题多变，并利用几何画板，数形结合，让学生发现函数零点、方程根、函数图象交点之间的内在关联，并将零点问题的处理思想拓展到不等式恒成立问题中，让学生体会数形结合及转化与化归的数学思想，帮助学生建构同类问题的发散性思想方法体系.

(3) 素养类主题可以通过"数学建模与数学探究"活动来帮助学生积累应用数学解决实际问题的经验，促进学生用数学眼光观察世界，用数学思维思考世界，用数学语言表达世界.

数学建模活动与数学探究活动是促进学生实践能力和创新意识发展的有效载体，两者既是课程内容，也是学习方式，其具有问题性、情境性、综合性、开放性、实践性、创造性等特征，因此在信息技术的支撑下，通过"数学建模与数学探究"活动来开展素养类主题有助于提高学生思维的深度和批判性思维的发展.

案例三：用随机模拟的方法估计圆周率的值.

目的：本节课是在学生学习了概率和定积分的基础上，利用信息技术开展的一节用随机模拟的方法估计圆周率的主题实验探究课. 通过对著名的"蒲丰投针问题"的探究，让学生在理论计算的基础上，较为系统地经历手工投针、设计计算机模拟方案、实践操作（数据处理）、对试验进行评价与分析（数据分析）的模拟过程，并学会用随机模拟的方法估计圆周率的基本思路；通过对蒲丰投针问题的推广，让学生感受数学的应用价值，并体会在随机模拟中用频率估计概率的统计思想与方法.

环节一：情境引入.

1777 年，法国著名数学家蒲丰在宴请客人时，在地上铺了一张白纸，上面画着一条条等距离的平行线,并给每个客人发许多等质量的、长度等于平行线距离的一半的针,让他们随意投放.事后,蒲丰对针落地的位置进行统计,共投针2212枚,与直线相交的有704枚,两者相除,正好等于3.142.

环节二:问题探究.

蒲丰投针问题:平面上画有间隔为 $a(a>0)$ 的等距平行线,向平面任意投一枚长为 $b(b<a)$ 的针.

(1) 从数学的角度来看,针落地的位置可由哪些量来确定?

(2) 针与平行线相交的条件是什么?求针与任一平行线相交的概率.

思考1:蒲丰是如何利用这个实验估算圆周率的值呢?

手工投针实验:

以小组为单位,分工合作,通过投针实验估计圆周率的值,并向全班分享估算结果.

思考2:利用手工投针实验估算圆周率的值,误差较大,有没有什么方法可以减少误差?

思考3:随着实验次数的不断增加,手工操作会越来越困难,我们可以借助什么来模拟投针实验?

计算机模拟投针实验:

1. 设计方案

请大家类比《高中数学必修3》(人教A版)学习的随机模拟的方法,设计计算机模拟投针实验的方案,并在Excel中设计出相应的表格.

2. 实践操作

请大家按照设计的模拟方案,用Excel进行实践操作,看哪个小组估计的π最精确.

3. 试验评价分析

(1) 每个小组的不同结果说明统计结果的随机性.图6-16为教师利用几何画板动态展示蒲丰投针试验.

图6-16

(2) 通过追踪试验的次数与 π 的估计值的变化趋势，说明统计结果具有规律性（图 6-17）.

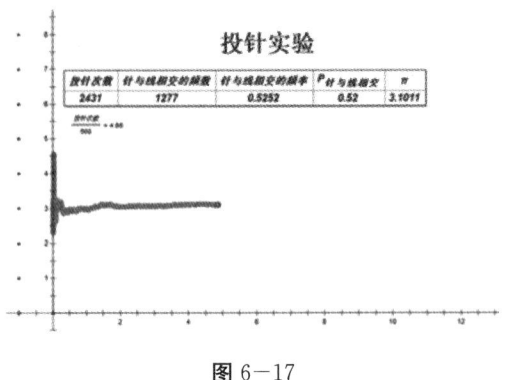

图 6-17

(3) 对比试验结果所形成的散点图与理论计算结果，说明随机模拟试验结果的可靠性（图 6-18）.

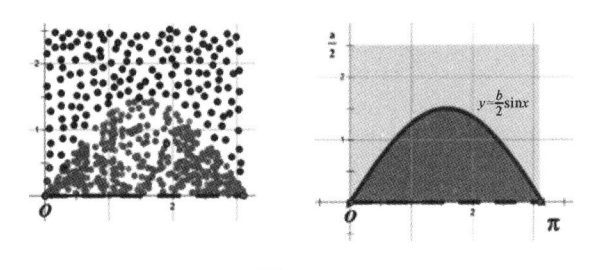

图 6-18

环节三：归纳提升.
(1) 总结估计圆周率的基本思路.
(2) 归纳数学思想方法.

环节四：应用实践.

小组分工合作，设计一个随机试验，用随机模拟的方法估计圆周率的值（图 6-19）.

图 6—19

媒体应用：

（1）利用信息技术进行随机试验的模拟，让学生在充分体会随机模拟中的统计思想.

均匀随机数的产生需要信息技术的支持. Excel、几何画板可实现在短时间内大量的重复试验. 先让学生进行实际手工投针，再利用计算机产生均匀随机数进行模拟试验，让学生在对比的过程中，充分体验随机模拟的过程，感受信息技术在处理数据上的强大功能.

（2）利用信息技术探究随机模拟法的数学本质，帮助学生培养高阶数学思维.

在实践操作的过程中，鼓励学生运用 Excel 软件中的产生均匀随机数、数据统计、图表呈现等功能，进行试验的模拟活动；运用几何画板动态展示蒲丰投针试验、撒豆子试验，并通过追踪试验次数与 π 的估计值的变化趋势，对比由均匀随机数绘制的散点图，对试验进行评价与分析，让学生体会统计结果的随机性和规律性.

评注：本节课从著名的"蒲丰投针问题"出发，通过信息技术与课堂教学的深度融合，较为系统地经历了手工投针、设计计算机模拟方案、实践操作（数据处理）、对试验进行评价与分析（数据分析）的模拟过程，利用信息技术代替机械重复的随机试验，使学生有更多的时间进行数学实质性的思考，探究随机模拟法的数学本质，帮助学生实现高阶数学思维的培养，从而逐步渗透统计的基本思想与方法，最终实现发展学生数据分析、数学建模等核心素养的目的.

信息技术环境下的高中数学主题教学，教师应该正确看待信息技术与主题教学之间的关联，充分发挥信息技术的优势，使信息技术成为学生学习数学和解决问题的强有力工具，让学生有更多的精力投入现实的、探索性的数学问题解决活动中；从更高的层面看出停留在低层次所不能发现的事物之间的联系和共同之处，在信息技术的背景下，从整体功能出发对数学教学中的各要素进行系统的综合考量，使其产生整体效应，促进学生数学学科核心素养的发展.

第四节　融合技术下构建现代高品质数学精准教学的新生态

融合技术的现代高品质课堂要充分利用信息技术和数学测评工具（如组卷系统、作业批改系统、数据分析系统、反馈系统）进行精准的定向测评，努力推动高中数学教与学行为的数字化精准记录和分析，构建线上线下交互式的数学学习新生态.

融合技术能有效实现分层分类个性化精准教学，聚焦问题，通过信息技术与学科深度融合促进学校管理模式、师生教学观念、教育教学方式及教研方式的创新.

一、融合技术有助于提高现代高品质数学教学的精准性和针对性

通过融合技术，在不改变教师原有的教学模式、不增加教师工作量的前提下，可以对中学数学的测试进行专业化分析，高效准确地诊断学生的知识漏洞，提供全面的学习诊断报告，让教师可以在考试后迅速、精确地掌握学情.教师既可以从年级、班级层面分析学生的整体作答情况，也可以从学生个体层面发现学生学习中的薄弱环节.这既有利于教师引导学生个体总结优势、认清问题、找准差距，也有利于教师实现课堂的高效统筹，做到共性问题集中讲、个性问题针对练、讲练效果及时评，从而实现课堂教学的多样化和精准化，提升学生的自主学习能力，改变传统的教与学方式，达到减负增效的目的.

案例一：融合技术下的数学讲评课的高效率讲评策略.

（一）课前准备阶段：透析整体样本，根据学情确定讲评重难点

（1）利用"极课大数据"平台精准分析考试试卷.

①诊断班级学情（图6-20～图6-24）.

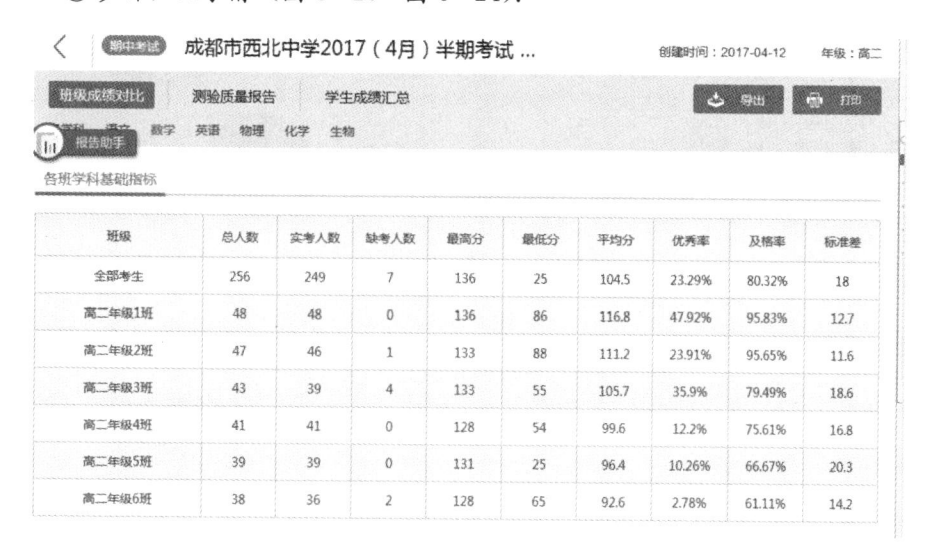

班级	总人数	实考人数	缺考人数	最高分	最低分	平均分	优秀率	及格率	标准差
全部考生	256	249	7	136	25	104.5	23.29%	80.32%	18
高二年级1班	48	48	0	136	86	116.8	47.92%	95.83%	12.7
高二年级2班	47	46	1	133	88	111.2	23.91%	95.65%	11.6
高二年级3班	43	39	4	133	55	105.7	35.9%	79.49%	18.6
高二年级4班	41	41	0	128	54	99.6	12.2%	75.61%	16.8
高二年级5班	39	39	0	131	25	96.7	10.26%	66.67%	20.3
高二年级6班	38	36	2	128	65	92.6	2.78%	61.11%	14.2

图6-20

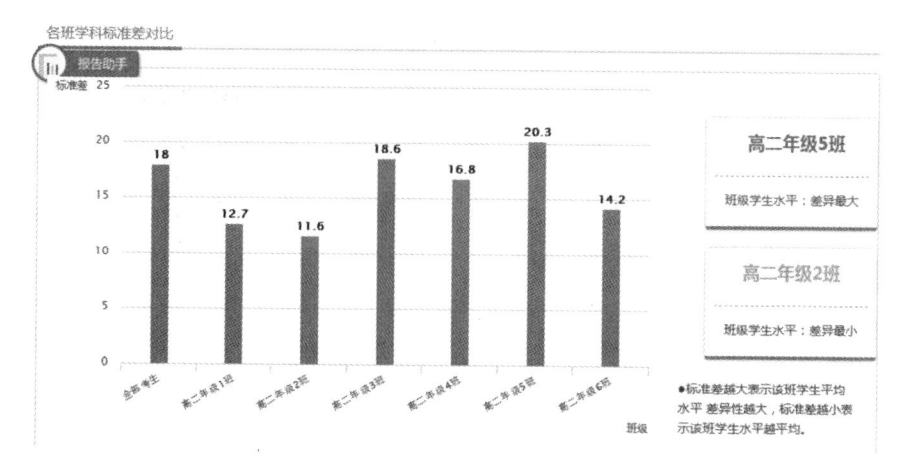

图6-21

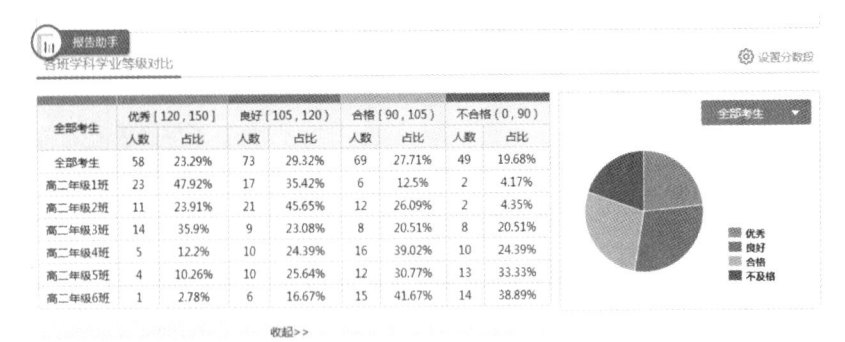

◆ 基于融合技术的数学高品质课堂建构

各班学科学业等级对比

全部考生	优秀[120,150]		良好[105,120]		合格[90,105]		不合格(0,90)	
	人数	占比	人数	占比	人数	占比	人数	占比
全部考生	58	23.29%	73	29.32%	69	27.71%	49	19.68%
高二年级1班	23	47.92%	17	35.42%	6	12.5%	2	4.17%
高二年级2班	11	23.91%	21	45.65%	12	26.09%	2	4.35%
高二年级3班	14	35.9%	9	23.08%	8	20.51%	8	20.51%
高二年级4班	5	12.2%	10	24.39%	16	39.02%	10	24.39%
高二年级5班	4	10.26%	10	25.64%	12	30.77%	13	33.33%
高二年级6班	1	2.78%	6	16.67%	15	41.67%	14	38.89%

图 6-22

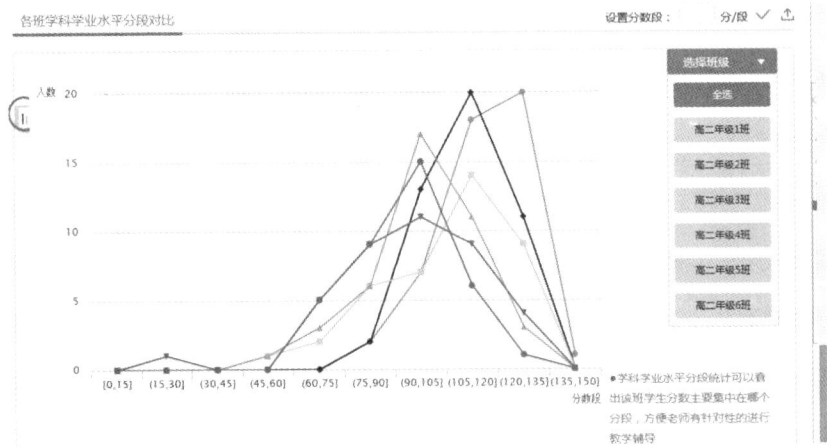

图 6-23

图 6-24

210

通过"极课大数据"平台提供的数据，可直接得到各班级的平均分、最高分、最低分、及格率、优秀率、低分率、标准差、分数段统计等各项综合指标．首先，从平均分分析，与平行班及以前考试比较，如果低于正常值较多，就要分析自己的教学与管理是否合理；其次，从分数段分析，了解本班学生的整体状况及在各个层次上的分布情况；最后，从最高分、最低分、及格率、优秀率、低分率、标准差等来分析，如果高分不高，说明平时培优不够，如果学困生较多，就需要反思补差工作．

②从宏观上认真分析试卷的结构及特点，如考点覆盖面、难度系数、题型题量、阅读信息量、考查意图等（图 6－25、图 6－26）．

图 6－25

图 6－26

评价试卷质量的指标主要有效度、难度、信度、区分度和覆盖度．一份好的试卷应是难度适中，区分度较大，能分辨出学生的学习状况，且具有较高的信度、效度和覆盖度．

③从微观上统计分析学生每道题的答题情况、得分率，分析学生的解题思

◆ 基于融合技术的数学高品质课堂建构

路、影响答题的非智力因素等（图 6-27）．一是全面、具体地了解学生各个方面的数据及不同问题的得分情况，找出学生共性和个性的错误；二是根据出现的典型错误揣摩学生的答题思路，归纳分析致错的原因；三是分析比较同一试卷中不同题型、不同模块的得分情况及不同层次、不同类型的学生得分情况，找出答题差别与原因，以此了解学生在各知识模块中的总体优势与劣势；四是确定讲评重点，最终目的是找到影响学生得分的"短板"，敏锐地分清主次，锁定适当的讲评目标，做到让试卷为我所用．

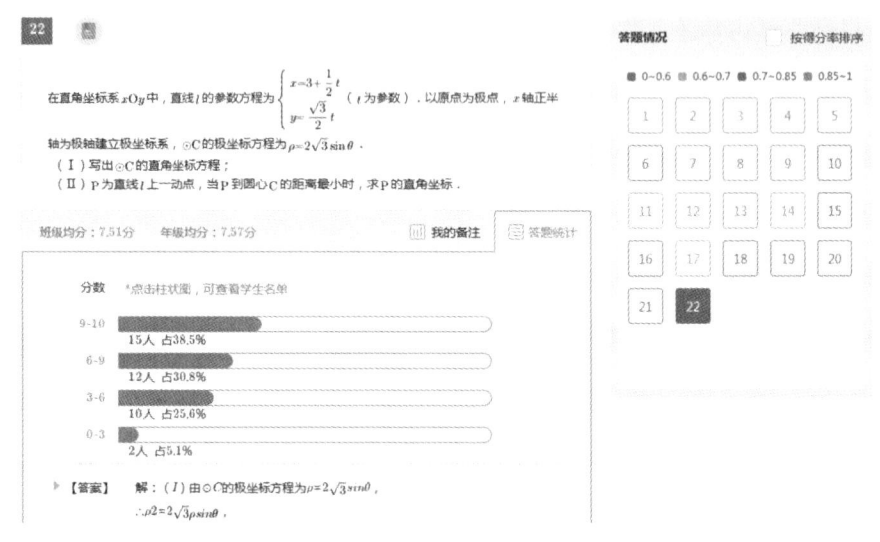

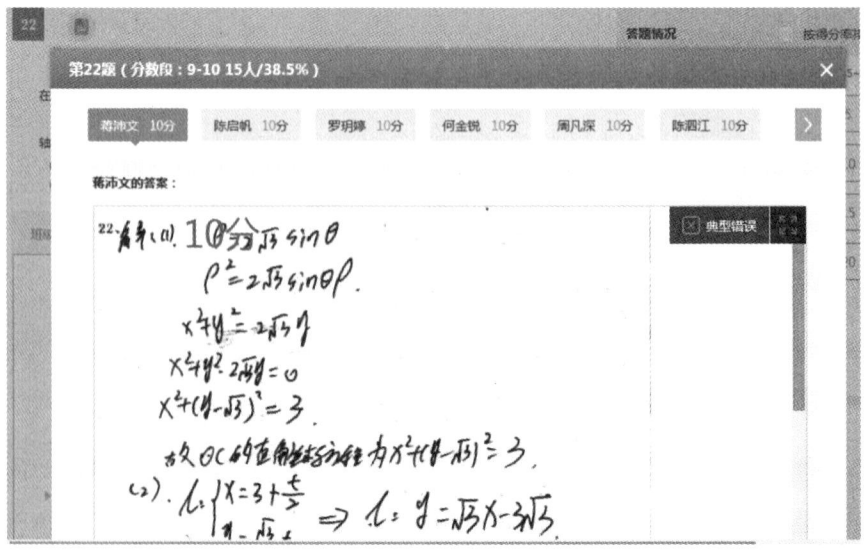

图 6-27

(2) 利用"极课大数据"和班级学情组建班级学习小组.

"极课大数据"平台的使用大大提高了中学教学的质量和效率. 在高中数学试卷讲评课中贯彻"教师为主导，学生为主体"的思想，采用先学后教、以学定教、小组合作探究学习的方式. 小组合作的重要前提是合理分组，小组中每个学生的身心特点、个性差异、学习成绩、基础状况、学习习惯都有差别. 在分组前，教师要全面详细地了解学生，可采用调查问卷、统计分析、观察交流等方式形成对学生的总体评价数据，再根据数据进行优、中、劣搭配，组建学习小组，每组 5 人左右，并选一名责任心强的学生当组长.

(3) 印发答案，启发思维.

印发的参考答案应蕴含教师的创造性劳动，即教师要通过独立做题对不合理的答案进行修正，对不完整的答案进行补充，在需要重点讲解的地方做上记号，以提醒学生注意. 当然，对不合理的答案也可以不修正，把它作为一个不可多得的教学资源，以此为契机启发学生独立思考. 学生通过看参考答案，完成以下工作：一是标出错题，初步思考出错的原因，能订正的自行订正；二是列出自己看到答案仍不明白的地方，以便教师在讲评时重点突破；三是找到自己知识点的薄弱环节，为以后复习指明方向；四是摘录整理错题或自己认为好的题目和好的解法，为以后复习做准备. 学生做完试卷时，对自己的劳动成果极为关注，此时印发答案，学生思维也最为活跃. 这样，就能充分利用学生的这一心理，为课堂的高效性奠定基础.

(二) 课堂讲评阶段：抓典型，提效率

这个阶段主要应用"极课大数据"平台，采集考试教学数据，做到极速批改，极致分析，极便响应；深度挖掘数据价值，以建构主义学习理论为依据，打造智能高效的课堂. 它基于动态学习数据分析和"云、网、端"的应用，实现教学决策数据化、评价反馈即时化、交流互动立体化、资源推送智能化.

(1) 质疑讨论.

这个环节以学生活动为主，让学生积极参与课堂，并对试卷和答案的质疑进行讨论. 可挑选重点题目让学生自述答题思路，还原答题情景，或交流答对题的经验，或说明答错题的教训，或向教师提出疑问. 此时，教师贵在营造一个互动探究的学习氛围，帮助学生调动已有的知识积累，厘清相关的知识结构，形成融会贯通的知识网络. 例如，某次数学半期考试的一道填空题，在笔者任教的一个班级中出现高达 89.7% 的错误率，不免引起笔者的警觉. 如何揭示与剖析隐藏在错误背后的真正原因呢？笔者采取让学生质疑讨论的方法，收到了意想不到的效果.

(2) 小组合作探究疑难问题.

引导学生以小组为单位进行合作探究,并对错的问题进行分析.答对的学生帮助答错的学生,开展"团结合作,互帮互助,解决疑难问题,总结解题思路"的小组合作学习.组长集中本组的疑难问题,通过系统推送到教学平台,形成教师讲评的重点内容.

(3) 教师精讲"极课大数据"平台集中反映的问题.

试卷评讲课中,教师要对学生试卷中反映出的薄弱环节、典型的错误进行认真的剖析,及时予以矫正和补救,完善学生数学认识的结构.因此,试卷评讲课要对考试中出现的情况有针对、有重点地进行评析.

首先,根据"极课大数据"平台中的答题得分率及小组反馈的问题,教师可利用教学系统进行归类,具体分析引起错误的原因,思考怎样更高效地进行讲评.

其次,教师根据试题要点对学生存在的共性问题和突出的个性问题进行讲评,培养和提高学生运用知识分析、解决问题的能力,拓展学生的解题思路,规范学生的答题方式、方法等.在讲评的过程中,教师要坚持客观性、及时性、针对性、启发性、激励性、多样性、巩固性等原则.

(4) 拓展迁移,总结方法.

通过前面对具体试题的分析讲评,教师要引导学生借助极课大数据的教学平台归纳总结同类试题的解题规律、技巧,引导学生发散思维,从多角度解答问题,做到一题多解,提升学生的思维能力.

(三) 课后巩固阶段:"极课大数据"平台个性化矫正补偿跟踪

在试卷讲评课后,教师必须根据讲评试卷过程中反馈的情况进行矫正补偿,这既是讲评课的延伸,也是保证讲评课效果的必要环节.利用"极课大数据"平台的学生追踪功能和题库功能,可以对班级的学生进行因材施教,出一份个性化矫正练习试卷(图6-28).对一些问题突出、错误较多的学生,要进行二次批改;对个别问题严重的学生,还要进行面批,一定要把矫正工作落实到位.

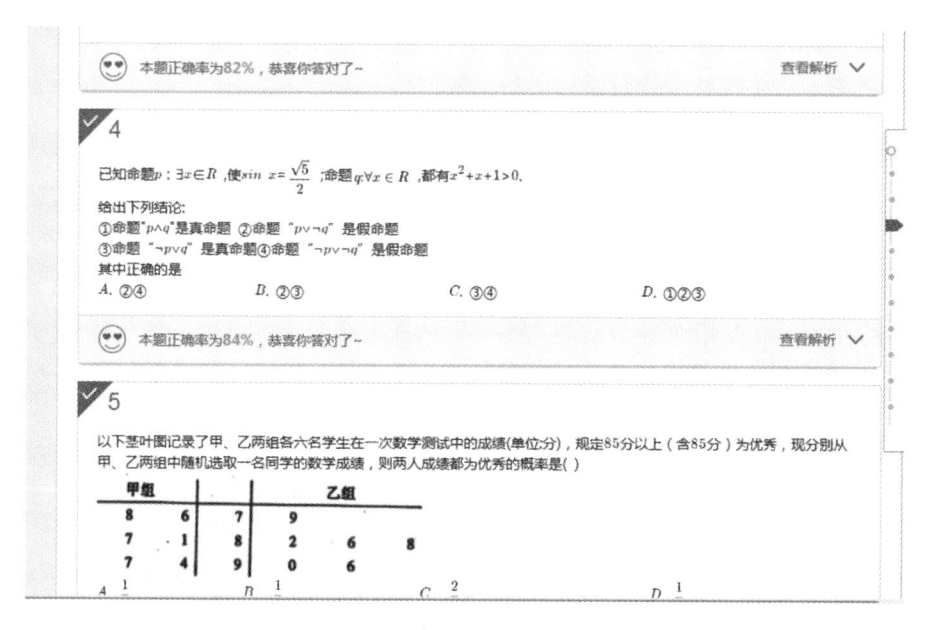

```
本题正确率为82%，恭喜你答对了~                                    查看解析 ∨

✓ 4
已知命题$p: \exists x \in R$，使$\sin x = \frac{\sqrt{5}}{2}$；命题$q: \forall x \in R$，都有$x^2+x+1>0$.
给出下列结论：
①命题"$p \wedge q$"是真命题 ②命题"$p \vee q$"是假命题
③命题"$\neg p \wedge q$"是真命题 ④命题"$\neg p \vee \neg q$"是假命题
其中正确的是
A. ②④          B. ②③          C. ③④          D. ①②③

本题正确率为84%，恭喜你答对了~                                    查看解析 ∨

✓ 5
以下茎叶图记录了甲、乙两组各六名学生在一次数学测试中的成绩(单位:分)，规定85分以上（含85分）为优秀，现分别从甲、乙两组中随机选取一名同学的数学成绩，则两人成绩都为优秀的概率是（ ）
```

图 6-28

基于"极课大数据"平台，可以看出其提供了学生是否达成目标的数据及教师诊断学情和效果的证据，有了这样的数据和证据，教师的教学就有了更加专业的判断：哪些内容是学生已掌握的，哪些内容是学生没有理解的，哪些是需要进一步加强巩固的．对于未达成的目标，教师后续的教学应做什么样的调整，提供什么样的机会给学生，课后如何提供有针对性的训练等都有了明确的方向，也为实施高效试卷评讲教学提供了有力的保证．

最后，试卷讲评课要关注学生的学习动机．真正的学习源于学生内心对知识的诉求，并在问题解决的过程中不断得到情感的满足和知识的更新．激发学生学习的兴趣，调动学生学习的积极性，把课堂设计成一场跨栏比赛，让学生通过自己的努力不断地跨越障碍，如此才能激发学生真正的学习动机，保证试卷讲评课良好的教学效果．

二、融合技术有利于跟踪个体案例，落实个性化分层教学

传统的数学教学缺乏精准评价，容易忽略学生思维、认知水平、性格、兴趣爱好的差异，不能精准地了解每一个学生的学习情况，不能精准反馈学生学习的效果，不能精准把握学生的学习动态，造成教学效率低下．融合技术下，借助教育大数据系统，能切实有效、方便快捷地对学生学业成绩全面、及时、

◆ 基于融合技术的数学高品质课堂建构

精确的多样化、多维度地采集数据和评价，帮助教师分析学情并及时反馈，从而为教师实施个性化分层教学提供科学依据.

案例二：跟踪数据情况.

"极课大数据"平台除了能提供大样本数据，还可以自动分析跟踪每一个学生的学习状况，提供学生学习的个体样本数据. 通过对学生个体数据的分析和跟踪（图 6-29），教师可以精准地了解学生个体某一阶段的学习状况，还可以利用极课系统为每个学生量身定制个性化学习包，帮助学生及时补救，也省去了学生抄写错题进行整理订正的时间，对于优生提优、后进生补差及落实分层教学有极大的帮助.

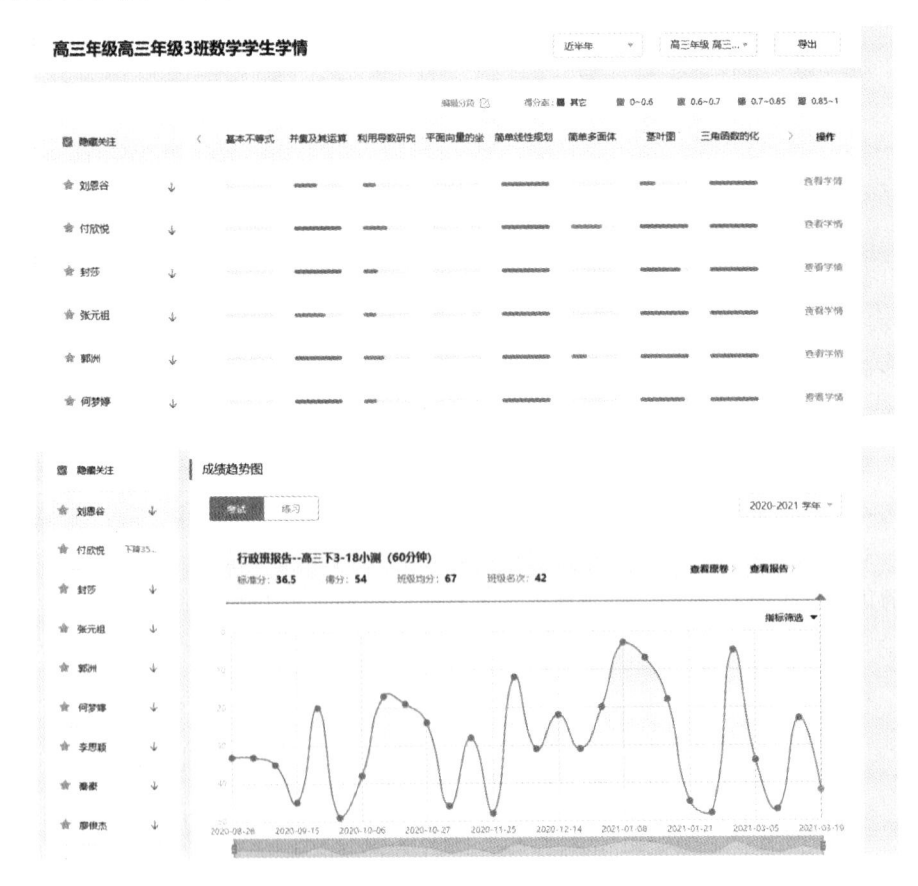

图 6-29

三、融合技术下，利用教育大数据系统对学生核心素养的培养具有指导意义

学生发展核心素养主要指学生应具备的、能够适应其终身发展和社会发展需要的必备品格和关键能力，是学生知识、技能、情感、态度、价值观等多方面的综合表现.

在核心素养中，自主发展重在强调学生能有效管理自己的学习和生活，认识和发展自我价值，发掘自身潜力，有效应对复杂多变的环境，成就自己. 在数字化学习环境中，大数据平台基于学习者个性特征差异提供个性化的学习服务，记录、挖掘和深入分析学习者学习行为的历史数据，以可视化方法进行指导，促进有效学习的发生. 实践证明，教育大数据系统对学生学业状况的精准分析，为学生对自我的正确认识、学习的有效管理、方法的及时调整、人生目标的长远设计都有极强的指导意义.

参考文献

[1] 中国大百科全书教育卷编委会. 中国大百科全书教育卷[M]. 北京：中国大百科全书出版社，1985.

[2] 中华人民共和国教育部. 中华人民共和国教师法[EB/OL]. (1993-10-31) [2018-06-10]. http://www.moe.edu.cn/s78/A02/zfs_left/s5911/moe_619/tnull_1314.html.

[3] 胡德海. 教育学原理[M]. 兰州：甘肃教育出版社，1998.

[4] 中荷知友. 青年的定义[EB/OL]. (2008-05-02) [2018-06-10]. http://europe.ce.cn/hqbl/zt/qqqnjq/dy/200805/02/t20080502_15341088.shtml.

[5] 社会学百科辞典编委会. 社会学百科辞典[M]. 北京：中国广播电视出版社，1990.

[6] 王笑梅. 关于青年教师成长规律的研究[J]. 教育探索，2003 (3)：99.

[7] 李慧. 中学青年教师成长中存在的问题研究及对策[D]. 长沙：湖南师范大学，2006.

[8] 姚智超. 高校青年教师专业成长模式研究[D]. 桂林：广西师范大学，2008.

[9] 胡惠闵. 从实践角度解读教师专业发展[J]. 上海教育科研，2004 (8)：14-17.

[10] 罗清水. 终身教育在"国小"教师专业发展的意义[J]. 研习资讯，1998 (15)：23-25.

[11] 叶澜，白益民. 教师角色与教师发展新探[M]. 北京：教育科学出版社，2001.

[12] 刘秀江，韩杰. 对教师专业发展内涵的诠释[J]. 教育科学研究，2003 (4)：5-8.

[13] 赵昌木. 教师成长论[M]. 兰州：甘肃教育出版社，2004.

[14] 杨桂芝. 初中青年教师业发展的现状研究——以L中学青年教师为个案[D]. 北京：首都师范大学，2011.

[15] 刘婕. 专业化：挑战21世纪的教师［M］. 兰州：甘肃教育出版社，2004.

[16] 教育部师范教育司. 教师专业化的理论与实践［M］. 北京：人民教育出版社，2003.

[17] 中国教育学会. 新世纪教师专业化的理论与实践［M］. 长春：东北师大出版社，2003.

[18] 肖丽萍. 对教师发展阶段问题的理论思考［J］. 太原师范专科学校学报，2001（3）：72-74.

[19] 李勤. 中小学青年教师成长机制［D］. 贵阳：贵州师范大学，2014.

[20] 姚红玉. 对新教师问题的思考［J］. 中小学教师培训，2002（2）：22-24.

[21] 苏铁熊，刘汉涛. 青年教师的成长规律［J］. 中北大学学报（社会科学版），2008（24）：77.

[22] 朱志峰. 普通高中青年教师专业成长中存在的问题与对策研究——以中山市华侨中学为例［D］. 武汉：华中师范大学，2016.

[23] 李值. 基于生涯规划的青年教师专业发展策略研究——以北师大株洲附校为例［D］. 保定：河北大学，2013.

[24] 马超. 影响青年教师专业成长的部分因素与对策研究——以山东省恒台县部分青年教师为案例［D］. 济南：山东师范大学，2013.

[25] 吴志华. 农村中学青年数学教师专业成长现状研究［D］. 苏州：苏州大学，2010.

[26] 张美瑛. 农村青年历史教师专业成长的途径研究［D］. 天津：天津师范大学，2016.

[27] 崔汝冠. 农村中学青年教师常见问题及管理对策化［D］. 苏州：苏州大学，2009.

[28] 肖连奇，盛青. 中小学青年教师成长问题与困惑［J］. 教师博览，2011（12）：4.

[29] 黄敏. 国外教师教育者的专业化发展研究综述［J］. 外国教育研究，2012（27）：72-76.

[30] 何泳忠. 改革教师培训模式，促进教师专业化发展［J］. 教育研究，2014（1）：151-152.

[31] 赵琳. 高中化学教师专业发展现状及对策研究［D］. 扬州：扬州大学，2014.

[32] 袁锐锷. 教师专业化与高素质教师［M］. 广州：广东高等教育出版

社，2007.
[33] 朱小蔓. 新世纪教师教育的专业化走向 [M]. 南京：南京师范大学出版社，2005.
[34] 余文森，连格. 教师专业发展 [M]. 福州：福建教育出版社，2007.
[35] 邓志伟. 新课程与教师专业发展 [M]. 南宁：广西教育出版社，2004.
[36] 傅建明. 教师专业发展——途径与方法 [M]. 上海：华东师范大学出版社，2007.
[37] 徐斌艳. 教师专业发展的多元途径 [M]. 上海：上海师范大学出版社，2008.
[38] 俞建军. 农村中青年教师专业成长探究 [J]. 教学月刊（中学版下），2012（6）：20－22.
[39] 杨士军. 培训、教研与科研是青年教师专业成长的路径 [J]. 现代教学，2012（10）：19－21.
[40] 蒲大勇，张诚，赵世文. 教师知识储备如何转化成专业能力 [N]. 中国教育报，2013－10－14（3）.
[41] 黄伯亮. 实施青年教师导师制，促进青年教师专业成长 [J]. 新课程（上旬），2012（2）：4.
[42] 徐月，钟启阳. 教学模仿在教师专化成长中的作用 [J]. 教育学术月刊，2011（1）：10－11.
[43] 左坤，陈韵妃. 促进青年教师专业成长的南京范式 [J]. 江苏教育，2017（4）：61－63.
[44] 孙颖. 从自在到自觉 [D]. 长春：东北师范大学，2011.
[45] 林翠英，蒋宗建. 青年教师专业成长的困惑巧对策 [J]. 教育教学论坛，2013（26）：37－39.
[46] 陈家华. 试论青年历史教师专业成长的问题及对策 [J]. 中学教学参考，2012（12）：5－7.
[47] 常亚歌. 青年教师专业成长中的几个误区与对策 [J]. 中小学教师培训，2012（7）：23－26.
[48] 王靖，崔鑫. 深度学习动机、策略与高阶思维能力关系模型构建研究. 远程教育杂志，2018（2）：41－52.
[49] 刘电芝. 学习策略研究 [M]. 北京：人民教育出版社，1999.
[50] 史宁中，王尚志. 普通高中数学课程标准（2017年版）解读 [M]. 北京：高等教育出版社，2018.